AF331957

BIBLIOTHÈQUE INTERNATIONALE D'ÉCONOMIE POLITIQUE
Publiée sous la direction de Alfred BONNET

L'ÉCONOMIE MONDIALE

ET LA

SOCIÉTÉ DES NATIONS

PAR

ELEMÉR HANTOS

Ancien Secrétaire d'Etat
Professeur à l'Université de Budapest

PARIS (5e)

MARCEL GIARD

LIBRAIRE-ÉDITEUR

16, RUE SOUFFLOT ET 12, RUE TOULLIER

1930

L'ÉCONOMIE MONDIALE

ET LA

SOCIÉTÉ DES NATIONS

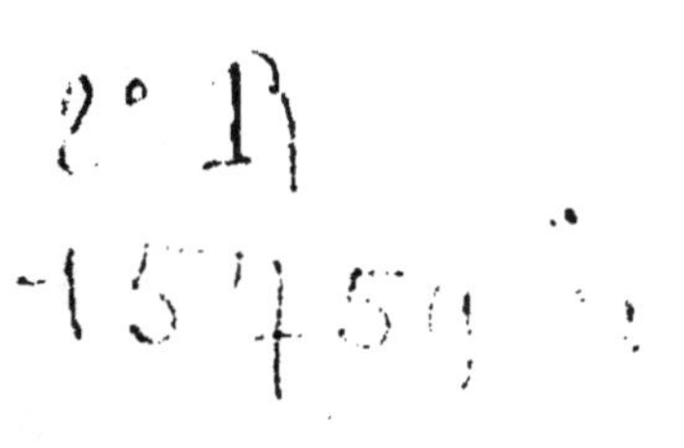

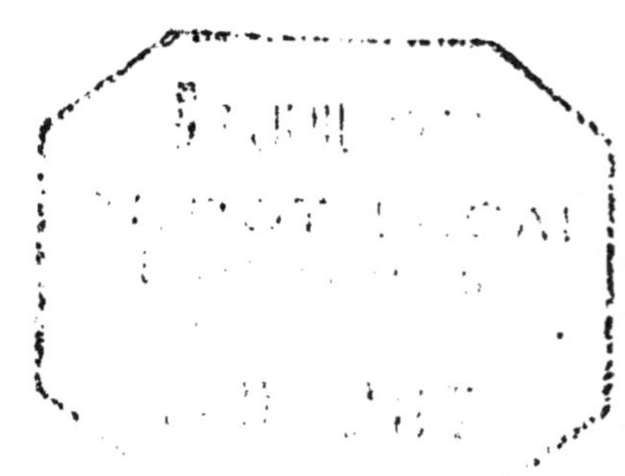

L'ÉCONOMIE MONDIALE

ET LA

SOCIÉTÉ DES NATIONS

PAR

ELEMÉR HANTOS

Ancien Secrétaire d'Etat
Professeur à l'Université de Budapest.

PARIS (5e)
MARCEL GIARD
LIBRAIRE-ÉDITEUR
16, RUE SOUFFLOT ET 12, RUE TOULLIER

1930

AVANT-PROPOS

Chacun se rend compte aujourd'hui, qu'il n'y aura de paix durable et solide dans le monde, que si l'on parvient à lui donner pour fondement une pacification économique préalable.

Le rapprochement économique est une des conditions de la paix mondiale, la sauvegarde de la civilisation.

L'étroite dépendance qui lie les problèmes économiques aux problèmes politiques rend les buts économiques inséparables des buts politiques de la Société des Nations.

Les pages qui suivent situent dans le cadre de l'économie mondiale l'œuvre économique accomplie par la Société des Nations. Mais elles ne se contentent pas de décrire et critiquer ce qui a été réalisé : elles cherchent plutôt à orienter dans une direction nouvelle l'économie mondiale.

L'insuffisance des résultats acquis par la Société des Nations dans le domaine économique, qui caractérise la situation actuelle, est attribuable moins à l'impuissance de l'organisation de Genève qu'au peu de volonté de certains gouvernements appelés à mettre en pratique les directives données par la Société des Nations.

Pour que le programme économico-mondial puisse être exécuté, il ne suffirait cependant pas de la bonne volonté des gouvernements, mais il faut aussi que les idées en soient adoptées par les divers partis politiques, classes sociales et milieux intéressés.

Les bases théoriques de l'économie mondiale sont posées. Depuis de longues années, des économistes éminents ont érigé un système économique embrassant le monde entier. L'enchaînement qui relie les différents pays trouve son appui scientifique dans leur théorie du commerce international. Les efforts de ces théoriciens ont donné la base des travaux de la Société des Nations et notamment du Comité économique, intermédiaire pour ainsi dire entre la théorie de l'économie mondiale et la réalité économique des peuples.

Aux côtés de ce Comité les membres du Secrétariat ont, en nombre de travaux, donné la preuve incontestable de leur compétence et de leurs capacités. C'est à leurs études que nous sommes le plus redevables. Sans faire de bruit ils ont accompli un travail trop peu apprécié, anonyme, mais sans lequel le succès n'aurait pas été ce qu'il fut. C'est pourquoi dans un ouvrage sur les problèmes de l'économie mondiale, par rapport à la Société des Nations on ne saurait manquer de citer des noms comme ceux de Sir Arthur SALTER, Dr Pietro STOPPANI, M. Alexandre LOVEDAY, M. Pierre QUESNAY, M. van Walré de BORDES, Dr V. STENCEK, qui travaillent infatigablement à la paix économique mondiale.

Enfin, je tiens à exprimer les remerciements les plus vifs à Mlle Louise SOMMER, docteur en philosophie et privat-docent à l'Université de Genève, pour sa collaboration qui m'a été très précieuse.

Budapest, mars 1930.

E. HANTOS.

L'ÉCONOMIE MONDIALE

ET LA
SOCIÉTÉ DES NATIONS

CHAPITRE PREMIER

LA SOCIÉTÉ ÉCONOMIQUE DES NATIONS

L'idée de l'organisation politique du monde dans l'intérêt de la paix a trouvé sa réalisation concrète dans la Société des Nations, née le 10 janvier 1920. Quant à l'idée d'une organisation économique du monde, elle est d'origine plus récente, et au moment de la fondation de la Société des Nations elle n'était pas encore assez mûre pour être menée à sa solution simultanément avec la première.

Tel qu'il apparaît dans l'organisation de la Société des Nations, le système d'États ainsi constitué, en droit international, présente en premier lieu un caractère politique. Réductions des armements et garantie contre les agressions, telles sont les deux tâches principales que la Société des Nations doit remplir, en tant qu'institution pacifiste. C'est à ce thème qu'est consacrée la majeure partie du Pacte, et l'unique disposition des statuts qui se rapporte à la vie économique des peuples paraît bien laconique et bien timide en comparaison. Et cependant, c'est une question capitale pour le sort du monde que de savoir si l'organisation internationale de l'économie ne pouvait être le fondement le plus important de la paix qu'on se propose d'organiser.

A cette question, la Conférence économique internationale a répondu de la manière la moins équivoque en déclarant, en tête de ses résolutions générales, que « le maintien de la paix du monde dépend en grande partie des principes suivant lesquels les politiques économiques des nations sont conçues et appliquées. » Wilson lui-même, l'initiateur de la Société des Nations, ne pensait pas différemment. Au nombre des principes qui devaient, à son avis, servir de base à cette institution, appartenait celui de l'égalité en matière économique. Dans le second et le troisième de ses quatorze points, il réclame la liberté intégrale de la navigation, l'abolition de toutes les barrières économiques non indispensables et l'égalité dans les relations commerciales pour tous les peuples qui veulent la paix et sont prêts à la sauvegarder. Dans un de ses discours ultérieurs, Wilson a souligné encore plus expressément le point de vue économique dans le cadre des tendances pacifistes de la Société des Nations : « Les rivalités et les inimitiés économiques ont été dans le monde moderne pour les projets et les passions qui ont causé la guerre une source abondante. Une paix qui ne les exclurait pas en termes nets et catégoriques serait une paix aussi injuste que peu sincère » (1).

Si de ces revendications, aussi nettes et aussi étendues, bien peu de chose a passé dans le Pacte de la Société des Nations, il faut l'attribuer peut-être à l'attitude moins intransigeante adoptée dans la suite par Wilson lui-même. Ses mémoires nous apprennent que lorsqu'il retourna en Amérique, en mars 1919, après l'acceptation du premier pacte de la Société des Nations, ses amis essayèrent de lui faire comprendre l'impossibilité d'imposer silence à l'opposition américaine tant que les litiges d'ordre intérieur (immigration, douanes) ne seraient pas soustraits expres-

---

1. Discours prononcé à New-York le 27 septembre 1918.

sément à la juridiction ou à l'entremise de la Société des Nations. Wilson céda, et résolut de proposer à la commission de la Conférence de la Paix, chargée de préparer la Société des Nations, un amendement approprié, spécifiant que les questions relatives à l'immigration et aux tarifs douaniers seraient considérées comme des questions de politique intérieure, si peu justifiée que soit cette conception et si graves que soient les lacunes que l'exclusion des problèmes de ce genre laisse dans l'organisation économique de la paix.

Les autres auteurs du Pacte de la Société des Nations semblent en général avoir été d'avis qu'abstraction faite du domaine de la politique sociale, on pourrait, dans la vie économique, se contenter des méthodes d'entente internationale qui avant la guerre étaient déjà d'un usage courant. Et voilà comment on vit s'élever à côté de la Société des Nations, destinée à aplanir les conflits d'origine politique, une institution analogue dont le but est de maintenir la paix sociale et d'atténuer les conflits qui peuvent naître de l'antagonisme de classe : le corrélatif de la Société des Nations dans les questions ouvrières, c'est-à-dire le Bureau International du Travail. Quant à l'organisation d'une Société économique des Nations, nul n'y a songé, car on a méconnu, à ce qu'il semble, le danger des conflits que peut faire surgir entre les Etats la politique économique adoptée par eux.

Au point de vue du droit international, la condition de l'activité de la société des Nations sur le terrain de la politique économique se réduit au point e/ de l'article 23, prévoyant que les membres de la Société prendront les mesures nécessaires pour garantir et maintenir la liberté de la circulation et du transit ainsi que la réglementation équitable du commerce de tous les Etats signataires. A côté de l'idée générale de la paix, pensée fondamentale de la Société des Nations, telle est la maigre disposition sur laquelle dans le domaine économique, la coopération méthodique des peuples doit élever son édifice. De même, dans le préambule des actes où sont esquissés les problèmes pour la solution desquels se sont associés les Etats signataires, l'entente économique entre les peuples n'est pas même mentionnée.

L'article 11 du Pacte de la Société des Nations, identique quant au contenu avec le préambule de l'article XIII du Traité de Versailles, déclare comme but essentiel de la Société des Nations l'établissement de la paix mondiale (1) Un tel maintien de la paix entre les peuples, postulé par le Pacte, impliquait la tâche d'extirper la guerre jusque dans ses racines mêmes, et de lutter non seulement contre le fait même de la guerre, mais encore contre la « causa remota » des guerres. Il s'agit donc de tenir compte du danger immanent de tout conflit, de provoquer une guerre d'où découle la mission pour la Société des Nations d'étouffer dans son germe ledit conflit, car l'article 23 e/ du Pacte stipule : « Les membres de la Société des Nations prendront les dispositions nécessaires pour assurer la garantie et le maintien de la liberté des communications et du transit, ainsi qu'un équitable traitement du commerce... ». Ce « traitement équitable du commerce » a occasionné des interprétations multiples. M. *Rappard* entend par là la réglementation des questions de politique commerciale (2).

1. Le Pacte de la Société des Nations ainsi que le statut du Bureau international du Travail, font, indépendamment l'un de l'autre et se complétant mutuellement partie du Traité de Versailles. C'est ici qu'il faut placer le point de départ des tendances ayant pour but une paix durable. La conception d'une paix permanente, fortifiée par des conférences annuelles ou périodiques, trouve son origine dans le Pacte de la Société des Nations ainsi que dans les statuts du Bureau international du Travail, et découle par conséquent indirectement du Traité de Versailles.

2. W. RAPPARD, *International Relations as viewed from Geneva* (Institute of Politics, Williams College, Williamstown, Mass., Publications). Newhaven, p. 72.

C'est dans ce sens que l'Assemblée de la Société des Nations a reconnu que cette partie de l'article 23 e/ demandait encore une interprétation. En date du 19 septembre 1921, elle a pris une résolution confirmée une semaine plus tard, et stipulant que le Comité économique de la Société des Nations devait être chargé de définir la notion de la réglementation équitable du commerce. Cette interprétation donne à la Société des Nations le droit de comprendre aussi dans sa sphère d'action des matières se rapportant à la vie économique. Le maintien de la paix entre les peuples est selon le Pacte la première tâche visée par la Société des Nations. Cette prophylaxie de la guerre induit la Société des Nations à rechercher les causes de guerre dans la phase qui précède le conflit politique. Cette mission incombant à la Société des Nations explique l'intérêt qu'elle a de régler les problèmes économiques, sociaux ainsi que ceux qui touchent à la politique de la production. Le second titre qu'a la Société des Nations pour traiter les questions économiques est la tâche assumée par elle d'encourager la coopération internationale. La réunion de conférences périodiques, ayant pour objet des sujets économiques et techniques est envisagée par elle comme une manifestation extérieure de solidarité internationale (1).

En de pareilles conditions, le Comité économique de la Société des Nations, qui doit s'occuper constamment des relations économiques des divers Etats se trouvait placé devant une tâche épineuse. N'ayant pas tardé à tomber d'accord sur ce point que pour une convention internationale, même dans le cadre restreint dudit article, le moment n'étant pas encore venu, il résolut d'étudier les diverses pratiques constituant une violation du principe

1. Voir : Louise Sommer, Die Vorgeschichte der Weltwirtschaftskonferenz, Weltwirtsch. Archiv. XXVIII, octobre 1928, p. 350.

de la « réglementation équitable ». L'allure de cette étude fut accélérée par une crise économique aiguë qui, après une période passagère de conjonctures favorables, saisit l'économie mondiale tout entière et entraîna certains États à des mesures économiques désespérées.

C'est dans cette période de bouleversement de l'économie mondiale que se placent certains succès particuliers de la Société des Nations, comme la conférence financière de Bruxelles, l'assainissement financier de l'Autriche, de la Hongrie et de Dantzig, l'œuvre d'assistance aux réfugiés établis en Grèce et en Bulgarie. Des opérations intéressant l'économie tout entière furent la réglementation de la concurrence déloyale, celle de la double imposition et de l'évasion fiscale, les propositions relatives au traitement des entreprises et des ressortissants étrangers, la convention sur la simplification des formalités douanières, les efforts tendant à supprimer les restrictions à l'importation et à l'exportation, la réglementation de la procédure arbitrale en cas de litiges internationaux en matière commerciale, les pourparlers en vue de l'unification du droit de change, les investigations au sujet de la crise économique, et enfin les diverses conventions réglant le transit, le trafic sur les voies fluviales internationalisées et la circulation ferroviaire internationale.

En considérant la masse du travail fourni par la Société, on ne tardera pas à s'apercevoir que c'est plutôt dans le domaine proprement dit de l'économie mondiale qu'elle a des succès à son actif. Mais au point de vue de la politique économique et en particulier de la politique commerciale, la situation du monde présentait des symptômes si inquiétants qu'au lieu de pénétrer plus avant dans des questions de détail il paraissait opportun de résoudre en général, en principe, les problèmes de l'économie mondiale.

C'est sous la pression de la situation économique du monde que fut réclamée la réunion d'une conférence économique internationale, et la sixième session (1925) de la Société des Nations se rendit à cet appel, en convoquant pour le printemps de 1927 une conférence chargée d'étudier les difficultés économiques qui s'opposent à la restauration de la prospérité générale et de rechercher les moyens appropriés pour venir à bout de ces obstacles.

Avec les résolutions de la Conférence économique internationale, résolutions approuvées par le Conseil de la Société des Nations, cette dernière a enfin un programme économique international dont l'exécution progressive pourrait la transformer en une *véritable communauté économique des peuples, en une Société économique des Nations.*

Jusqu'à la Conférence économique, la Société des Nations s'était complètement abstenue d'aborder les problèmes de la politique commerciale proprement dite, car la chose aurait été considérée comme un empiètement sur les droits de souveraineté de ses membres. Mais la Conférence l'ayant invitée à englober les affaires de ce genre dans le ressort de ses attributions, la Société des Nations fut amenée à faire comprendre à ses membres que la souveraineté en matière de politique commerciale ne se trouve pas lésée quand des Etats tombent d'accord sur un plan uniforme et se groupent pour résoudre certaines questions intéressant plus d'un d'entre eux. L'agriculture elle-même, dont les problèmes semblaient se prêter moins facilement à une solution internationale, est confiée depuis la Conférence économique internationale, aux soins de la Société des Nations. Les pays agricoles réclament d'une manière de plus en plus pressante et de plus en plus décidée une action internationale pour l'assainissement de l'agriculture sous l'égide de la Société des Nations. L'universalité croissante de cette dernière est une garantie du développement et de l'affermissement des étroits rapports entre le commerce, l'industrie et l'agriculture, rapports dont il faut tenir compte si l'on .veut arriver à une paix économique durable. Les deux grands domaines où se touchent commerce, industrie et agriculture sont une meilleure organisation des marchés et une coopération efficace entre l'organisation des producteurs et celle des consommateurs, et ces deux territoires appartiennent également au domaine, embrassant le monde entier, de la Société économique des Nations (1).

La fondation d'un bureau économique des Nations qui serait une institution internationale permanente dans laquelle, à côté des gouvernements, les entrepreneurs, les ouvriers et les consommateurs seraient aussi représentés en nombre approprié, fut réclamée à la Conférence par un certain nombre de membres appartenant au parti socialiste. Cependant l'assemblée de la Société des Nations a, dans l'automne de 1927, rejeté cet ambitieux programme d'un bureau international économique et conservé sans le modifier le Comité économique de la Société des Nations, mais elle a créé à côté de celui-ci un nouvel organe, le Comité consultatif économique, qui constitue en petit une Conférence économique permanente. Il est chargé de contrôler les travaux recommandés par la Conférence économique internationale et entrepris depuis par les divers Etats, par le secrétariat de la Société

---

1. C'est à l'initiative du Gouvernement italien qu'est due la mise au premier plan des questions agricoles. La lettre signée par M. Mussolini, qui fut adressée de la part du gouvernement italien au Secrétaire de la Société des Nations, a montré que la négligence des questions agricoles constituait une lacune qu'il fallait combler en ajoutant aux propositions françaises relatives à la formation d'un comité préparatoire pour la Conférence économique internationale celle de désigner des spécialistes en matière agricole. Cette suggestion est probablement due à la compétence de l'Institut d'agriculture international à Rome, dont les recueils statistiques devaient être mis à profit. Voir lettre du Gouvernement italien concernant la proposition pour la formation d'un Comité préparatoire. Société des Nations, Conférence économique internationale, C. 791.1925.II.

des Nations et par différentes organisations. Mais il a aussi une fonction plus importante, celle de montrer sans relâche le but magnifique et encore éloigné que constitue une activité économique, réglée selon des principes universels embrassant la terre entière. Pour atteindre ce but, les résolutions de la Conférence économique internationale indiquent la voie à suivre.

Mais il ne faudrait pas voir dans les résolutions de la Conférence économique internationale le dernier mot d'un ordre économique à venir. D'importantes revendications dans le domaine économique, telles que la répartition des matières premières, la réglementation de l'émigration et la question des dettes de guerre, n'ont pu en effet, jusqu'à présent, être abordées dans les débats de la Société des Nations.

De même que les partisans de la Société des Nations ont été peinés de voir que les plus grands succès de la politique pacifiste, Locarno, le Pacte Kellogg et les accords de la Haye, ont été réalisés en dehors de cette Société, le porte-parole de la Société économique des Nations regrettera que les plus importants des accords de l'après-guerre en matière d'économie mondiale, c'est-à-dire la coopération des banques d'émission et la Banque des règlements internationaux aient pris naissance et se soient développés à l'écart de Genève (1).

Nous ne voulons pas dire par là que tous les maux dont souffre l'économie mondiale soient l'affaire de la Société

---

1. Toutefois, il faut insister sur l'influence exercée par le Protocole de Genève sur les accords de Locarno, de façon que cette garantie de paix (des accords de Locarno) se base, elle aussi sur le Pacte de la Société des Nations et sur le Procotole de Genève qui ne fait que compléter le Pacte. Quoique le Protocole de Genève doive être considéré comme ayant échoué définitivement, néanmoins les idées pacifistes immanentes au Protocole de Genève ont trouvé leur renaissance dans les accords de Locarno. Voir : H. WEHBERG, *Das Genfer Protokoll betr. die friedliche Erledigung internationaler Streitigkeiten.* Berlin, 1927.

des Nations et que le salut ne doive pas être cherché ailleurs. On peut attendre beaucoup des progrès incessants dans le domaine de l'entente internationale des organisations économiques libres, mais une ferme politique de la Société des Nations aurait pour effet de hâter une entente de ce genre.

Sur l'initiative de la Conférence économique internationale, la Société des Nations a comblé de grandes lacunes du Pacte des Nations : en créant le comité consultatif économique, elle a fortifié la section économique du secrétariat et le comité économique, et a ainsi élargi notablement son organisation économique.

En présence de l'immensité de la tâche imposée à l'activité économique de la Société des Nations, on peut se demander néanmoins si ces organes suffisent. Car ni le comité, ni le conseil économique ne sont des organes permanents de travail, et c'est à peine si le secrétariat est un peu plus en mesure de venir à bout du programme des travaux à lui imposés. Si l'on tient à mener à sa réalisation le suprême but de l'activité économique de la Société des Nations, *la rationalisation de l'économie mondiale*, il faut que l'organisation économique actuelle éprouve encore une notable extension, afin que, de la Société des Nations, laquelle est surtout politique, sorte enfin la Société économique des Nations.

CHAPITRE II

L'ÉCONOMIE MONDIALE
ET LES ÉCONOMIES NATIONALES

1. La solidarité économique mondiale.
2. L'idée d'une conférence économique internationale.
3. Tableau de la situation économique internationale.
4. Les causes de la crise économique mondiale et ses remèdes.

1. LA SOLIDARITÉ ÉCONOMIQUE MONDIALE.

Depuis une génération les économistes discutent la notion d'économie mondiale, et sur l'essence et le caractère distinctif de cette économie. Tandis que certaines autorités dénient à l'économie mondiale le droit de constituer une catégorie économique indépendante et, mettent en doute l'existence de l'économie mondiale comme une forme soumise à des lois spéciales, d'autres constatent dans le grand nombre des phénomènes économiques des corrélations d'ordre économique mondial sur lesquelles ils édifient leurs systèmes économiques (1).

Les sceptiques ont raison de dire qu'il est impossible de parler d'une économie mondiale dans le sens où l'on parle d'économies nationales, délimitées par Etats et recevant les directives politiques de chaque nation séparément.

Il n'existe pas d'Etat mondial qui soit le porteur de l'économie mondiale, pas de droit mondial qui en soit le régulateur, ni de tribunal mondial qui en soit l'agent d'exécution. Dans l'économie mondiale, chacun des divers

1. Voir Bernhard *Harms*, Volkswirtschaft u. Weltwirtschaft, Jena 1912, et du même auteur: Vom Wirtchaftskrieg zur Weltwirtschaftskonferenz, Jena, 1927.

Etats est souverain et les liens existant entre les économies nationales, qui ne sauraient se passer l'une de l'autre, sont placés uniquement sous la sauvegarde des traités internationaux ou plus fréquemment sous la seule protection de l'opinion publique, qu'aucune nation, jalouse de son bon renom politique ou économique, ne saurait négliger impunément.

Les liens de l'économie mondiale sont tout aussi multiples, tout aussi serrés que les liens des économies privées garantis par des contrats. Importer et exporter des marchandises, assurer le trafic international, émigrer et immigrer, importer des capitaux étrangers, effectuer des payements internationaux : voilà autant de phénomènes d'ordre économique mondial. Et si, du fait que sur beaucoup de points, la protection et la contrainte juridiques manquent ou sont défectueuses, les liens de l'économie mondiale sont moins solides que les liens des économies nationales, ces dernières peuvent tout aussi peu se passer l'une de l'autre que les économies individuelles et privées.

Cette interdépendance mutuelle est intensifiée de jour en jour par le développement du trafic international et les autres conquêtes de la technique, et les conventions, de plus en plus fréquentes, conclues par traités entre les diverses nations favorisent la formation de l'économie mondiale. Il y a un siècle encore, ce n'étaient pas seulement les pays, mais des villes et des communes voisines elles-mêmes qui formaient des unités économiques isolées les unes des autres, l'économie urbaine. Aujourd'hui de vastes continents sont eux-mêmes dans l'impossibilité de rendre leur propre production et leur propre approvisionnement indépendants du sort économique des autres parties du monde. Les plus vastes confédérations, comme celle des Etats-Unis d'Amérique, les plus grands Empires, comme celui de la Grande-Bretagne, sont, malgré l'étendue et la variété de leurs possessions solidaires des autres parties du globe. C'est la *somme des activités économiques nationales dépendant les unes des autres et ayant besoin les unes des autres qui constitue l'économie mondiale.*

L'économie mondiale puise ses forces dans l'économie publique des diverses nations, mais aussitôt que son organisation est formée, elle représente par elle-même une force à laquelle les diverses économies publiques doivent s'adapter. En fin de compte, l'action réciproque de ces deux forces est si étroite et si serrée qu'il devient pour ainsi dire impossible de distinguer les uns des autres les phénomènes d'ordre économique national et d'ordre économique mondial. L'examen scientifique lui-même ne peut tirer ses conclusions que de l'observation simultanée de ces deux ordres de faits. Si *l'économie politique* telle qu'elle a été créée par les économistes classiques de l'Angleterre, a pu être considérée comme *la science anatomique de la vie commerciale anglaise au tournant du XVIIIe au XIXe siècle,* la science de *l'économie sociale,* sous la forme parfaite qu'elle a acquise au cours des dix premières années de ce siècle, peut être considérée comme *la biologie non des microcosmes nationaux mais du macrocosme de l'économie mondiale.* Le processus de ce développement commença entre 1870 et 1880 et s'est poursuivit avec une force croissante jusqu'en 1914, lorsque la grande secousse de la guerre disloqua le puissant mécanisme de l'économie mondiale et n'en laissa que les débris. Il est vrai qu'après la guerre la force indestructible du trafic et de la technique reconstitua l'économie mondiale, mais les secousses incessamment renouvelées et de plus en plus violentes des crises économiques y produisaient d'inquiétantes fissures. Au point où nous en sommes, la cohésion et l'universalité de l'économie mondiale est plutôt mise en évidence par les *crises qui surviennent simultanément* dans la vie économique des différentes nations. Ces crises, qui se ramènent à des causes communes, forceront inéluctablement les nations à se ressouvenir de la solidarité économique mondiale.

2. L'Idée d'une conférence économique internationale.

La reconnaissance de cette solidarité économique est une condition essentielle de la coopération pacifique des peuples. Lors de sa fondation, la Société des Nations a tenu compte de cette pensée dans le § 23 des statuts qui stipule que les Etats membres de la Société prendront les mesures nécessaires pour assurer la liberté du commerce et du transit ainsi qu'une réglementation équitable du commerce. Un organe de la Société des Nations : la Commission des communications et du transit, dont l'activité se déploie sur un vaste champ, s'efforce de répondre à la première partie de ce programme. Par contre, la réglementation équitable du commerce est du ressort du Comité économique. Le conseil suprême des puissances associées, dans sa déclaration du 8 mars 1920, tenta une intérprétation plus étroite de cette notion en se prononçant contre toute restriction artificielle de la vie économique. La Conférence de Bruxelles élargit cette notion en demandant d'urgence le rétablissement graduel du trafic commercial et la suppression des entraves artificielles. Enfin la Conférence de Gênes considéra les traités contenant la clause de la nation la plus favorisée, basés sur la réciprocité comme étant la première tâche d'une réglementation équitable du commerce.

Ces résolutions avaient plutôt un caractère académique, mais le Comité économique de la Société des Nations a également à son actif quelques résultats d'ordre pratique. L'un est l'accord international conclu au sujet de la simplification des formalités douanières, accord ratifié jusqu'ici par 24 Etats ; un autre est l'accord relatif aux prohibitions et restrictions d'importation et d'exportation.

En présence des profonds changements affectant la structure de l'économie mondiale et des déplacements qui en résultent dans la vie économique, mais surtout en présence des exagérations du système prohibitif d'après-guerre, les essais tentés jusqu'à présent sembleront plutôt faibles, les résultats obtenus peu satisfaisants. Ce n'est que de l'emploi de moyens plus énergiques, et de nouvelles méthodes économiques que l'on pourra espérer la solution de la crise actuelle, solution qu'on ne pourra atteindre qu'en aiguillant sur des voies nouvelles l'exploitation économique qui n'avait ni but ni direction jusqu'à présent.

C'est sur cette conviction que se base la proposition qu'à la VIe Assemblée de la Société des Nations M. Loucheur a faite au nom de la délégation française et qui a pour objet la convocation d'une conférence économique internationale. Au premier abord, le projet a trouvé de la part de l'Angleterre un accueil assez froid. Mais les représentants des autres nations l'ont soutenu chaleureusement. Le représentant de la Belgique s'empressait de déclarer que la paix du monde était en péril. « Le régime actuel créé par la guerre, prépare la guerre. Les Etats s'organisent économiquement comme s'ils voulaient se préparer à des guerres futures, ce qui est diamétralement opposé aux buts de la Société des Nations » (1).

Tous ceux qui ont pris la parole ont observé la même attitude, ce qui dissipa les inquiétudes anglaises. Mais celles-ci ne restèrent pas entièrement sans effet, car quelques questions importantes, telles que celles des dettes internationales, de l'émigration et de l'immigration, de la répartition des matières premières, des rapports du capital et du travail, furent dès le début rayées du programme de la conférence. Enfin, le 24 septembre 1925, la séance

1. Actes de la sixième Assemblée, n° 13, p. 167.

plénière se rallia à ladite proposition en se déclarant résolue à rechercher tous les moyens propres à assurer le règne de la paix et, après avoir exprimé la conviction « que la paix économique contribuera grandement à assurer la sécurité des peuples », en proclamant la nécessité « d'examiner les difficultés économiques qui s'opposent au rétablissement de la prospérité générale, ainsi que de mettre en lumière les meilleurs moyens de surmonter ces difficultés et d'éviter les conflits ».

C'est sur la base du principe posé par cette résolution que se sont poursuivies les discussions préliminaires au sein d'un Comité préparatoire réunissant 35 experts des branches les plus diverses de la société et de la vie économique et représentant 22 nations. Ce Comité avait une double tâche :désigner les objets de la conférence, réunir les matériaux nécessaires aux débats proprement dits, préparer et mettre à la disposition des membres de la conférence toutes les études désirables en vue de leur documentation préalable.

Le Comité termina sa tâche en novembre 1926. Il fixa le programme de la conférence et publia la première partie des documents requis. Partant de ce principe que la Conférence économique internationale est appelée à fournir le moyen de poser tous les problèmes essentiels de l'économie mondiale, tout en offrant l'occasion d'examiner à fond et éventuellement de résoudre dans la pratique certaines questions particulièrement brûlantes, le comité divisa le programme de la conférence en deux parties, consacrant la première à la situation générale et la seconde à des problèmes urgents qui attendaient leur solution.

Les discussions générales de la Conférence ont porté sur la situation économique internationale et ont fourni à chacun des pays l'occasion d'exposer, dans le cadre même des débats, quelle était sa situation particulière au sein de l'économie mondiale. Aux termes mêmes du projet, « le déséquilibre actuel dans le commerce et l'industrie » et « les tendances d'ordre économique pouvant influencer la paix du monde » sont les deux points principaux autour desquels s'est déroulée la discussion générale de la conférence.

En ce qui concerne la matière spéciale de la Conférence, c'est aux *problèmes commerciaux* qu'il faut attribuer la première place. Ce rôle prédominant s'explique entre autres par le fait que, selon les données simultanément publiées au sujet de la situation économique internationale, la population et la production mondiales accusent après la guerre un accroissement plus rapide que ne fait le commerce. En ce qui concerne ce dernier, le recul est des plus frappants.

Les problèmes commerciaux sont résumés sous quatre points : 1° Liberté du commerce ; 2° Tarifs douaniers et traités de commerce ; 3° Moyens indirects de protéger le commerce et la navigation nationaux ; 4° Répercussion sur le commerce international de la diminution du pouvoir d'achat. De ces quatre points, c'était le second qui possédait la plus grande importance pratique, puisqu'il se rapporte aux entraves du commerce international qui découlent de la nature du taux et de l'instabilité des tarifs d'importation et d'exportation, ainsi que des divergences dans la nomenclature et la classification douanière. Il était à prévoir que ce serait là le point central de la Conférence entière et que la Conférence elle-même serait une déclaration de guerre énergique et formelle aux mesures hostiles appliquées par les États contre leurs productions réciproques.

Le second thème principal de la Conférence est celui des *problèmes industriels*. Ce thème est en étroite corrélation avec le précédent. Quand les exagérations de la protection industrielle auront cessé, 'qu'arrivera-t-il des industries nationales si jalousement entretenues ? C'est pourquoi « l'organisation internationale de la production par le moyen des ententes industrielles (cartels) » a trouvé place au programme de la Conférence à titre de mode de solution des difficultés qui surviennent parfois dans l'industrie. L'une des tâches essentielles de la Conférence fut d'établir les possibilités, les conditions et les effets de la concentration industrielle internationale. C'est au point de vue de la production que les cartels internationaux qui, dans certaines .branches industrielles, fonctionnent déjà avec succès, ont résolu la question en premier lieu. La Conférence a dû examiner la question au point de vue de la consommation, de la main d'œuvre, du commerce intermédiaire et du contrôle international.

La partie consacrée aux *problèmes de l'agriculture* dans le programme de la Conférence s'est présentée avec moins de relief. Grâce à la grande force de régénération inhérente à la terre, c'est la production agricole qui, entre les diverses branches de la production, accuse le plus grand progrès depuis la guerre. Il n'est pas jusqu'à la production brute et primaire de la Russie qui, d'après la statistique de la Société des Nations, ne dépasse le niveau d'avant-guerre. Néanmoins, la conférence a examiné, à l'exemple de la collaboration industrielle internationale, les modalités et le développement d'une coopération internationale des organisations de producteurs et de consommateurs.

Tel fut expressément le programme de la Conférence. Les autres questions de l'économie mondiale pourront être abordées à propos des matières à l'ordre du jour, mais ne pourront être traitées séparément. Certains problèmes qui dominent cependant notre époque, ne figuraient pas au programme de la Conférence : ce sont le problème de la population, le problème financier et le problème des changes. La question de la population est un problème vital pour l'Italie, la Pologne, le Japon et l'Inde, et aussi pour l'Espagne et l'Allemagne. Il est possible que son aspect politique l'ait fait exclure du programme. Par contre, rien ne motive, par exemple, l'absence, à l'ordre du jour de la Conférence, du projet concernant la coopération des banques d'émission, alors que, depuis la fin de la guerre, elle fut le premier essai d'économie internationale qui ait donné un résultat.

La Société des Nations n'a pas seulement tracé un programme, mais encore les conditions de sa réalisation : la documentation spécifique et statistique nécessaire à l'examen des divers problèmes. La première brochure qui a été rédigée exclusivement en vue de la Conférence économique internationale s'occupe de la production et du commerce dans le monde (1).

Le but de la Conférence fut de prouver, avec une clarté scientifique et à la lumière de l'expérience pratique, que la course à laquelle nous voyons se livrer les nations et dans laquelle chacune compte que l'autre sera épuisée la première ne peut aboutir qu'à des crises encore plus graves que les précédentes, et que le seul moyen de mettre fin à cette situation consiste à reconnaître et à pratiquer la solidarité économique.

Pour atteindre ce but, la méthode la plus efficace était d'examiner la situation économique internationale et d'en découvrir les causes.

3. Tableau de la situation économique internationale.

La consolidation de la situation économique internationale suppose en premier lieu un diagnostic méticuleux.

---

1. Mémorandum sur la production et le commerce. Préparé pour le Comité préparatoire de la Conférence internationale économique. Genève, 1926.

Un diagnostic précis est le commencement de la guérison ou du moins il en indique la voie.

Par suite des grands changements organiques survenus dans l'économie mondiale, les anciennes données sont devenues surannées et inutilisables. La section économique et financière de la Société des Nations a bien jugé la situation en publiant tout d'abord, avant les autres matériaux destinés à la documentation de la Conférence économique internationale, un tableau de l'activité économique dans le monde. Le Mémorandum sur la production et le commerce que le Comité préparatoire pour la Conférence économique internationale a publié vers la fin de 1926 peut être considéré comme un tableau réussi des changements survenus au cours des douze dernières années (1913-1925) dans la population et le commerce mondiaux ainsi que dans la production mondiale des matières premières et des denrées alimentaires. Les bouleversements qui ont affecté la production industrielle dans le monde et provoqué dans une grande mesure la crise dont souffre actuellement l'économie mondiale n'ont pu être enregistrés par la statistique, des données exactes sur l'industrie n'ayant pu être fournies qu'en un petit nombre de pays. Les données statistiques relatives à la production, à l'importation et au traitement des matières premières ne remédient pas à cette lacune, l'un des facteurs essentiels du développement industriel étant la transformation de plus en plus perfectionnée des matières premières ; il est probable que les grands progrès techniques par lesquels presque chaque industrio a passé depuis 1914, principalement sous l'effet de la guerre, ont accru la production industrielle dans une plus grande mesure qu'on ne pourrait le conclure de la consommation croissante des matières premières.

Abstraction faite de cette lacune, le Mémorandum de la Société des Nations constitue un guide précieux sur les trois questions suivantes :

1. Quelles sont les modifications survenues, depuis 1913, dans la population du monde entier, ainsi que dans la répartition territoriale de cette population ? 2. Quels sont les changements survenus dans la production des matières premières essentielles et des denrées alimentaires dans l'ensemble du monde, ainsi que dans ses principales subdivisions naturelles ? 3. Quelles sont les modifications survenues dans le volume du commerce mondial et dans sa répartition ?

Il faut convenir que le choix de ces questions était très heureux et que les données statistiques fournies en réponse, pourront grandement contribuer à l'éclaircissement des causes qui déterminent la situation actuelle. Grâce à une documentation statistique d'une richesse extraordinaire qui n'a pu être réunie que par l'autorité de la Société des Nations, toute une série de comparaisons très instructives concernant les changements les plus importants survenus pendant les 12 dernières années est placée sous nos yeux.

Le point de départ naturel de ces considérations économiques est la question de la population mondiale. C'est, en ce qui concerne notre continent, la première ombre au tableau, car bien que la population totale de la terre qui s'est chiffrée par 1.789 millions en 1913 et 1.885 millions en 1925 accuse une augmentation de 5, 3 % pour le monde entier, celle-ci tombe à 1 % pour notre continent ravagé par la guerre, les maladies et les révolutions. Ce sont l'Amérique du Nord avec 19 %, l'Amérique du Sud avec 22 % et l'Océanie avec 15 % qui enregistrent la plus forte augmentation. La Russie accuse la plus grande diminution avec une perte de 8 millions d'habitants.

Le tableau statistique de la production est déjà plus réconfortant. Grâce à de bonnes récoltes, la production des matières premières et des denrées alimentaires a augmenté presque partout de 17 % par rapport à la dernière année de paix. L'indice européen de la production est sensiblement inférieur, il n'a été que de 4 à 5 %. Il est surprenant et rassurant que la production de la Russie ait dépassé celle d'avant-guerre.

L'augmentation de la production des matières premières et des denrées alimentaires fut plus rapide que celle de la population ; il n'en fut pas de même pour le troisième groupe du questionnaire, à savoir le commerce mondial. Ce dernier, en 1925, a été supérieur d'environ 5 % seulement à celui de la dernière année de paix. Cette moyenne est le résultat d'indices très divergents. Tandis qu'en Amérique et en Asie l'ensemble du commerce accuse une augmentation de 36 %, l'Europe centrale et orientale, sillonnée par des frontières politiques et douanières peut enregistrer une diminution de 28 %. Si l'on considère le commerce de l'Europe entière on constate qu'il est de 10 % inférieur à celui d'avant-guerre.

De ces données instructives et partiellement inattendues nous pouvons tirer certaines conclusions. La *première* est que l'économie mondiale de 1914 n'existe plus. Le centre de gravitation du monde s'est déplacé hors de l'Europe. De nouveaux centres ont été créés dont ceux de l'Extrême-Orient exercent une grande force plus attractive que les anciens. Presque tous les indices européens dans le Mémorandum précité sont au-dessous de la moyenne mondiale, et pour l'Asie et l'Océanie ils sont sensiblement plus élevés que pour le reste du monde. La *deuxième* conclusion à laquelle nous pourrons arriver, est le fait que non seulement l'activité économique s'est déplacée au point de vue territorial, mais qu'elle a même changé au point de vue de l'ensemble de la production. Tandis qu'en son temps le volume du commerce s'est accru avec l'augmentation de la production, le commerce d'aujourd'hui reste en-dessous du développement de la production. Les bouleversements des dix dernières années, en faisant cesser la solidarité des marchés et en empêchant la circulation de l'argent et des marchandises, devaient interrompre le parallélisme entre le développement de la production et celui du commerce. La *troisième* conclusion qui se dégage de ces données est que le centre de dépression — comme disent les météorologues — s'étend surtout à l'Europe centrale. Il est vrai que l'Europe centrale, quant à son importance économique, est transférée du centre de notre globe à la périphérie du monde, mais ce coin du monde détermine à beaucoup d'égards les conditions économiques.

Les données statistiques et les conclusions qui en découlent nous montrent le tableau extérieur de l'économie mondiale. Elles nous font connaître les symptômes de la crise économique européenne, mais ne nous renseignent ni sur les causes profondes du mal ni sur les remèdes possibles.

4. LES CAUSES DE LA CRISE ÉCONOMIQUE MONDIALE ET SES REMÈDES.

La crise économique mondiale, dont les symptômes les plus aigus se sont atténués dans les temps derniers, mais sans qu'elle ait rien perdu de son effet déprimant est une des survivances de la guerre. La guerre a rompu les rapports naturels de l'économie mondiale en contraignant certains États à s'approvisionner entièrement eux-mêmes pendant qu'elle encourageait d'autres États à introduire chez eux le régime économique autarchique pour mieux réaliser leurs buts égoïstes. Le trafic international, qui se ranima après la fin des hostilités, ne put élever une digue contre ce processus d'isolement. Trop de capitaux étaient investis dans les économies nationales fermées à l'étranger et basées sur le principe de l'auto-approvisionnement, les cadres en étaient établis d'une manière trop large, et d'autre part les divers Etats ainsi que les particuliers intéressés à ce régime ne possédaient ni la force morale ni le discernement en matière économique qu'il aurait fallu pour réduire ou supprimer les mesures de contrainte datant de la guerre. Tout au contraire, diverses circonstances fournissaient un aliment nouveau aux tendances des Etats à fermer leurs frontières et s'organiser par eux-mêmes. L'une était la renaissance de l'idée nationale que l'on observa après la guerre. Une autre cause doit être cherchée dans les perturbations des changes, contre lesquelles on voulut se défendre par l'isolement économique. Enfin, le fait que les traités de paix ont doté l'Europe de quatorze Etats nouveaux et que les lignes douanières du continent européen se sont ainsi accrues de 11.000 km. n'a pas peu contribué à l'éparpillement des forces de l'économie mondiale.

La création de nouvelles barrières douanières a eu pour conséquence que, bien que les méthodes empruntées au régime économique de guerre aient été appliquées dans le monde entier, nulle part leurs effets pernicieux ne se font sentir avec la même acuité que sur le continent européen, morcelé par les frontières politiques. Tandis que dans les autres parties du monde les statistiques de la population, de la production et du commerce du monde accusent un développement qui va de pair avec l'allure de l'accroissement d'avant-guerre, — en Europe, après une régression de treize ans, la population et la production sont arrivées de nouveau à leur niveau d'avant-guerre, le commerce, par contre, se trouve aujourd'hui encore dans un état bien inférieur à celui d'avant-guerre.

Les causes profondes de la crise économique internationale doivent être cherchées en premier lieu dans le bouleversement organique des territoires de l'économie mondiale, dans la transformation de la structure de cette économie. Il faut comprendre par là la désagrégation ou l'exclusion des anciennes unités économiques mondiales, l'ouverture à l'économie mondiale de nouveaux territoires et le déplacement des relations économiques mondiales. A cet égard, le phénomène le plus important est que notre partie du monde est refoulée à l'arrière-plan par l'Amérique, qui s'est emparée du rôle dominant du capitalisme, dont l'âge d'or, à en croire beaucoup de gens, doit encore venir. Une autre cause de la crise de l'économie mondiale se trouve dans les mesures d'ordre économique nouvellement appliquées.Celles-ci font sentir leurs effets sur le domaine de la production, de l'établissement des prix et de la consommation, sur le domaine de la production dans l'enchérissement extraordinaire de celle-ci,sur le domaine de l'établissement des prix dans une rigidité extraordinaire et sur le domaine de la consommation d'une diminution extraordinaire. Alors qu'auparavant les crises s'accompagnaient naturellement d'un abaissement des prix entraîné par l'élévation de l'offre, maintenant, en dépit de la crise persistante, ne s'est produite ni une diminution des prix ni une réduction des salaires. Au lieu de voir les producteurs répondre à la réduction de la consommation par une diminution des prix, nous les voyons réagir par la restriction de la production et l'élévation du nombre des chômeurs. A son tour, le niveau élevé des prix s'explique par l'élévation de tous les facteurs qui les déterminent (salaires, crédits, impôts, etc.) ainsi que par le poids mort de certains frais de la production, par les modes de production surannés, par l'excès des charges sociales pesant sur la production, bref : par les exagérations de l'*organisation économique* et la tension excessive de la production par des moyens artificiels.

On maintient par des mesures prohibitives, par des douanes et des subventions un état de choses préjudiciable au rationalisme économique. Tant que ce protectionnisme administratif restera en vigueur, les principes de la logique économique ne pourront prévaloir et les correctifs de la vie économique, lesquels fonctionnent automatiquement, ne pourront exercer leurs effets bienfaisants.

Aujourd'hui, à proprement parler, l'économie mondiale n'a plus qu'une seule soupape fonctionnant automatiquement et laissant pénétrer l'air frais dans son organisme corrompu, et c'est l'*étalon d'or auquel*, au commencement de l'année 1927, près de quarante Etats avaient ramené leur système monétaire. L'importance de l'étalon d'or dans l'économie mondiale consiste en ce qu'il permet d'équilibrer les prix, d'en rapprocher les courbes et de faciliter la circulation des moyens de paiement. Mais ses effets bienfaisants ne peuvent se produire que si des mesures d'inter diction ou d'autres difficultés ne barrent pas la route à la circulation économique et financière et qu'à la condition que la valeur de l'or ne soit pas exposée à des fluctuations. Dans ces deux directions, la situation actuelle laisse beaucoup à désirer. Les restrictions à la circulation des personnes, des marchandises et des capitaux subsistent partout, en différente mesure, il est vrai, mais sous tous les rapports ; et quant à la stabilisation de la valeur de l'or, aujourd'hui encore elle dépend dans une **grande** mesure des banques d'émission des Etats-Unis. La Conférence économique internationale devrait se proposer de supprimer de ce côté aussi, les entraves de la circulation économique, et l'on ne peut que regretter que les problèmes relatifs à ce point aient été exclus de l'ordre du jour de la Conférence.

Le programme de la Conférence assigne un rôle d'autant plus grand aux tendances qui règnent dans la politique *commerciale* d'après guerre. Cette politique commerciale reprend le fil des relations économiques là où il a été rompu par la guerre. Cette reprise ne signifie rien de particulièrement réjouissant. Elle consiste uniquement à faire revivre le système de protection inauguré cinquante ans avant la guerre, et qui ne fit ensuite que s'accentuer pour faire rage dans les années troublées qui suivirent la guerre. Développer et resserrer le plus possible le réseau des traités de commerce, tel est l'ordre du jour dans la politique économique officielle. Conformément à ce principe, les gouvernements se livrent à d'interminables pourparlers, et lorsque, après de longs débats, on a réussi à conclure quelque traité, le projet de révision est déjà prêt. En principe, il est hors de doute que la politique économique qui semble recommandée, est celle qui diminue et finit par supprimer entièrement les entraves artificielles au trafic entre peuples situés au même niveau économique ou à un niveau analogue. C'est l'idée qui sert de base au réseau des conventions conclues entre les Etats de l'Europe centrale, réseau dont, avant la guerre, les fils se réunissaient à Berlin et qui réglait les échanges économiques entre l'empire Allemand, l'Autriche-Hongrie et la Russie. Les conventions commerciales conclues avec les autres pays avaient seulement un caractère subsidiaire et s'accommodaient à ces traités. Ce système du commerce extérieur, parachevé avec beaucoup de conséquence au cours de plusieurs dizaines d'années, s'écroula lorsque ses bases mêmes se trouvèrent détruites. De nos jours, il ne s'agit plus, pour le commerce extérieur, d'un échange mutuel du surplus de la production entre des économies nationales qui se feraient contrepoids les unes aux autres.

Dans les circonstances présentes, le système des traités commerciaux du XIX\ :sup:`e` siècle n'est plus qu'une faible ombre, qu'un pâle reflet tout au plus de ce qu'il était auparavant. Au lieu de la compréhension mutuelle qu'ils se posent comme but, les traités de commerce sont une source continuelle de conflits. Leur portée même s'est retrécie : ils règlent l'importation et l'exportation en établissant des tarifs qui peuvent être déjoués par des mesures administratives. Ce n'est pas par des moyens aussi peu efficaces que l'on peut remédier à la crise économique internationale. Ce qu'il faut faire pour cela, c'est répartir rationnellement les matières premières, organiser les marchés, établir les prix.

C'est justement pour cette raison que, pour trouver une issue à l'état anarchique où se trouve aujourd'hui la production européenne des matières premières et des articles industriels, ce ne sont pas les conventions conclues entre les Etats qui se méfient l'un de l'autre, conventions d'un caractère plus ou moins provisoire, mais les nouvelles tendances visant à l'organisation des facteurs productifs intéressés ainsi qu'à la collaboration des branches industrielles en rivalité les unes avec les autres qui nous indiquent la voie à suivre. Dans la réorganisation économique de l'Europe, un rôle de plus en plus considérable échoit au *mouvement international des cartels*. Dès avant la guerre, la réunion en cartel de certaines branches économiques dans le pays même accusait des résultats importants, mais c'est surtout depuis 1920 que ce genre d'organisation a pris un grand essor. Le progrès consiste sur ce terrain en ce que les cartels surgis sous la pression de la crise économique mondiale s'étendent par-delà les frontières politiques et douanières et présentent un caractère international. Du point de vue de l'économie mondiale, leur importance est plus grande que celle des traités de commerce, ne serait-ce que parce que chacun de ces derniers ne lie que deux pays, tandis que les cartels internationaux s'étendent à plusieurs pays à la fois, en certains cas même à toute une partie du monde. Les cartels internationaux représentent donc la réalisation du principe de l'économie mondiale, la réalisation du principe de la solidarité économique des nations en face des tendances nationales à l'isolement. La politique de l'économie nationale entrée dans la lutte sous le mot d'ordre collectif de la « protection du travail national », a fini par précipiter les pays qui s'approvisionnent eux-mêmes dans le gouffre du dumping, qui consiste essentiellement à faire supporter aux consommateurs nationaux le poids des prix très élevés dans l'intérêt de l'exportation et au profit des consommateurs étrangers. En même temps cette politique oppose à la production intérieure, pour la combattre, la production extérieure. Dans la lutte pour la conquête des marchés, les deux adversaires ont fini par succomber l'un et l'autre, et c'est le public, le consommateur qui, la paix conclue, a payé les frais de la guerre perdue. Dès maintenant, la tâche des cartels internationaux est de rendre impossibles les pertes occasionnées par la concurrence économique suivant le système du dumping et, par l'organisation des facteurs productifs selon les branches de la production, d'une part encourager la production rationnelle et méthodique et, d'autre part, pourvoir à l'écoulement ininterrompu des produits. De cette manière, les cartels internationaux sont des étapes de première importance dans la production économique mondiale (C. E. I. 19 p. 36).

Dans cette nouvelle chaine de l'économie mondiale, un chainon important est le *cartel international de l'acier*, dont la tâche est la régularisation du niveau des prix et du marché désorganisés par la surproduction, l'inflation et les traités de paix. Le cartel de l'acier est provisoirement un simple cartel de production. Il répartit entre les Etats participants la quantité de production admise, tandis que la répartition entre les producteurs nationaux du contingent obtenu reste affaire intérieure des différents pays. Dans les statuts du cartel du fer, il n'est question ni des prix de vente ni des marchés. Autrement dit, chaque établissement peut vendre où il veut et comme il veut, en tant qu'il ne soit pas lié par des conventions intérieures. Le contingent est fixé tous les trois mois, et tout pays qui le dépasse est tenu de payer une pénalité de quatre dollars par tonne, tandis que par contre, au cas où le contingent n'est pas atteint et que l'écart ne dépasse pas 10 %, ce déficit de production donne droit à une indemnité de 2 dollars par tonne. Mais cette indemnité diminue et finit même par cesser complètement si le déficit de production affecte un caractère permanent, de peur qu'une capacité insuffisante de rendement ne soit protégée artificiellement au détriment de la communauté. Tels sont les moyens dont se sert le cartel pour maintenir l'offre entre certaines limites sur le marché international. A la vérité, un émiettement des prix, du fait des établissements de tel ou tel pays, reste toujours possible, mais cette éventualité ne fera que hâter la seconde étape de l'évolution, la création du cartel des prix. Presque tous les pays du continent européen ayant adhéré à ces conventions, conclues primitivement dans un cercle plus restreint, un nouveau projet vient de surgir : élever les prix étrangers au niveau des frais de production de l'industrie anglaise, afin de permettre à l'Angleterre d'adhérer à son tour à ces conventions. Quand la chose aura eu lieu et que la convention internationale du charbon aura été conclue, le cartel du fer et de l'acier acquerra toute sa signification dans l'économie mondiale.

Le cartel du fer représente la première tentative de grand style en vue de l'organisation de la production et de l'industrie européennes sur la base de l'économie privée. Dans l'industrie de la soie, de la gélatine, dans l'industrie électro-technique, dans l'industrie des couleurs, de l'aluminium, des conduites métalliques, du fil de fer, des allumettes et de la potasse, se sont déjà formées ou sont en voie de formation des associations moins vastes à la vérité, mais tendant à des buts similaires. Toutes sont le fruit de la dépression économique de l'Europe et sont propres à réprimer les écarts excessifs engendrés par l'ardeur de la concurrence. Mais aux crises économiques succède habituellement un essor économique, et l'on peut se demander si les colosses économiques industriels qui doivent leur naissance à la contrainte de la misère générale, n'useront pas de leur puissance extraordinaire, ou plutôt n'en abuseront pas, dès que le bien-être croissant des peuples leur en fournira la possibilité.

C'est cette considération qui, jointe à l'importance décisive de la collaboration économique, a dû amener la Société des Nations à placer au centre du programme de la Conférence économique le problème des cartels internationaux. Jusqu'alors, dans les milieux intéressés, on s'était occupé des cartels en se plaçant au point de vue de la *production* ; maintenant que l'organisation de la production européenne est en cours, le temps est venu de soumettre à l'examen d'un forum impartial tous les effets économiques, sociaux et politiques de cette organisation. Aucun organe n'était mieux qualifié pour cette tâche que la Société des Nations, de même qu'il ne pouvait se présenter une occasion plus opportune que la Conférence économique internationale.

Le problème a été mis à l'ordre du jour de la Conférence comme l'une des solutions possibles des difficultés actuelles de l'industrie. Ce point du programme est ainsi conçu : « L'organisation internationale de la production, notamment les ententes industrielles (cartels) ; leurs aspects du point de vue de la production, de la consommation et de la main-d'œuvre ; leur régime juridique ; leur connexion avec les questions douanières ».

C'est du point de vue de la *production* que les avantages des ententes économiques internationales sont le plus frappants. La répartition du travail selon les entreprises et les pays, la rationalisation de la production, l'échange mutuel des résultats dûs à l'expérience, la communication des secrets industriels jalousement gardés jusqu'à présent rendent la production plus intensive et moins coûteuse. Pour juger si le meilleur marché de la production a une répercussion dans l'économie publique ou plutôt dans l'économie privée, il importe de savoir qui en tire profit. Si la conséquence en est l'abaissement des prix de vente, c'est la consommation intérieure qui en profite. Si, au contraire, en raison de la protection douanière ou parce qu'elle monopolise la vente, l'industrie cartellisée fait servir la diminution des prix de revient non à une réduction des prix, mais à l'accroissement de ses propres bénéfices, le profit reste bien dans l'économie publique, mais, au lieu du consommateur, ce sont les actionnaires qui en jouissent. Mais dans le cas, assez fréquent d'ailleurs, où une grande partie des gains de l'industrie cartellisée passe à l'étranger, soit sous la forme de dividendes, soit sous celle de crédit, l'économie publique du pays producteur ne retire plus qu'un maigre profit de la rationalisation.

L'objection la plus générale aux cartels internationaux est qu'ils auront pour effet de *renchérir* le marché mondial. En effet, l'essence de toute convention de ce genre est de rendre possibles des prix assurant un bénéfice aux industries intéressées même si les conditions sont défavorables. Aujourd'hui nous voyons les cartels établir les prix à un niveau plus élevé sur le marché intérieur, de manière à ce que le surplus ainsi atteint serve à les couvrir des préjudices résultant d'une vente moins lucrative à l'exportation. Dans le cas d'une réglementation internationale de la production, on verra bien cesser les inconvénients résultant du dumping, mais on courra le danger de voir les hauts prix intérieurs devenir les prix normaux et ce mode d'organisation provoquer sur le marché du monde un renchérissement général. La lutte acharnée des producteurs pour la conquête des marchés ferait donc place à l'exploitation des consommateurs. Il n'est pas impossible que telle ou telle entente dans le genre des cartels se traduise en matière de prix par une politique dictatoriale contre laquelle il faudra effectivement se défendre. Cependant une politique économique bien comprise conseillera toujours aux cartels de maintenir en vigueur une partie au moins des réductions de prix consenties sur le marché international. Jusqu'ici les cartels nationaux n'envisageaient pas le marché de tel ou tel pays, dorénavant ils auront intérêt à se préoccuper de la situation du marché international tout entier, de diriger leurs regards vers la consommation générale, laquelle ne pourra s'élever que s'il se produit dans les prix une réduction progressive. La circulation naturelle du sang dans le corps de l'économie mondiale fera le nécessaire pour que les consommateurs aient aussi leur part du profit résultant de l'amélioration de l'outillage technique et commercial.

Dans l'activité des cartels internationaux la puissance publique a également son mot à dire. Une pareille intervention ne serait pas facile si les cartels signifiaient en même temps le régime du libre-échange en ce qui concerne l'industrie et le territoire soumis à leur action. Mais, provisoirement tout au moins, il n'en est rien. En dépit des cartels internationaux, les industries des divers pays restent attachés au système douanier en vigueur actuellement, d'une part afin de pouvoir maintenir leurs prix à l'intérieur et d'autre part afin de pouvoir garder leur position dans le cartel, position dont la condition est que, sur leurs propres marchés intérieurs, elles jouissent d'une protection au moins égale à celle dont leur rivale bénéficie sur le sien. C'est pourquoi les industries cartellisées sont contraintes de se concilier l'autorité publique, ce qui fournit à celle-ci le moyen d'intervenir dans l'intérêt du consommateur en ce qui concerne la fixation des prix. Ceux qui redoutent pour la vie économique une intervention gouvernementale accorderont leur sympathie à une solution consistant à confier le contrôle des cartels à un forum international et impartial, du point de vue du consommateur, et qui, sous l'autorité de la Société des Nations, surveille ces importants organes de la stabilisation économique mondiale.

La création d'un office international de contrôle des cartels doit être précédée de *la reconnaissance et de la réglementation des cartels* au sein des diverses législations nationales, car si certaines législations rendent difficile l'adhésion aux cartels internationaux ou donnent à leurs ressortissants la possibilité de se dérober à leurs obligations, le mouvement tout entier sera compromis. D'autre part la législation ne saurait négliger les inconvenients qui peuvent résulter pour la communauté, du monopole des branches industrielles organisées en cartels. La réglementation devrait avoir pour but la reconnaissance juridique des cartels sous réserve de l'accomplissement de certaines conditions concernant leur constitution. A l'exemple du registre des traités commerciaux il serait tenu des cartels un registre public dans lequel seraient consignées également les conventions les plus essentielles. Le contrôle des cartels serait exercé par un tribunal indépendant auprès duquel serait placé un conseil d'experts choisis parmi les praticiens et les théoriciens de la vie économique. Lorsque le conseil estimerait que l'activité de tel ou tel cartel est contraire aux intérêts de l'économie publique, le tribunal pourrait ordonner la dissolution de ce cartel.

Une question se pose : sous quel aspect les cartels internationaux se présentent-ils du point de vue du plus grave problème d'après-guerre, c'est-à-dire de la question de la main-d'œuvre et du chômage ? On est tout naturellement porté à croire que les arrangements internationaux encourageront les cartels dans leurs efforts pour économiser le travail intellectuel et physique ce qui aurait pour résultat un accroissement du nombre des chômeurs. Les industriels s'efforceront de compenser par un gain proportionnellement plus élevé le préjudice résultant, pour leur production, des réductions imposées par les conventions internationales. A l'amélioration dans la situation des entrepreneurs et des capitalistes correspondront ainsi un renchérissement de la consommation et une diminution de la demande de la main-d'œuvre.

Ces conjectures ont déjà été justifiées en partie, en ce sens que la transformation technique et organique de la vie économique a eu pour résultat la mise à pied d'un grand nombre d'ouvriers et d'employés. Dans la première phase du processus de transformation la rationalisation de la production, la concentration des établissements industriels ont eu le chômage pour conséquence logique et nécessaire. En Allemagne, d'après une évaluation bien considérée, 100.000 employés et 400.000 ouvriers ont perdu leur travail vers la fin de 1926 par suite de la rationalisation de la production. De pareils congédiements en masse n'auraient pu avoir lieu sans provoquer une répercussion sociale si la classe ouvrière n'avait pas reconnu les avantages de la nouvelle politique de production.

Ceux qui ne voient dans les cartels internationaux qu'une nouvelle source de chômage ne mesurent pas toute l'étendue des dangers qui menacent la main-d'œuvre par suite du défaut d'organisation qui régnait jusqu'ici dans la production et dans la concurrence déraisonnée des cartels nationaux. Si, dans les luttes stériles qu'ils se livrent, les grands établissements industriels perdent leur capital de roulement et perdent ainsi, à la longue, en contractant des emprunts, leur capital investi, aucune occasion ne se présente plus pour l'embauche de main-d'œuvre nouvelle. La tâche des cartels internationaux doit consister à prévenir ce gaspillage déraisonné ainsi que les pertes qui en sont inséparables et stabiliser la demande de main-d'œuvre, en assurant une certaine quote-part de production. Exempte de risques, la production ne tarde pas à devenir moins coûteuse, ce qui entraine un accroissement de la consommation, l'augmentation des quotes-parts assurées par les cartels et l'élévation de la demande de la main-d'œuvre. L'augmentation du chômage par la rationalisation de la production ne peut être qu'un phénomène transitoire. Une fois que la consolidation des entreprises associées a eu lieu, le développement naturel des choses a pour effet, au bout d'un certain temps, un accroissement de la consommation grâce aux meilleures conditions et au meilleur marché de la production, ce qui entraine, entre autres conséquences, une demande de main-d'œuvre plus élevée. En tout cas, il sera désirable de suivre avec attention et de contrôler le fonctionnement des cartels internationaux en se plaçant non seulement au point de vue de la consommation, mais aussi à celui de la main-d'œuvre. Et si nous cherchons quelque nouveau forum international susceptible de protéger les intérêts des consommateurs, du point de vue de la main-d'œuvre, cet organe existe déjà sous la forme du Bureau International du Travail dont les tendances s'accordent avec celles de la Société des Nations.

Si, dans le camp socialiste, on attaque le mouvement des cartels, en se plaçant à un point de vue universel, et si l'on y voit une exagération du capitalisme, cette attitude ne peut s'expliquer que par une méconnaissance complète de la véritable situation. Toute concentration constitue le pôle opposé d'une économie guidée par le principe individualiste. Le nombre des employés grandit, celui des dirigeants individuels diminue. Parallèlement à la formation des cartels s'accentue le caractère social de la production, et rien ne nous rapproche davantage de l'état de choses où la direction de la production devient une fonction de la société. Et, en effet, c'est au pays de la concentration et de la rationalisation les plus parfaites, aux Etats-Unis, que le niveau de vie et la conscience sociale de la classe ouvrière sont les plus élevés.

Quelques objections que l'on élève contre les cartels internationaux, du point de vue de la consommation, du travail et de l'autorité politique, on aurait tort d'entraver ou de restreindre la liberté d'association des entrepreneurs. Un tel procédé ressemblerait à la politique étroite et à courtes vues qui voulait, il y a une cinquantaine d'années encore, s'opposer par des mesures d'autorité à l'organisation ouvrière. Une vaste organisation est nécessaire à l'Europe, en premier lieu pour des raisons économiques, mais aussi parce que les luttes économiques finissent par provoquer des compétitions politiques et que tout ce qui peut alimenter celles-ci doit être évité. A côté de leur action économique, les cartels internationaux ont aussi une grande importance politique et morale : ils peuvent aplanir la voie à la réconciliation des peuples.

L'industrie est le terrain naturel du développement de l'économie mondiale suivant le système des cartels. Mais toutes les branches de la production industrielle ne se prêtent pas également à la formation de ceux-ci. Dans l'industrie textile, où les ententes de ce genre ont déjà peine à s'établir dans l'intérieur d'un même pays, des associations internationales ne peuvent guère être organisées. Ce mode de concentration est encore plus difficile à se représenter dans le domaine de l'*agriculture*. Dans ce dernier, la rationalisation n'est pas l'affaire d'une branche de production toute entière mais bien plutôt celle des diverses exploitations. Accroître la production tout en en réduisant les frais est aussi le principe directeur de la rationalisation agricole mais, contrairement à ce qui se passe dans l'industrie, ici ce principe directeur peut être réalisé en premier lieu par le perfectionnement non pas des moyens techniques, mais de l'organisation du travail. En face des tendances à l'association constatées dans l'industrie, on peut observer dans l'agriculture un processus inverse. La multiplication des propriétaires, l'émiettement continu de la grande et de la moyenne propriété ne s'observent pas seulement dans les pays où l'on se propose, au moyen des « réformes agraires » le morcellement et le parcellement méthodiques de la grande propriété, mais aussi là où le processus naturel de l'évolution n'est pas hâté par des moyens artificiels.

Ainsi donc, en inscrivant à son programme, au nombre des possibilités d'action internationales sur la production agricole « le développment et la collaboration internationale des organisations de producteurs et de consommateurs », la Conférence économique internationale entendait prendre parti en faveur d'une application plus efficace de l'idée de coopération dans le domaine de l'agriculture.

Une des ombres au tableau de la situation économique internationale est le déclin général du *pouvoir d'achat*, de la capacité de consommation dans notre partie du monde. Mettre en lumière les causes de ce déclin, indiquer la voie à suivre pour relever ce pouvoir d'achat, telle fut l'une des tâches principales de la Conférence. La diminution du pouvoir d'achat s'explique principalement par la régression du développement des capitaux, par le coût de la production. Nous n'échapperons aux conséquences de la crise que lorsque l'insuffisance du capital, résultant de l'insuffisance de l'épargne, sera devenue moindre et la formation des capitaux plus rapide. Il est nécessaire en outre de faire participer au trafic international les grands territoires de production et de consommation qui s'en sont trouvés détachés pendant et après la guerre dans l'Europe orientale et dans l'Europe centrale.

Un autre point noir dans la situation économique du monde est l'interruption survenue dans l'*emigration internationale*. L'un des remèdes les plus efficaces aux grandes crises économiques d'avant-guerre était que l'excédent de la population européenne qui ne trouvait plus ici de possibilités, d'existence réussissait à se placer dans les pays d'outre-mer, en particulier dans les Etats-Unis d'Amérique, soit comme ouvriers manuels soit comme artisans, mais plutôt encore comme cultivateurs. Quand, à la suite de récoltes déficitaires ou pour toute autre raison, un pays ne pouvait pas exporter des marchandises, il était obligé d'exporter des hommes. Mais de nos jours cette triste alternative ne se présente même plus, car les territoires les plus précieux pour l'économie mondiale ne se ferment pas seulement à nos marchandises mais aussi à nos excédents humains. La Société des Nations serait à même, par le moyen du Bureau du Travail fonctionnant de concert avec elle, de s'entremettre entre les pays à émigration et les pays à immigration, et de donner à ces derniers les garanties nécessaires en ce qui concerne la capacité de travail des ouvriers immigrants et la confiance qu'il faudrait leur accorder. Il semble que l'importante question de l'émigration ait été exclue de l'ordre du jour de la Conférence en raison du caractère délicat de ce problème en ce qui concerne les Chinois, les Japonais, les Hindous etc. Par des raisons politiques il fallait écarter de l'ordre du jour ces questions. En éliminant la question du mouvement migratoire la Conférence se privait d'une des sources les plus fortes pour en puiser, des moyens capables à affaiblir la crise économique.

CHAPITRE III

ŒUVRE ÉCONOMIQUE DE LA SOCIÉTÉ DES NATIONS AVANT LA CONFÉRENCE ÉCONOMIQUE INTERNATIONALE.

1. Concurrence déloyale.
2. Traitement inéquitable des entreprises et des ressortissants étrangers.
3. Formalités douanières.
4. Arbitrage commercial.
5. Législation relative aux lettres de change et aux chèques.
6. Unification des statistiques économiques.
7. Crises économiques et chômage.
8. Organisation des communications et du transit.

Dès le mois de septembre 1921, le Conseil a chargé le Comité économique de la Société d'étudier le sens et la portée de la stipulation de l'article 23 e/ du Pacte de la Société des Nations et de préparer un rapport. La résolution du Conseil impliquait une double tâche : étudier les diverses formes d'activité économiques à l'égard desquelles la Société a qualité pour agir en vertu de l'article 23 e/ du Pacte ; définir le sens qu'il convient de donner à l'expression générale « traitement équitable » du commerce.

Le Comité, après avoir constaté qu'il n'y avait aucune possibilité d'arriver à une convention internationale sur l'ensemble de la question, a conclu que la meilleure méthode pour atteindre un résultat était d'examiner les divers manquements au principe du traitement équitable. Il les a groupés comme suit :

1. Concurrence déloyale, s'exerçant au dépens du commerce légitime ;

2. Traitement injuste en matière fiscale ou autre, appliqué par un Etat, membre de la **S. d. N.** ;

3. Formalités et procédure en matière de douanes portant atteinte au commerce des autres Membres de la Société ;

4. Discrimination injuste en matières de commerce extérieur.

1. Concurrence déloyale.

La Convention internationale relative à la protection de la propriété industrielle, et l'« Arrangement de Madrid » sur la répression des fausses indications de provenance faites sur les marchandises, visent la concurrence déloyale. Pour assurer une meilleure protection du commerce contre la concurrence déloyale, le Comité économique a été d'avis qu'il y aurait intérêt :

A ce que le plus grand nombre d'Etats adhérât à l'Union pour la protection de la propriété industrielle ;

A ce que les dispositions de la Convention fussent amendées et complétées.

Le Comité économique a envisagé également un certain nombre de dispositions touchant la concurrence déloyale, pour servir de base à des modifications à apporter à la Convention pour la protection de la propriété industrielle. Une conférence pour la révision de cette convention s'est, en effet, tenue au mois d'octobre 1925, à la Haye, sous les auspices de l'Union pour la protection de la propriété industrielle, et c'est en vue de cette Conférence que le Comité économique a cherché à établir des propositions d'amendements au texte de la Convention d'Union.

Ces propositions du Comité ont été soumises à l'examen de tous les Etats membres de la Société. Vingt-cinq Etats ont fait parvenir leurs observations. Puis, sur l'initiative du Gouvernement japonais, une réunion internationale d'experts officiels eut lieu en mai 1924, à laquelle vingt-deux experts prirent part. Le rapprochement des propositions formulées par le Comité économique, avec les textes qui furent adoptés font ressortir l'importance des résultats acquis.

2. LE TRAITEMENT INÉQUITABLE DES ENTREPRISES ET DES RESSORTISSANTS ÉTRANGERS.

Le traitement inéquitable des entreprises et des ressortissants étrangers constitue une violation de principe du traitement équitable du commerce, établi par le Pacte.

Le Comité s'est efforcé de formuler des principes qui devraient être observés pour protéger ces personnes et ces sociétés contre un traitement fiscal arbitraire et des procédés injustes de discrimination. Le Comité a incorporé ces principes dans une série de recommandations que le Conseil de la Société a soumises à tous les Etats membres de la Société, les invitant à s'en inspirer dans leur législation nationale comme dans leurs accords commerciaux internationaux.

Le Comité économique a examiné ensuite la question des conditions dans lesquelles les étrangers, résidant légalement dans un pays, sont ou devraient être admis à l'exercice d'une profession ou d'une occupation.

Dans ce domaine, le comité est arrivé également à certaines conclusions qui se trouvent condensées dans les recommandations, présentées dans un rapport adressé au Conseil et adopté par ce dernier en juin 1925 (1).

Cette deuxième série de recommandations fut également communiquée aux Membres de la Société des Nations par décision du Conseil, qui, à cette occasion, exprima le désir de savoir si et dans quelle mesure les Etats avaient

1. Document C. 309 (1). M. 114.1925:II.

pu donner suite aux recommandations précédentes. Le nombre restreint de réponses parvenues au Secrétariat n'a pas encore permis au Comité économique d'adresser au Conseil le rapport que ce dernier attend de lui.

Tel était l'état de la question lorsque la Conférence économique, décida de demander à la Société des Nations de préparer sans retard la convocation d'une conférence diplomatique en vue de l'établissement d'une convention internationale. A la suite de ce vœu, le Comité économique établit un projet de convention qui fut communiqué à tous les gouvernements, pour leur demander s'ils l'estimaient apte à constituer une base de discussion pour une convention internationale et pour les inviter à participer à la Conférence diplomatique.

Ecartant délibérément la question de l'admission des étrangers et tout en traitant principalement des conditions d'établissement des personnes ou sociétés étrangers, le projet cherche également à assurer *les garanties nécessaires pour le commerce* des ressortissants des parties contractantes qui, sans être établis sur le territoire d'un pays, désirent néanmoins y poursuivre leurs affaires ou y investir leurs capitaux.

Il a également pour but de procurer à ces personnes ou sociétés la certitude d'une complète égalité en matière fiscale, tant au point de vue des impositions normales qu'au point de vue des charges extraordinaires. Il prévoit également des garanties contre la double imposition (1).

Ces garanties viennent s'ajouter aux garanties usuelles d'ordre civil et judiciaire, au droit d'exercer une industrie, un commerce ou une profession, à celui d'acquérir la propriété de biens meubles ou immeubles, qui forment la base normale des conventions d'établissement.

____

1. Ces garanties font d'ailleurs l'objet d'une étude spéciale de la Société des Nations (Voir document C. 216. M. 85.1927.II.)

3. Formalités douanières.

Une des violations du principe d'équité établi par l'article 23 e/ du Pacte, est constituée par des formalités et pratiques douanières excessives, inutiles, arbitraires ou déloyales. Le Comité à tenu à ce que les parties directement intéressées, c'est-à-dire les administrations des douanes et le monde des affaires, fussent consultées avant de soumettre une proposition précise à une Conférence internationale.

Un premier projet fut soumis à l'examen des gouvernements, qui firent connaître pour la plupart leurs avis et leurs propositions à ce sujet, projet, qui fut à deux reprises en 1923, examiné à Genève au point de vue technique par des fonctionnaires appartenant aux administrations douanières de dix-sept Etats.

Le programme définitif soumis par le Comité économique à la Conférence internationale convoquée à Genève étaitle produit d'une longue et laborieuse préparation. La Conférence s'ouvrit à Genève, le 15 octobre 1923. Trente-cinq pays y avaient délégué leurs représentants officiels, munis des pouvoirs nécessaires pour établir et signer le texte d'une convention internationale. La convention qui en est résultée et qui porte la date du 3 novembre 1923 fut immédiatement signée par vingt et un Etats. La Convention peut se résumer dans ces cinq mots : publicité, simplification, rapidité, égalité et équité.

L'acte final de la convention comprend les tâches suivantes de la Conférence (1) : le but de la Conférence est une action individuelle ou collective pour la simplification et unification des traitements équitables des formalités douanières. Les travaux préparatoires ont été entrepris par

____

1. Convention et acte final (3 nov. 1923 de la Conférence internationale sur les formalités douanières et similaires. Société des Nations. *Journal officiel*, IV, 1923), vol. 2, p. 1602.

la section économique de la Société des Nations. La Conférence qui a eu lieu du 15 octobre au 3 novembre a élaboré une convention qui fut acceptée par 32 voix (34 délégués étant présents, 2 abstentions) (1). La convention était déposée en vue de la signature et de la ratification du 3 novembre 1923 au 31 octobre 1924. Elle devait entrer en vigueur dès qu'elle portât la signature de 5 puissances (2).

En dehors de cette convention, la Conférence a formulé également plusieurs « vœux ».

Afin de favoriser une publicité plus générale de toutes les informations nécessaires au commerce, les deux organisations compétentes, le Secrétariat de la Société des Nations et le Bureau International pour la publication des tarifs douaniers à Bruxelles devaient veiller à ce que tous les documents concernant les formalités douanières soient adressés également aux autres grandes organisations internationales, c'est-à-dire à la Chambre Internationale de Commerce, qui aurait à se charger de la diffusion des mesures tarifaires.

L'article 22 de la Convention est également souligné comme « vœu » préconisant que les Etats s'adressent en cas de divergeance d'opinions concernant l'interprétation des résolutions de la Conférence à une organisation technique désignée par le Conseil de la Société des Nations. Il faut encore mentionner que les Etats signataires sont fermement résolus, d'assurer de leur mieux par une action individuelle les recommandations faites par la conférence.

Cette conférence pour la simplification des tarifs douaniers se présente comme une étape sur le chemin qui mène à la Conférence économique internationale, siégeant à

____

1. *Loc. cit.*, p. 1614.
2. Convention internationale pour la simplification des formalités douanières et protocole y relatif, *loc. cit.* (1924), vol. 2, p. 1145.

Genève en 1927. La justification intrinsèque de la Conférence sur les formalités douanières est donnée à la Société des Nations par l'interprétation du « traitement équitable du commerce » de l'article 23 e/ du Pacte. Cette interprétation est contenue dans un rapport du Comité économique de la Société des Nations qui s'occupe de la signification et de la portée de l'article 23 e/ (1). En vertu de cette interprétation, le Comité de la Société des Nations s'est mis à étudier d'une manière approfondie des questions touchant à la politique commerciale. La conférence pour la simplification des tarifs douaniers s'occupa des restrictions douanières au point de vue technique, tandis qu'il incombait à la Conférence économique internationale de traiter le problème dans son aspect théorique et universel.

Le Comité économique n'a cessé d'insister pour que les ratifications de plus en plus nombreuses fussent données à cette convention. Il a pu enregistrer, d'autre part, avec satisfaction que la Convention de Genève trouve également une application indirecte par l'usage qui est fait de certaines de ses dispositions dans un nombre croissant de traités de commerce. Dans plusieurs cas, certaines matières y sont réglées par un simple renvoi à la convention, qui tend ainsi à instaurer une doctrine commune.

4. Arbitrage commercial.

Les clauses d'arbitrage ont une valeur pratique considérable, c'est pourquoi le Comité économique a estimé qu'il y avait lieu de chercher les moyens de généraliser leur emploi. En juillet 1922, le Comité convoqua à Londres une Commission d'experts en matière juridique et com-

---

1. Rapport du Comité économique sur le traitement équitable du commerce (septembre 1922). Document A.59.1922.II. Société des Nations. *Journal officiel*, IV, 1923, vol. 1, p. 468. V. RAPPARD, *International relations viewed from Geneva*, p. 73.

merciale, chargée « d'étudier les effets des accords conclus entre ressortissants de pays différents, en vue de soumettre à l'arbitrage les litiges soulevés par des contrats commerciaux ; d'examiner les difficultés qui peuvent s'opposer à l'exécution de ces accords, par suite de l'intervention de la juridiction des tribunaux nationaux dans les questions qui relèvent desdits accords ; de rechercher comment et dans quelle mesure ces difficultés peuvent être supprimées ou atténuées ; enfin, de prendre avis, au cours de ses travaux, de toutes organisations ou personnes qu'elle jugerait utile de consulter » (1).

Le Comité économique approuva entièrement les vues de la Commission d'experts et estima qu'il serait désirable que des mesures fussent prises pour obliger les négociants qui ont adhéré à une clause d'arbitrage à la respecter. Le Comité fut également d'avis que ceux des États-membres dont la législation et les juristes s'opposent encore aux accords d'arbitrage entre négociants, s'efforcent d'adopter, aussitôt que possible, les mesures nécessaires pour appliquer la recommandation ci-dessus.

Par la suite, le Comité se préoccupa de l'étude de nouvelles mesures susceptibles de donner des résultats pratiques. C'est ainsi qu'en janvier 1923, il soumit au Conseil une proposition concrète, sous la forme d'un projet de protocole. La IVe Assemblée adopta un texte définitif, le 24 septembre 1923, date à partir de laquelle le protocole était ouvert, au Secrétariat de la Société des Nations, à la signature des États. Le but de ce protocole (2) est d'empêcher que la législation et la juridiction des États contractants ne viennent affaiblir à l'avenir l'efficacité des accords d'arbitrage conclus entre parties soumises à la

1. Les textes de la Convention et du Protocole annexé et de l'Acte final de la Conférence se trouvent reproduits dans la brochure C. 678 (1). M. 241 (1). 1924.II.

2. Dont le texte complet se trouve reproduit au document A. 83.1923, II, annexe.

juridiction d'Etats contractants différents, même lorsque l'arbitrage doit avoir lieu dans un pays dont la juridiction ne dépend pas des parties contractantes. Chacun des Etats contractants se réserve la liberté de limiter cet engagement aux contrats que sa loi nationale considère comme d'ordre commercial.

Ce Protocole risquait de rester dans une certaine mesure inefficace parce qu'il comportait une grave lacune : il n'assure pas, dans un pays contractant, l'exécution d'une sentence arbitrale prononcée dans un autre pays contractant. Le Comité économique signala au Conseil la nécessité de combler au plus tôt cette lacune. Le projet établi par le Comité économique permit à l'Assemblée de 1927, d'ouvrir à la signature des Etats *la Convention pour l'exécution des sentences arbitrales étrangères*. Voulant toutefois lier la nouvelle Convention au Protocole de 1923, elle décida que seuls les Etats adhérant à ce dernier pourraient faire partie de la Convention.

En décembre 1927, le Conseil de la Société des Nations a expressément attiré l'attention des Etats sur l'utilité du Protocole et de la Convention, ainsi que sur les conditions dans lesquelles ils peuvent devenir parties à ces accords. La nouvelle Convention offre aux Etats adhérant au Protocole de 1923, le moyen le plus sûr pour éviter que leurs ressortissants ne se trouvent en condition d'infériorité lorsqu'il s'agira pour eux d'obtenir l'exécution d'une sentence prononcée en leur faveur à l'étranger. Cette considération permet d'espérer que la nouvelle Convention verra bientôt augmenter le nombre de ses signatures.

5. LÉGISLATION RELATIVE AUX LETTRES DE CHANGE ET AUX CHÈQUES.

La Conférence financière de Bruxelles, en 1920, exprima l'avis que « la Société des Nations pourrait utilement exercer son action en vue de promouvoir certaines réformes et d'assurer la publication méthodique de certaines informations de nature à faciliter les opérations de crédit. » Dans cet ordre d'idées, la Conférence signala notamment « l'intérêt qu'il y aurait à réaliser des progrès dans l'unification des diverses législations sur les lettres de change ».

C'est dans ces conditions que le Comité économique fut appelé à s'occuper du problème. Il désigna une Commission de quatre spécialistes, dont le rapport fut publié (1) et communiqué pour observations à tous les Etats-membres de la Société des Nations. Le Comité économique ayant, en 1925, examiné quelques réponses reçues de certains gouvernements à la suite de la communication précitée, ayant aussi pris connaissance des tendances prévalant dans plusieurs pays, en conclut qu'il existe dans les milieux intéressés un désir réel de voir apporter une amélioration à la situation actuelle et il décida, en conséquence, de reprendre l'étude de la question. Les travaux l'ont convaincu que, dans l'état actuel des choses, il serait illusoire d'essayer d'arriver à une unification générale des législations en la matière, mais que, cependant, des progrès sensibles pourraient être réalisés dans le sens d'une assimilation progressive des différentes législations nationales, notamment de celles du *type dit continental.* De nouveau il s'adressa à quelques experts spécialement qualifiés. Ceux-ci, sans s'arrêter à une énumération complète des divergences existant en ces matières entre les diverses législations et des difficultés qu'elles entraînent, se sont bornés à indiquer celles de ces difficultés qui, par leur fréquence et leur importance, justifient une tentative de rapprochement des législations et qui leur semblent susceptibles d'être réglées au moyen d'un accord international (2).

1. Document C. 487. M 203.1923.II.
2. Document C. 487. M. 203.1923.II.

Entre temps, la Chambre de Commerce internationale s'était sérieusement occupée de la même question et ses travaux aboutirent, en 1927, à la présentation d'un double projet de règlement uniforme inspiré des travaux de La Haye (1912) et portant sur la lettre de change et le billet à ordre, d'une part, et le chèque d'autre part.

Une des causes principales qui ont empêché l'entrée en vigueur de la Convention de La Haye consiste dans le fait que son règlement constituait un ensemble extrèmement détaillé de dispositions consignées dans un très grand nombre d'articles, ensemble que les parlements devaient accepter ou refuser en bloc sans pouvoir y apporter aucun amendement. Les experts du Comité économique proposent une méthode différente.

Leur projet tend à donner une force concrète et contractuelle à quelques principes fondamentaux communs qui constitueraient le contenu des deux conventions internationales envisagées. A condition qu'ils restent fidèles à ces principes, les Etats contractants seront libres de les appliquer de la manière la plus conforme à leurs conceptions législatives. Sur certains points, les experts n'ont pas cru possible de réaliser un accord général. Leur projet laisse aux Etats la liberté de légiférer à leur guise sur ces points spéciaux. Il en résulterait donc que même entre les Etats qui adhéreraient aux conventions envisagées, des conflits d'ordre juridique pourraient surgir sur les points restés en dehors de ce règlement.

Pour parer aux inconvénients provenant de cette situation, les experts présentent deux autres projets de conventions, l'un pour les lettres de change, l'autre pour les chèques, prévoyant des solutions appropriées pour les conflits d'ordre juridique pouvant surgir au sujet des points non réglés par les conventions principales.

6. Unification des statistiques économiques.

En vue d'arriver à la comparabilité internationale des données des statistiques nationales et conformément à une résolution adoptée par la Conférence de Gênes, la Société des Nations a institué une commission d'études de statistique chargée d'étudier les principes d'après lesquels certaines catégories de statistiques économiques sont établies, et de présenter des recommandations au sujet des méthodes que l'on pourrait avantageusement appliquer dans le domaine international. En raison des précieux travaux déjà effectués dans cet ordre d'idées par l'Institut international de statistique, la Commission en question a été désignée d'un commun accord par la Société et par cet Institut, et les recommandations présentées par la Commission ont été soumises aux conférences générales de l'Institut avant d'être présentées à l'examen des Etats-membres.

L'unification des statistiques économiques a fait un pas en avant par la *Conférence de statistique économique internationale* qui a eu lieu à Genève du 26 *novembre au 14 décembre* 1928. Cette conférence aboutit à une convention qui fut signée par 23 Etats (10 signatures étant suffisantes pour la mise en vigueur de cette convention). Cette conférence a non seulement préparé la voie à l'unification internationale de la statistique économique, mais elle a aussi établi d'une manière frappante les problèmes théoriques, la méthodologie même de la statistique. La statistique du commerce, notamment, a bénéficié des discussions qui se sont tenues à un niveau remarquable. Ainsi la différence existant entre le commerce spécial et le commerce général, différence d'une grande portée pour la méthode de la statistique du commerce, a été caractérisée d'une manière systématique, M. Flux (Angleterre) a souligné dans les débats l'importance de l'index de l'activité de la production. L'unification de l'index des prix était également mise à l'ordre du jour. Bien que la diversité de la structure économique des différents pays et les moyens restreints du budget tendant à réduire la collection des données statistiques semblassent présenter des difficultés insurmontables qui s'opposaient au but de la conférence, il est néanmoins vrai que le Président de la conférence, M. le Professeur Rappard a réussi, par son talent extraordinaire à diriger les débats, à concilier les intérêts divergeants et à les ramener sur une base commune de négociation. Le résultat de ces débats fut la mise au point du projet de convention qui, dans sa forme amendée, se présente comme une proclamation universelle des Etats signataires, disposés à l'unification de leurs statistiques pour faciliter la comparaison de leurs données statistiques dont la réunion doit être opérée non pas sous un angle autarchique, mais au point de vue international (1). Cette conférence se base sur les résolutions prises par la Conférence économique internationale (Genève 1927). C'est à cette occasion que l'on a pour la première fois fait ressortir la nécessité d'une unification de la statistique commerciale ainsi que d'une unification de la nomenclature douanière, ceci pour faciliter les rapports commerciaux entre les peuples. Généralement parlant, il faut se rendre compte que les conférences réunit sous les auspices de la Société des Nations ne sont pas des évènements isolés, mais constituent un enchaînement d'idées et de tendances. Les débats de ladite conférence qui avaient pour centre l'idée de l'unification de la statistique trouvent leur point de départ dans le courant moderne de la science économique qui s'est développé spécia-

1. Voir : Projet de Convention concernant les Statistiques économiques. C. 340 et Conférence internationale des Statistiques économiques. M. 98, 1928. II. Genève, 1928, C. S. O. 1.

lement dans les pays classiques de la statistique, aux
Etats-Unis et en Angleterre. C'est surtout la théorie des
crises et le désir de les éviter qui ont élargi la base expéri-
mentale et statistique de la science économique. Afin d'a-
boutir à un résultat précis, il convient de s'appuyer sur une
large base de cas isolés. Cette interdépendance de tous les
symptômes économiques, soulignée par la science moderne des crises, avait sans doute aplani le chemin conduisant à la convocation de la Conférence économique
internationale et de celle de l'unification de la statistique
économique. La science moderne des crises, s'appuie sur
la théorie de la probabilité et préconise par conséquence
un élargissement considérable de sa base d'exemplification
afin de pouvoir comprendre dans son enquête une grande
quantité de cas isolés. Cette structure fondamentale de
la théorie des probabilités concernant la science des crises
tend à l'accumulation des données ; elle dépasse le cadre
national, attire le matériel d'exemplification internationale et s'oriente par conséquent dans le sens d'une économie internationale.

7. Crises économiques et chômage.

Ces idées et le développement de la science des crises
ont inspiré la création d'un sous-comité permanent au
sein du Comité économique ayant pour tâche d'étudier
les principaux facteurs de la crise économique actuelle.
Bientôt apparut la nécessité d'une collaboration plus
étroite avec le Bureau international du Travail et c'est
ainsi que fut institué le Comité mixte des crises économiques (1).

Depuis 1924, le Comité mixte étudie la question si complexe des baromètres économiques. Il considère, en effet,

1. V. Société des Nations, *Journal officiel*, VI, 1925, vol. 2,
p. 1361 et ss.

qu'il est prouvé d'une manière indubitable que des fluctuations excessives de l'activité commerciale sont hautement préjudiciables à la stabilité de l'emploi et qu'il serait désirable de réduire, si possible, l'intensité de ces fluctuations. Il estime aussi que les principes d'après lesquels des facilités de crédit sont accordées à l'industrie et au commerce peuvent largement intervenir pour accentuer ou enrayer ces fluctuations. Par conséquent, les troubles qu'elles entraînent pourraient s'atténuer dans une certaine mesure, si, au moment de prendre des décisions concernant la politique du crédit et spécialement au cours de certaines phases du mouvement ascensionnel du cycle économique, il était suffisamment tenu compte de toutes les données relatives aux éléments économiques en cause, y compris les tendances du marché du travail et des prix.

Ce comité est arrivé à la conclusion qu'il serait désirable de publier, dans le *Bulletin de Statistiques* de la Société, un certain nombre d'indices sélectionnés des conditions économiques, en vue de prévoir les tendances des marchés.

Décidé à continuer par tous les moyens appropriés l'étude des crises dites cycliques, le Comité mixte s'est proposé de réunir les éléments de faits qui permettront de mieux connaître les lois de ces crises et les moyens d'en prévenir les conséquences.

8. Organisation des communications et du transit.

Une partie de l'œuvre économique de la Société des Nations consiste dans l'établissement d'accords entre États en vue de créer et de maintenir un droit international des communications, indépendant des fluctuations politiques, écartant les discriminations injustifiées dont peut souffrir le libre jeu des échanges internationaux et garantissant au commerce international la stabilité qui lui est nécessaire.

Dans ce cadre rentrent les grandes conventions générales élaborées aux Conférences générales des communications et du transit de Barcelone en 1921 et de Genève en 1923.

La première a créé une organisation compétente pour le transit sous la forme de trois conventions importantes sur les rapports internationaux des voies navigables au point de vue juridique, sur la liberté de transit et sur le régime international des voies ferrées et des ports maritimes. Uniquement les deux premiers problèmes, l'internationalisation des voies navigables et la liberté du transit se sont condensés pour former des conventions, signées par les délégués gouvernementaux. Tandis que l'entente verbale sur les voies ferrées s'est présentée sous forme d'une simple « recommandation », en même temps la conférence a exprimé le « vœu » que dans le délai de 2 ans une conférence ultérieure se réunisse afin d'aboutir à une convention sur les voies ferrées (1).

La Convention sur la liberté du transit, adoptée à la Conférence de Barcelone, ratifiée actuellement par un grand nombre de pays et, notamment, par la presque totalité des pays européens, préconise le principe de la liberté du transit pour les voyageurs, bagages, marchandises traversant le territoire des Etats contractants par voie ferrée et par voie d'eau, ainsi que la liberté du transit des bateaux effectuant les transports à travers ces territoires. La conférence de Barcelone sur le régime des voies navigables d'intérêt international préconise au sujet de ces voies, — qui, d'une façon sommaire, peuvent être définies comme séparant ou traversant deux ou plusieurs Etats —, la liberté complète de navigation et l'égalité entre les pavillons de tous les Etats contractants. Ces dispositions sont appliquées dans les Actes de navigation

1. V. La Conférence de la Société des Nations à Barcelone. Texte complet des conventions et recommandations adoptées, précédées d'une introduction. Paris, 1921.

des grands fleuves internationaux européens : Rhin, Danube, Elbe, Oder.

La Convention générale de Genève sur le régime international des ports maritimes applique à l'ensemble des ports maritimes les principes de la liberté d'utiliser les ports et de l'égalité de traitement entre Etats contractants.

La Convention générale de Genève sur le régime international des voies ferrées codifie les efforts poursuivis depuis longtemps pour l'établissment d'un droit international des relations entre Etats ou administrations dans le domaine des chemins de fer.

L'ensemble de ces conventions a ainsi pour objet et pour résultat de retirer du domaine des négociations et des rivalités politiques l'ensemble des problèmes de transport et de leur donner un statut indépendant, assurant au commerce international des facilités stables et garanties. Les différends entre Etats pour l'application de ces conventions sont réglés par arbitrage ou devant la Cour permanente de Justice internationale ; mais, dans tous les cas, avant règlement arbitral ou judiciaire, un essai de conciliation est prévu devant un organisme technique : la Commission consultative et technique des communications et du transit de la Société des Nations.

La deuxième Conférence générale des communications et du transit, tenue à Genève, a adopté également deux conventions, moins détaillées, l'une sur le transport en transit de l'énergie électrique, l'autre sur l'aménagement des forces hydrauliques intéressant plusieurs Etats.

Le groupe de travaux de l'Organisation des communications et du transit, ayant pour principal objet de diminuer les formalités administratives ou de restreindre les difficultés techniques dont souffrent les transports internationaux, comprend, notamment, les *deux conférences tenues en 1920 et en 1926 sur le régime international des passeports.* Ces conférences n'ont adopté que des recommandations, mais ces recommandations, pour la plupart, ont été adoptées par la majorité des pays.

La Convention sur le jaugeage des bateaux de navigation intérieure, conclue entre presque tous les Etats européens, y compris l'U. R. S. S., au cours d'une conférence tenue par l'Organisation des communications et du transit, à Paris, en novembre 1925, aura pour effet, dès sa mise en vigueur, de supprimer l'obligation de rejaugeage aux frontières pour les bateaux de plus en plus nombreux — étant donné les travaux de jonction entre réseaux fluviaux — qui, au cours d'un trajet de navigation intérieure, ont à passer à travers plusieurs Etats. Un certificat unique de jaugeage a été prévu et reconnu dans le domaine international. Des travaux analogues sont en cours sur le jaugeage en navigation maritime.

La Conférence générale de 1927 n'avait, à son ordre du jour, aucun texte de convention générale à élaborer. Elle s'est bornée à résoudre la question spéciale, qui lui avait été soumise comme suite à la Conférence du régime international des passeports, celle des pièces d'identité pouvant servir de titres de voyage, d'un caractère international, pour personnes apatrides.

CHAPITRE IV

ESPOIRS FONDÉS SUR LA CONFÉRENCE ÉCONOMIQUE INTERNATIONALE

Lorsque l'idée de la Conférence économique internationale fut formulée tout d'abord, on se représenta celle-ci comme une assemblée qui aurait un but pratique immédiat et dans laquelle les États puissants au point de vue économique viendraient au secours des États faibles au point de vue économique. Cette conception se répandit surtout en Allemagne, où l'on aurait souhaité de soumettre aux discussions de la Conférence la révision du plan Dawes.

Cette conception du rôle de la Conférence se révéla bientôt comme inexacte. Dès les premières séances du comité préparatoire, les Anglais repoussèrent toutes les tendances attribuant au projet un caractère économique mondial d'ordre pratique. Au cours des préliminaires, l'idée et — plus tard le programme officiel — de la Conférence revêtirent un caractère de plus en plus général et abstrait, si bien que les matériaux préparés en vue de cette Conférence étaient plutôt à leur place dans le cabinet des économistes ou sur la table des sociétés d'économie politique, que parmi les documents soumis à l'examen des experts appelés à prendre une décision, et l'on ne doit qu'à la hardiesse de quelques membres éminents que les débats aient perdu de plus en plus leur caractère académique et aient finalement conduit à quelques résolutions pratiques.

Or, dès le commencement la Conférence économique

n'était pas envisagée comme étant un acte politique
international dans lequel auraient été établies des conventions déterminées, mais un conseil où des experts de tous
les pays auraient soumis des propositions au sujet des
problèmes entamés (1). Quelle valeur faut-il attribuer à
de pareils conciliabules ? Il fut un jour où nous étions
très sceptiques à l'égard de tentatives de ce genre. *Les
conférences économiques internationales ne comptaient pas
au nombre des pages les plus brillantes de l'histoire économique.* Les représentants de divers États ainsi que de
diverses branches économiques, des agrariens, des libre-
échangistes, des banquiers prirent en plusieurs occasions
l'initiative d'entrevues internationales, mais ces tentatives,
quand elles aboutissaient à quelque chose, ne donnaient
que de très maigres résultats. Il était à prévoir que dans
l'histoire économique une place plus en vue reviendrait
à la Conférence économique internationale. En effet cette
conférence a été convoquée par la Société des Nations, or,
depuis que les conférences internationales ont trouvé au
sein de cette dernière leur centre et des organes permanents avec les moyens nécessaires pour donner aux résolutions de principe le poids et l'autorité désirables, le
caractère et la portée de ces conférences se sont modifiés.
Les conférences de Bruxelles (1920) et de Gênes (1922)
furent comptées aussi au nombre des conférences qui
n'avaient pas justifié ce que l'on en attendait. Et pourtant elles ont fini par acquérir une importance politique
très caractérisée. Les résolutions de la conférence de
Bruxelles ont servi de principes directeurs dans l'assainissement financier des États de l'Europe centrale et la
stabilisation des changes européens. C'est la Conférence
de Gênes qui a formulé l'idée de la coopération des banques
centrales d'émission et en a établi le mode d'exécution. Par-

1. Voir le chapitre sur les origines de la Conférence économique
internationale.

mi les nouvelles tendances de l'économie mondiale il n'en est pas une seule qui ait eu des résultats pratiques aussi précieux que cette résolution, considérée comme platonique, de la conférence de Gênes.

Quoi qu'il en soit, il est certain que des résultats pratiques directs ne pouvaient pas être réalisés par la Conférence économique internationale. Mais il est tout aussi certain que les débats de cette conférence n'ont pas non plus une valeur purement académique. La Conférence ne fut pas le théâtre des réalisations, mais elle ne fut pas non plus la conférence des espoirs déçus. Sans préjudice de nombreuses résolutions de principe et d'indications de caractère pratique, la Conférence était une manifestation imposante en faveur de *la solidarité économique internationale et contre les outrances du régime protectionniste.*

La solidarité économique internationale n'est pas une formule empruntée à un pacifisme maladif. Il est facile de prouver au moyen des arides données de la statistique que le développement des diverses économies nationales n'est devenu possible que par leur rattachement plus étroit à l'économie mondiale. La solidarité économique internationale ne signifie d'ailleurs pas un pur altruisme. Aucune nation ne voudra participer et se lier à l'économie mondiale autrement que dans la mesure où satisfaction sera donnée à ses prétentions légitimes. A cet égard un grand nombre de projets furent soumis à la Conférence, et les plus viables furent ceux qui tinrent compte dans la plus grande mesure possible des besoins spécifiques des divers Etats. Dans le domaine économique, les deux grandes idées dominantes d'après-guerre, la pensée nationale et l'idée de la solidarité des peuples, ne sont pas des idées antagonistes. Le développement de la technique travaille aussi dans le sens de la solidarité économique.

Ce qui heurte de front la solidarité économique, c'est la *concurrence en matière de politique douanière* entre les diverses nations, concurrence dans laquelle elles élèvent les droits de douane unilatéralement, arbitrairement, souvent même suivant les caprices de la politique du jour, ou mettent obstacle à l'importation des marchandises au moyen d'autres mesures protectionnistes, de tarifs de transport, d'impôts sur la circulation. L'amélioration de la balance du commerce extérieur et la protection du travail national sont les deux mots d'ordre sous le couvert desquels la politique d'isolement à atteint de si grands succès.

Les variations continuelles des tarifs douaniers ne le cèdent en rien au niveau élevé des droits de douane pour ce qui est des conséquences néfastes. Avant la guerre, les conventions douanières étaient établies dans la règle pour la durée de dix ans, à présent la règle est un an, et souvent la convention peut être dénoncée dans un délai de quatre ou six semaines avant l'expiration de ce terme. Le régime actuel des traités de commerce ne répond plus ni à la tâche de réduire le taux tarifaire ni à celle de donner aux tarifs un caractère constant. Et c'est pourquoi la Conférence économique internationale, après avoir constaté les défauts de ce système, examina les possibilités d'autres modalités. De la généralisation de la clause de la nation la plus favorisée au projet d'union douanière européenne, une longue gamme de possibilités était soumise à la Conférence. La Conférence ne put prendre parti pour toutes ces possibilités, mais elle trouva le moyen de condamner comme il convient l'état de choses actuel, qui n'est rien d'autre que la continuation de la guerre et la préparation des guerres futures par des moyens d'ordre économique. Les armements ne se poursuivent pas dans tous les États par les machines de la guerre, mais se poursuivent partout par les armes de la vie économique, par les tarifs douaniers et les tarifs de transport, les prohibitions d'importation et d'exportation, les droits d'entrée et de sortie, ainsi que par d'autres armes rouillées empruntées à l'arsenal de la politique commerciale et que l'on a tirées de l'oubli. Auparavant les nations s'efforçaient de renchérir les unes sur les autres en matière d'armements, aujourd'hui le même processus s'observe dans la concurrence en matière tarifaire, et cette concurrence peut être constatée avec précision dans les droits de douane exagérés jusqu'à l'absurde à mesure que les tarifs se succèdent les uns aux autres.

Sur ce point important la Conférence n'a pas frustré les espérances mises en elle. Elle a distinctement fait voir le danger inhérent au système protectionniste des tarifs douaniers, et en criant un « halte » énergique aux manœuvres de douane, elle contribua d'une façon efficace au revirement de la mentalité en matière de politique commerciale régnant depuis la guerre.

CHAPITRE V

LA CONFÉRENCE ÉCONOMIQUE INTERNATIONALE ET SA SIGNIFICATION

La Conférence économique internationale qui, sur l'invitation du conseil de la Société des Nations, a siégé à Genève du 4 au 23 mai 1927, fut un événement politique, économique et scientifique dont on ne peut encore mesurer toute la portée. Ce qui donna à cette Conférence sa signification *politique*, c'est que, du jour (24 sept. 1925) où l'assemblée plénière, « fermement résolue à examiner toutes les possibilités pour assurer la paix universelle », eut décidé la convocation d'une conférence économique internationale, la Société des Nations et ses organes dirigeants s'identifièrent si bien avec l'objet de cette dernière qu'un insuccès dans ce domaine ne pouvait manquer d'avoir un contre-coup sur le prestige de la Société des Nations. Mais un autre facteur ne contribua pas moins à prêter à cette conférence une signification politique : c'est à cette occasion que certains États, au concours desquels la Société des Nations a de tout temps attaché une grande valeur, participaient pour la première fois à titre d'égaux à une œuvre organisée par elle. Le fait que la réunion de la Conférence coïncidait avec une période de fléchissement dans l'activité politique de la Société des Nations (désarmement, arbitrage obligatoire, questions de mandats) et que la Conférence arrivait fort à point pour ranimer la capacité d'action de la Société contribua aussi à l'affermissement politique de cette dernière. La Conférence économique internationale a élargi notablement la tâche de la Société des Nations. Des problèmes que jusque là celle-ci s'était gardée d'aborder, le seul fait de les discuter étant considéré comme une atteinte aux droits de souveraineté de ses membres, sont maintenant confiés à ses soins en vertu d'une décision unanime.

La Conférence économique internationale a jeté un pont entre la société politique et la société économique des nations et ouvert ainsi de chaque côté les perspectives les plus encourageantes. Mais plus encore qu'un événement politique, la Conférence fut un événement *économique* d'une vaste portée. Bien qu'elle n'ait à enregistrer à son actif aucun succès économique immédiat et qu'elle ne se soit d'ailleurs proposé, sur le terrain économique, aucun arrangement concret, elle n'en a pas moins rendu grand service à tous les milieux économiques en exposant sans crainte aux regards la triste situation de l'économie mondiale, caractérisée par le déclin du commerce, le chômage chronique, les charges fiscales énormes et la pénurie générale des capitaux, en l'étudiant jusque dans ses extrêmes conséquences et en traçant, à l'appui d'une multiple expérience, les directives d'une politique économique plus sensée. La Conférence a déclaré solennellement que son vœu unanime était que sa réunion marquât le commencement d'une ère nouvelle et dans ses résolutions elle a pris à tâche de proclamer, en face du mercantilisme des années de guerre et d'après-guerre, la solidarité économique des peuples.

Ce n'est pas non plus dans les résultats immédiats de la Conférence qu'il en faut chercher son importance *scientifique*. Il est certain que du point de vue scientifique les débats et les résolutions de la Conférence internationale ne sont pas à l'abri de toute critique. Mais elle a accumulé une quantité inépuisable de travaux scientifiques, elle a souligné et prouvé la possibilité d'appliquer les résultats

de l'expérience scientifique et les méthodes de la science
à toutes les branches de la vie économique. Les matériaux
réunis en vue de la Conférence contiennent une vaste
collection de documents et d'études qui, utilisés, bien à
propos peuvent fournir une synthèse de l'économie mondiale. La science de l'économie mondiale, qui jusque-là
n'avait existé que dans les systèmes de quelques profes-
seurs allemands, a été placée par elle sur des bases solides,
ce qui ne saurait manquer d'encourager les hommes du
métier à travailler à l'achèvement de l'édifice.

D'autre part, et c'est peut-être en cela que consiste son
résultat pratique immédiat, la Conférence a créé quelque
chose comme une *mentalité économico-mondiale*. L'idée de
la solidarité économique des peuples, qui jusqu'alors
n'avait fait que végéter dans le domaine de la théorie,
a été poursuivie et démontrée jusque dans les moindres
ramifications des différentes branches de la production.
Ce sont là des faits que la politique économique des pro-
chaines années n'aura pas le droit d'ignorer. Cinquante
États et plusieurs grandes organisations internationales,
représentés par 194 délégués et 157 experts, ont pris part
à la Conférence (1). Parmi les participants se trouvait
un grand nombre de spécialistes et d'hommes politiques
possédant une influence décisive sur les mesures prises
par leurs gouvernements et se considérant moralement
obligés, les résolutions une fois adoptées, à prêter l'appui
nécessaire, dans les limites de leur ressort, aux principes

1. Des États importants, ils ne manquait que l'Espagne et
l'Argentine. Parmi les États non membres, les États-Unis d'Amérique, l'Union des Républiques des Soviets, la Turquie et l'Égypte
étaient représentés. En fait d'organisations et instituts internationaux, exception faite du Bureau international du Travail, qui
figurait à titre de collaborateur au cours des travaux préparatoires
de la conférence, étaient invités : l'Institut international d'Agriculture, la Chambre internationale de Commerce, l'Union internationale des Syndicats, ainsi que trois personnalités importantes
du mouvement féministe.

directeurs de la Conférence. On verra également s'effectuer dans l'opinion publique un changement de mentalité qui sera déterminé non seulement par l'autorité de la Conférence économique internationale mais aussi par la force des circonstances. Une fois que l'on aura réussi à éveiller chez les peuples la conscience toujours vivante de la solidarité qui les unit tous, la Conférence aura réalisé l'une de ses tâches les plus importantes.

Tout en appréciant comme ils le méritent les buts et les résultats de la Conférence, on ne saurait méconnaitre que les réso'utions adoptées présentent une telle série de lacunes qu'elles justifiaient assez mal leur prétention à servir de Magna Carta de l'économie mondiale, comme on les a nommées un peu pompeusement. Les matériaux réunis à Genève ne suffisaient pas à l'étude approfondie de certaines questions capitales. Il manquait pour ainsi dire tout point de repère pour établir une comparaison internationale en ce qui concerne les plus importants facteurs de l'établissement des prix, les charges douanières, la production industrielle, le rapport des prix dans l'agriculture et dans l'industrie etc. C'est ce qui explique l'appel énergique lancé par la Conférence, réclamant un service international d'informations et le développement de la statistique et la systématisation des rapports en général. Outre l'insuffisance des matériaux de documentation, certaines résolutions ne laissent apparaître que trop clairement leur caractère de compromis. Dans leur désir de concilier les extrêmes, elles ne donnent satisfaction à aucun point de vue et dans leur prudent libellé ne peuvent exercer aucun effet.

Une autre faute, et des plus regrettables, fut d'exclure de l'ordre du jour de la Conférence quelques-uns des problèmes brûlants de l'économie mondiale. C'est ainsi qu'il a été impossible de formuler une résolution dans les questions des dettes internationales, du mouvements de la population, de l'émigration à l'étranger et des rapports sociaux entre les différentes classes. La susceptibilité à l'égard du problème des dettes internationales de guerre et de la question des réparations a empêché d'insérer dans les résolutions de la Conférence un paragraphe rappelant que les pays grevés de dettes de guerre et de réparations, étant contraints d'exporter dans une plus grande mesure, auraient droit, en matière de politique douanière, à un traitement bienveillant en ce qui concerne leurs articles d'exportation. En présence de l'attitude inflexible de la Conférence sur cette question, la délégation allemande a cru devoir s'abstenir de lui soumettre un exposé sur la situation économique de l'Allemagne (1), estimant que dans un mémoire de ce genre, la question des charges résultant du plan Dawes non seulement ne saurait être passée sous silence, mais devrait, en tant que problème central de l'économie allemande, précéder toutes autres considérations. Dans la discussion des problèmes de la population et de l'émigration, l'atmosphère de la Conférence a imposé à ses membres la même réserve que dans la question des réparations. Un grand nombre de représentants ont effleuré ces problèmes et cherché à démontrer qu'il était inutile de travailler d'une façon schématique à une réduction des droits de douane et des autres mesures protectionnistes tant que l'on négligerait les raisons profondes qui obligent certains pays, dont la capacité d'occupation est limitée, à se créer de nouveaux débouchés. Mais les entraves apportées à l'émigration depuis la guerre,

1. Selon la proposition du comité préparatoire de la Conférence, tous les États devraient soumettre à celle-ci un exposé éclairant leur situation, du point de vue de l'économie mondiale, pour servir de base aux débats généraux. La plupart des États ont effectivement donné suite à une invitation dans ce sens, adressée par le secrétariat de la Société des Nations. Les rapports des différents pays ont paru dans la documentation de la Conférence, pp. I-V, sous le titre suivant : « Principaux aspects et problèmes de la situation économique mondiale au point de vue des différents pays. »

la restriction américaine au sujet de l'immigration, sont un sujet qui n'a pas été abordé dans les résolutions de la Conférence. Ce sont aussi des appréhensions de nature politique qui n'ont permis de prendre en considération ni l'idée d'une union douanière européenne ni le projet plus modeste d'une communauté économique de l'Europe centrale.

Mais la portée de la Conférence ne doit se mesurer ni aux succès momentanés ni aux lacunes des résolutions : il faut, pour l'apprécier, prendre en considération les motifs qui ont amené les représentants de tous les pays à se réunir. Ces motifs se ramènent à un changement de mentalité en ce qui concerne l'idée de la solidarité économique des peuples civilisés et l'indissoluble enchevêtrement de leurs intérêts dans l'économie mondiale. Il est possible que l'influence intellectuelle et morale de la Conférence se fasse sentir avant son influence économique, mais cette dernière ne se fera pas non plus attendre très longtemps. La Conférence a été la première occasion de faire de la Société des Nations la pierre de touche, non pas de la puissance économique, mais du rationalisme économique. C'est le point de départ d'autres travaux de nature concrète et de la création d'une atmosphère dans laquelle tous les problèmes devront être suspectibles de discussion. Dans son discours de clôture, le président de la Conférence économique internationale, M. Theunis, a rappelé les paroles prononcées par lui en inaugurant les travaux du comité préparatiore : la Conférence ne devait pas — avait-il dit alors — être considérée comme un événement isolé, mais comme une étape dans une durable coopération internationale sur le terrain économique, coopération commencée avant que le projet d'une conférence générale eût été conçu, et qui se poursuivra après la clôture de la Conférence. Un travail systématique, réparti sur plusieurs années, doit achever l'œuvre commencée par la Conférence.

Compris de cette manière, les travaux de la Conférence remontent à avril 1926, quand le comité préparatoire de la Conférence économique internationale tint sa première séance. Avec ses 35 membres, de 21 nations différentes et de groupes économiques différents, le comité préparatoire était lui-même une Conférence économique internationale en miniature. Il doit trouver sa continuation dans le Comité économique, nouvellement organisé, et veiller à ce que, même après sa clôture, la Conférence ne prenne pas encore fin, mais se survive en une organisation permanente. Nous allons esquisser dans les pages suivantes les trois semaines de travaux de la Conférence.

CHAPITRE VI

LE COURS DE LA CONFÉRENCE

1. Les débats généraux.
2. Les séances des commissions.

1. LES DÉBATS GÉNÉRAUX.

La Conférence économique a siégé à Genève du 4 au 23 mai 1927. Les quatre premiers jours furent consacrés à la discussion générale en séance plénière, puis la Conféfence s'est divisée en trois commissions : commerce, industrie et agriculture, correspondant aux subdivisions de son programme.

Les rapports et les résolutions adoptés par les trois Commissions furent, avant d'être présentés à l'approbation de la Conférence, soumis à un Comité de coordination composé du président et des vice-présidents de la Conférence, des présidents, vice-présidents et rapporteurs des trois Commissions. Ce Comité avait pour tâche de coordonner le travail des trois Commissions. Il a également dû se charger de la discussion préliminaire de l'introduction au rapport, ainsi que de certaines résolutions générales ne rentrant pas dans le cadre des travaux des trois Commissions et qui font maintenant partie du rapport définitif. Ce rapport a été adopté à l'unanimité par la Conférence, les membres de la délégation de l'U. R. S. S. et de la délégation Turque s'étant abstenus.

M. Cassel (Suède) ouvre les débats de la Conférence en

indiquant les idées fausses qui ont l'influence la plus
funeste sur le développement économique. Parmi ces idées
il trouve en premier rang celle selon laquelle un pays aurait
avantage à supprimer d'autres pays et à détruire leur
commerce afin de faire une place plus large à son propre
commerce. Heureusement on s'est presque universellement rendu compte que le progrès n'est possible que par
la collaboration sincère de toutes les nations et l'existence
même de la présente Conférence prouve que le monde
a accepté ce principe. Pourtant, parmi les sophismes qui
exercent une grande influence sur l'opinion publique, il n'y
en a aucun qui soit aussi dangereux que celui selon lequel
le pouvoir général d'achat du monde est trop faible pour
la production effective. Cette opinion est fausse, la situation réelle est la suivante : les produits de l'industrie sont
trop coûteux et ne peuvent, par conséquent, trouver un
marché suffisant et l'agriculture se trouve parmi les principales victimes de cet état de choses. La production industrielle souffre donc par l'amoindrissement de la vente de
ses produits et par le chômage de ses ouvriers, l'agriculture ne reçoit qu'une quantité plus faible d'articles manufacturés en échange de ses produits et par conséquent son
développement est entravé par le manque de ressources
industrielles ; c'est l'appauvrissement mondial qui en est
la cause primordiale. Les causes véritables de la hausse
des prix des produits industriels doivent être cherchées
dans les monopoles. Ceux-ci peuvent prendre des aspects
très divers, mais ils constituent sous toutes leurs formes
un obstacle au libre jeu des forces productrices et à
la réalisation du régime économique le plus avantageux
pour la collectivité. Trois genres principaux de monopoles: les monopoles des grandes entreprises industrielles,
les syndicats ouvriers et les tarifs douaniers protectionnistes s'efforcent également d'élever les prix au-dessus
du niveau du marché. Bien que le monde entier

éprouve les difficultés de la hausse des marchandises, l'Europe en souffre le plus. Elle ressemble à un fabricant qui maintient ses prix à un niveau trop élevé et qui, par conséquent, est obligé de garder en stock une partie de ses produits. Toutefois ce que l'Europe garde en stock, ce ne sont en général pas des marchandises mais de la main-d'œuvre non utilisée. Le coût des stocks de la main-d'œuvre est très élevé. Tout d'abord les indemnités de chômage doivent être payées sous une forme ou sous une autre, et constitueront toujours une charge grevant les articles fabriqués par les ouvriers producteurs. Aussi un déséquilibre s'est produit entre les salaires des différentes occupations. Le coût excessif des produits industriels entrave le développement de l'agriculture et des colonies qui ne peuvent fournir à l'industrie européenne autant de matières premières et de denrées alimentaires qu'elles pourraient le faire si l'Europe était en mesure d'utiliser toute sa capacité productrice. Le développement de l'agriculture et des colonies est également entravé par la diminution de l'épargne européenne, par le fait que l'Europe est moins en mesure de mettre des capitaux nouveaux à la disposition de l'agriculture et des colonies. Le déséquilibre des prix et des salaires constitue donc le grand résultat tangible des tendances monopolisatrices. L'Europe, en versant des indemnités au chômage, stocke de la main-d'œuvre industrielle, qui ne peut pas travailler utilement au service de l'économie mondiale, tandis qu'en même temps l'agriculture et la production coloniale souffrent d'un approvisionnement insuffisant. Le professeur Cassel n'a pas réussi à recevoir l'accueil espéré de sa théorie sur la situation économique mondiale. Il l'a propagée plus tard en forme populaire par la brochure éditée sous le titre : « L'énigme de la situation mondiale. La Conférence économique mondiale a échoué. »

Le second orateur, le comte Bonin-Longare (Italie)

se prononce au sujet de l'activité économique de la Société des Nations. L'œuvre de paix de la Société des Nations serait probablement stérile si elle ne se portait en premier lieu sur le terrain économique des nations. Bien des causes de conflits qui jadis ont ensanglanté la terre, ont, grâce aux progrès de nos mœurs politiques, disparu de notre histoire. Mais les conflits et rivalités économiques se trouvent toujours au fond de tous les conflits internationaux. La fin espérée de tous ces heurts ne surviendra que lorsque la solidarité des intérêts et l'interdépendance économique des nations se seront manifestées et qu'il deviendra de plus en plus évident que tous les États ont avantage à ne pas se contrecarrer respectivement dans leur activité industrielle et commerciale, mais qu'ils doivent au contraire coordonner leurs efforts et leurs législations en sorte que, dans la mesure du possible, aucun peuple ne se trouve arrêté par un autre dans sa légitime ambition d'accroître sa prospérité par son travail pacifique.

L'ancien ministre du Commerce britannique, M. Walter Runciman, caractérise, comme représentant de la Chambre de commerce internationale, le contenu du rapport relatif aux entraves commerciales, qui a trouvé l'approbation unanime de vingt-deux comités nationaux. La désastreuse politique des tarifs douaniers, l'augmentation et la variation rapide des tarifs rendent impossible la conclusion de contrats à longs termes, quoiqu'aucune opération du commerce moderne ne soit plus utile à la collectivité que cette conclusion ; aucune ne présente de tels avantages soit au producteur, soit au consommateur et enfin aux travailleurs, qui tous souffrent du même mal, c'est-à-dire de l'instabilité des tarifs. La suppression totale et immédiate des tarifs douaniers ne peut être réalisée en raison des intérêts financiers d'un grand nombre de pays et parce que l'opinion publique n'y est pas suffisamment, préparée. Néanmoins, la Conférence pourrait faire beaucoup en essayant de faire comprendre aux gouvernements et parlements que la prospérité non seulement du monde des affaires, mais de la grande masse des peuples, dépend des mesures suggérées dans le rapport de la Chambre, consistant d'arriver à limiter les tarifs, étendre les conventions douanières, et élargir le système des traités commerciaux. La Chambre de Commerce internationale demande enfin la stabilisation et la simplification de la nomenclature des tarifs.

L'ancien ministre de Commerce de la Pologne, M. Gliwic, voit la plus grande difficulté à l'assainissement de l'Europe dans le fait que la majorité des pays est au même titre intéressé tant au point de vue industriel qu'au point de vue agricole. L'intérêt des pays industriels n'exige point la restriction des industries nouvelles parce que ces pays demi-industriels sont leurs meilleurs consommateurs. La plupart des Etats ont besoin des capitaux nécessaires pour développer leurs industries. Et pour attirer les capitaux dans une industrie quelconque, il faut, avant tout, la protéger. Les principes du libre échange, quelque attrayants qu'ils puissent être, ne sont pas applicables dans ce cas. Le problème de la population joue un rôle important dans la vie économique du monde. Les difficultés actuelles d'immigration doivent céder à un système d'entente et — ici l'orateur s'adresse aux Etats-Unis — il est absolument nécessaire que les pays d'émigration arrivent à s'entendre avec les pays d'immigration.

L'ancien commissaire général de la Société des Nations pour l'Autriche, M. Zimmerman, compare d'abord la situation économique des Etats-Unis avec celle de l'Europe. Il est évident que l'Europe ne peut jamais espérer la réalisation de telles conditions sur ce continent, mais ce qu'elle peut faire, c'est de ne jamais perdre de vue l'exemple américain et d'avoir toujours devant les yeux cet idéal, dont nous devons nous inspirer. Il existe encore une autre différence entre l'ancien et le nouveau monde. En Amérique les charges fiscales sont moins lourdes, l'administration publique est plus restreinte et nous voyons l'existence d'une exploitation privée pour des services qu'en Europe on ne peut imaginer que dans la main de l'Etat. Le bien-être matériel n'a qu'une seule source : la production. Ce qui veut dire que le niveau matériel d'une population ne peut être relevé qu'en stimulant la production et en intensifiant le travail. Des fonctionnaires en trop grand nombre aussi bien qu'une législation affaiblissant les éléments qui encouragent le travail, exercent un effet contraire. Sur le problème économique de l'Europe centrale, M. Zimmerman estime, que la monarchie dualiste constituait une unité économique presque idéale. Sur le terrain politique il y avait beaucoup de différends, mais sur le terrain économique, cet empire donnait le spectacle d'une harmonie et d'une collaboration, qui trouvaient leur raison d'être dans une coopération de plusieurs siècles et qui semblaient être dictées par la situation géographique. L'unité a été rompue et l'ancien territoire a été partagé entre sept Etats. Tous souffrent de ce bouleversement économique. Parmi ceux qui en souffrent le plus cruellement se trouve l'Autriche. Le rétablissement d'un certain degré de coopération économique entre les pays de l'Europe centrale est essentiel pour le relèvement de notre continent et la Conférence actuelle aura droit à la reconnaissance de tous si elle peut marquer une étape vers ce but.

Mme Freundlich (Autriche) parle au nom des consommateurs. Malgré le développement constant de la production qu'amènent les progrès techniques et le perfectionnement des méthodes d'organisation, le bien-être des peuples n'augmente pas et l'économie mondiale ne se développe pas. Au contraire, dans tous les pays l'incertitude menace l'existence de la classe ouvrière ainsi que celle des autres classes de la société. De plus en plus l'économie des divers pays ne peut être soutenue que par des moyens artificiels. Il existe deux méthodes différentes pour assurer la réorganisation de la vie économique : la méthode despotique et la méthode démocratique. La seconde consiste dans une collaboration coopérative des consommateurs et des producteurs, et des deux ensemble.

Le premier orateur allemand, v. Siemens, croit qu'il incombe aux dirigeants d'un pays d'arriver à une production d'ensemble aussi élevée que possible. Le niveau de la vie d'un peuple dépend du niveau moyen de la production de sa population. L'influence que le gouvernement exerce sur la vie économique est aujourd'hui beaucoup plus considérable qu'avant la guerre. Cette aide accordée à une branche de l'économie n'est qu'une aide obtenue aux dépens des autres branches ; celles-ci voient leur frais de production s'augmenter du montant de cette aide et, en fin de compte, ce sont encore les consommateurs qui ont à supporter cette augmentation. Aujourd'hui presque toutes les entités économiques nationales de l'Europe se trouvent en présence d'un problème nouveau pratiquement inconnu autrefois : celui du chômage. C'est le renchérissement du travail en Europe qui a fait naître ce problème et qui a été la cause de cette nouvelle orientation décidée de l'industrie, que nous connaissons sous le nom de rationalisation. En raison du renchérissement considérable et subit du prix du travail, cette rationalisation ne pouvait pas s'effectuer graduellement. Elle dut être réalisée à la hâte, entraînant le phénomène économique bien connu du chômage. Plus le travail est cher, plus le calcul conduit à donner la préférence à la machine, ce qui entraine une augmentation proportionnelle des chômeurs. Le chômage est certainement un des plus sérieux problèmes économiques et politiques et que cette Conférence ne peut pas laisser de côté. Un des grands mots modernes, c'est celui d'organisation : l'organisation est considérée comme une panacée dans bien des milieux. Mais toutefois le progrès économique et technique dépend, en première ligne, de l'application et du travail acharné de l'individu. Si l'individualisme est exclu du domaine économique, il ne peut y avoir de progrès.

Le prochain orateur, M. Shidachi (Japon) se déclare disposé, au nom de son pays, à collaborer aux problèmes économiques de l'Europe pour renforcer une des pierres angulaires de l'édifice de la Paix. Pour le Japon l'Europe n'est plus un lointain continent : ses marchandises ne représentent, en effet, pas moins de 17 % du volume total des importations japonaises. Le Japon, dont les ressources naturelles sont extrêmement limitées, s'étend sur un territoire d'une surface très restreinte, tout en étant un des pays les plus peuplés du monde, puisque la densité de sa population est de 157 au kilomètre carré. En outre, les terres pratiquement cultivables ne représentent pour le Japon proprement dit pas plus de 20 % du total de sa surface. Les caractéristiques de ce pays lui imposent la nécessité absolue de prendre intérêt aux problèmes économiques internationaux. Il considère la politique protectionniste des différentes nations, la monopolisation des matières premières naturelles et des richesses, la répartition inégale de la population, comme étant trois tendances fâcheuses mais tenaces du monde actuel et susceptibles de porter atteinte à la paix mondiale.

Le professeur Urzua (Chili) parlant au nom de plusieurs membres de la Conférence, compara l'économie politique au fil d'Ariane qui nous aide à sortir de la situation actuelle. L'abandon de ces principes a amené les nations à une vie artificielle, à dépenser inutilement leurs énergies, ce qui a conduit à des crises terribles. La libre émigration et immigration est très désirable. Le continent sud-américain, avec ses immenses richesses, ne possède pas encore suffisamment les deux éléments nécessaires à la production, les capitaux et les bras. L'orateur expose à la Conférence un vœu, qui tendrait à donner à toutes les nations une monnaie uniforme.

Le président de l'Association industrielle britannique, Sir Max Muspratt, a fait dans son discours un exposé éloquent de la situation économique de la Grande-Bretagne. La densité de la population en Grande-Bretagne est plus forte que dans n'importe quel autre pays du monde et la proportion de la population qui est concentrée dans les villes est plus forte que dans tout autre Etat. Ainsi la Grande-Bretagne est devenue presque le seul pays manufacturier qui dépende des pays d'outre-mer pour son ravitaillement. La Grande-Bretagne a le plus profond intérêt à voir se réaliser une stabilisation des conditions économiques et une reprise du pouvoir d'achat dans le monde entier et surtout en Europe. Quoique les efforts pour supprimer le chômage n'aient jusqu'à présent pas apporté des résultats satisfaisants, on a cependant obtenu des résultats considérables dans l'assainissement de la situation économique de la Grande-Bretagne, surtout par l'entremise d'un commerce développé avec les Dominions et les Indes.

M. Dubois (Suisse) commence par regretter qu'on n'ait pas donné dans le programme de la Conférence aux questions financières, surtout à la question monétaire, la place que ces questions paraissaient mériter. Il attire l'attention de la Conférence sur les répercussions très graves que la courte durée actuelle des conventions et traités commerciaux, l'instabilité des tarifs douaniers et autres restrictions à l'importation et à l'exportation peuvent avoir notamment dans les petits Etats. Les ententes économiques internationales peuvent être appelées à rendre certains services, surtout lorsqu'elles ont pour objet les matières premières et celles de grande consommation, mais à la condition que, par le relèvement des prix elles ne diminuent pas les capacités d'absorption des peuples consommateurs et ne rendent pas la vie plus chère.

Le chef des syndicats ouvriers français, M. Jouhaux, a essayé de donner la preuve que toutes les souffrances économiques, le chômage, l'émigration, la politique de restrictions, la diminution de la valeur d'achat, etc., ne peuvent être écartées que par les conventions internationales, nées dans un esprit de vraie solidarité. C'est dans cette pensée qu'il propose, au nom des organisations des travailleurs, la résolution d'organiser un Bureau économique international. La Conférence économique internationale devrait se réunir tous les trois ans et un Conseil économique international devrait se constituer. Ce Conseil aurait sous sa direction un bureau ou un secrétariat permanent, ayant à sa tête un directeur, et il se tiendrait en liaison étroite avec le secrétariat de la Société des Nations et avec le Bureau international du Travail.

L'orateur libre-échangiste M. Colijn (Pays-Bas) déclare que l'une des causes principales des difficultés dont souffre aujourd'hui l'Europe peut être attribuée au manque de liberté et à l'insécurité qui existent dans les relations commerciales. Il expose un programme des diverses questions dont la solution lui parait nécessaire, abaissement des droits de douane, abolition de toutes les prohibitions d'exportation et d'importation, uniformité des traités commerciaux, uniformité dans la composition technique des tarifs, stabilisation des relations commerciales, suppression des incertitudes qui existent en ce qui concerne l'application de la clause de la nation la plus favorisée.

Le baron Tibbaut (Belgique) fit ressortir la part que prend son pays à l'économie mondiale. La Belgique est d'autant plus sensible au trouble économique général qu'elle dépend des pays étrangers non seulement pour ses produits fabriqués, mais aussi pour ses matières premières. Sa crise pousse les peuples à défendre leur activité nationale par des barrières artificielles, ils captent à leur profit la vie économique, alors qu'ils en affaiblissent le courant général. Il faut faire comprendre les défauts de ce cercle vicieux, en préparant le terrain pour une meilleure harmonisation de l'intérêt des nations.

M. Da Cunha Leal (Portugal) déclare que le rapprochement économique international par le moyen d'une entente entre les producteurs ne peut aider à mettre de l'ordre dans la production européenne qu'à la condition d'être pratiqué après un accord économique général entre les Etats. Le Président Wilson avait déjà établi dans le troisième de ses quatorze points la doctrine de la suppression des barrières économiques. Cette œuvre de l'entente économique internationale pourrait être réalisée en trois étapes. La première devrait être l'uniformité internationale de la nomenclature et de la classification douanière et des systèmes de tarifs douaniers ; la deuxième, la fixation des taux des tarifs douaniers, en échelonnant la protection selon la puissance industrielle des pays ; dans la troisième étape, les aliments, certaines matières premières ne devraient pas faire l'objet de monopoles et de taxes d'exportation ou de prix différentiels de la part des pays qui les possèdent.

Le leader de la sous-commission des questions maritimes de la Commission permanente des communications de la Société des Nations, Sir Norman Hill (Empire-Britannique) passa en revue les développements considérables qui sont survenus depuis la guerre pour rendre efficaces et suffisants les services de transport, surtout la navigation ; il regrette que les conventions de communications conclues ne soient pas encore ratifiées par plusieurs Etats.

L'industriel M. Brieba (Chili), recommande la création d'un organisme international de crédit inspirant la plus grande confiance, pour rendre plus accessible aux nations les fonds qui sont nécessaires à leur développement.

Le Directeur de Banque Nationale, M. H. M. Robinson (Etats-Unis d'Amérique), tient à parler de la rationalisation qui est devenue le principe primordial de l'économie américaine et le facteur le plus efficace de la prospérité actuelle. Tout d'abord les ouvriers se sont opposés à l'introduction de cette standardisation et rationalisation, mais ils ont fini par reconnaître que ces perfectionnements sont dans leur intérêt proprement dit et fréquemment ils les ont acceptés. En mentionnant les avantages et les inconvénients des « trusts », il accentua le fait que le public a fait des apports précieux à la législation afin de rendre efficaces les lois contre les trusts. La « cartellisation » proposée pour certaines branches industrielles en Europe peut avoir certains avantages, mais cela dépendra naturellement de la sagesse et des intentions de ceux qui sont à la tête des industries respectives. La cartellisation constitue peut-être une méthode grâce à laquelle il serait possible d'abaisser les barrières commerciales européennes, d'autre part elle peut provoquer des exagérations semblables à celles de certains trusts américains.

M. Rydbeck (Suède) attire l'attention sur l'aide-mémoire de la Délégation suédoise qui vient d'être présenté à la Conférence et lequel envisage le rétablissement dans le domaine tarifaire, sans restriction ni réserve, de la clause générale de la nation la plus favorisée. L'application générale et loyale de cette clause est un des moyens les plus efficaces pour sauvegarder les principes de liberté et d'égalité dans le domaine de la politique commerciale.

M. Barboza Carneiro (Brésil) entame le problème de l'immigration. L'Europe souffre d'un excédent de main-d'œuvre. Il semblerait donc tout naturel qu'en ce qui concerne un vaste pays, comme le Brésil, des mouvements migratoires dussent constituer un bienfait considérable. Tel n'est cependant pas toujours le cas. Un mouvement migratoire n'est utile que pour autant que les éléments dont il est formé peuvent s'adapter aux conditions des pays vers lesquels il est dirigé.

Le Président du Conseil d'administration du Bureau international du Travail, M. Arthur Fontaine, a marqué d'abord le lien qui unit cette organisation à la Conférence économique. En parlant de la suppression des barrières économiques, il fait la remarque que dans les 14 points de Wilson il n'est question que d'une suppression des « barrières économiques » et non pas de la suppression de tous « tarifs douaniers ». Cela signifie plus nettement la clause de la nation la plus favorisée, loyalement rédigée et loyalement appliquée. Le but de la Conférence est la recherche d'un nouvel aménagement rational de l'industrie et du commerce, un fort rendement dans de bonnes conditions hygiéniques de travail, des loisirs, rendus possibles par une forte production, dans une semaine de quarante-huit heures.

Le Président de l'institut international d'Agriculture, M. de Michelis (Rome), traita à fond la situation de l'agriculture et des industries de matières premières et leurs possibilités de développement relatives. L'agriculture et les matières premières constituent les richesses véritables des pays, et si leur organisation économique n'est point conforme à l'esprit général économique, toute l'économie mondiale en souffre. Une conférence spéciale, dont la préparation est déjà avancée, étudiera le problème du crédit agricole.

M. Rygg (Norvège) appuie le rapport de la Chambre de commerce internationale, mais, selon son avis, le plan comprend trop de questions diverses, par exemple le traitement des étrangers, etc. D'autre part, le même rapport contient d'excellentes propositions sur les obstacles entravant les transports et les facilités commerciales. Comme résultat essentiel de la Conférence, il attend une influence sur les divers gouvernements pour les contraindre à adopter une politique plus libérale.

M. de Paranagua (Brésil) combat l'idée de l'établissement des tarifs douaniers préférentiels entre les pays européens. La réalisation de ces idées aurait les plus dangereuses conséquences. Des représailles ne tarderaient pas à être exercées et, parmi les barrières douanières qui existent, nous verrions se dresser un tarif douanier continental américain, un tarif douanier asiatique, de sorte que la paix économique du monde serait plus troublée que jamais.

Le chef de la délégation permanente de la Chine à la Société des Nations M. Chuan-Chao, présente à la Conférence la question douanière de la Chine. Il y a des défenseurs des tarifs protecteurs et d'autres qui sont en faveur du libre-échange. Mais aucun orateur ne s'est déclaré en faveur d'un régime qui lierait un pays déterminé à des restrictions économiques unilatérales en vue d'une libre exploitation par les autres pays. Or, vis-à-vis de certaines puissances capitalistes, la Chine se trouve exactement dans cette malheureuse situation. Il désire pour son pays la liberté et l'indépendance complète dans ses relations économiques. Par un traitement libre et égal la Chine deviendra, grâce à ses richesses, un facteur important de l'économie mondiale.

L'éditeur de l'*Économist*, M. W. T. Layton (Empire Britannique) a donné à son exposé le titre : « Les illusions de l'avant-guerre », signifiant que l'adoption de la formule souvent entendue, « retour à l'avant-guerre », comme maxime de la présente Conférence, serait non seulement futile, mais donnerait une idée complètement fausse des problèmes en face desquels se trouve le monde. L'industrialisation des pays dans le monde entier s'est considérablement développée, une nouvelle répartition de l'activité productrice et des capitaux, un changement dans le mouvement et la distribution de la population ont eu lieu.

Enfin la modification apportée aux relations commerciales des pays intéressés par le règlement des réparations et des dettes de guerre, le morcèlement de l'Europe centrale sont tous des facteurs qui ne permettent pas d'envisager l'équilibre économique d'avant-guerre. Nous nous trouvons placés devant le fait que l'Europe, à maints égards importants, se trouve maintenant dans des conditions tout à fait nouvelles. Pour établir des plans nouveaux il faut avoir pour base trois grandes idées générales : l'interdépendance des nations de l'Europe est si étroite qu'elles auront un sort commun dans la renaissance et la ruine de leur prospérité économique, le bien-être matériel ne saurait être réalisé qu'au moyen d'une production économique ; l'Europe ne peut espérer se maintenir au niveau des progrès industriels que si son organisation économique permet une spécialisation non seulement entre les différentes entreprises particulières, mais aussi entre les différents pays. Faut-il que ces relations économiques soient fondées sur la vieille politique du séparatisme et de l'isolement, ou bien au contraire doivent-elles s'inspirer d'une coopération réelle ? c'est la question prédominante. Il y a en Europe d'après guerre 11.000 kilomètres de barrières douanières nouvelles, une population d'au moins 10 millions sans travail et une dépense annuelle de 2.25 milliards de dollars est consacrée à des armements ; ce sont les symptômes d'une Europe désunie.

Le secrétaire général de l'Alliance coopérative internationale, M. May, qui parle en qualité de représentant de trente-quatre Etats, de quatre-ving-cinq unions nationales et de cinquante millions de membres, traita les principes constructifs des organisations coopératrices. Ces idées représentent l'évolution pacifique d'un ordre social plus heureux et plus juste — et c'est sur la voie suivie et indiquée qu'on trouvera la solution des problèmes soumis à cette Conférence.

L'ancien ministre, M. Sonne (Danemark) se prononce avec plus de fermeté en faveur de la déclaration libre-échangiste des représentants de l'agriculture et il exprime sa conviction, au nom de l'agriculture danoise, que les agriculteurs du monde entier doivent participer loyalement à une coopération active en vue de la suppression des restrictions et des barrières douanières, qui empêchent fatalement l'avènement tant désiré de la liberté dans le domaine de la production et des échanges des marchandises.

L'ancien ministre, M. Heinl (Autriche), expose que la politique de séparatisme qui règne aujourd'hui risque de rendre impossible un développement normal des petits Etats et que la renaissance de l'économie européenne ne sera possible que si la production en masse peut trouver des débouchés dans un vaste territoire économique, ainsi que cela est le cas aux Etats-Unis d'Amérique. La paix économique de l'Europe est un but qu'il faut atteindre : elle sera la base la plus sûre de la paix économique du monde.

M. Bandeiro de Mello (Brésil) cherche le problème principal dans l'accroissement de la production par la diminution du prix de revient ; c'est la rationalisation de la production, de façon à obtenir l'abaissement du niveau actuel de la vie et à améliorer ainsi les conditions sociales des populations.

Sadik Henien Pacha (Egypte) espère que l'Egypte sera admise dans un avenir prochain à la Société des Nations, mais l'occasion de se voir appelée aujourd'hui à collaborer avec la Société lui permet de déclarer que les capitulations toujours imposées à l'Egypte rendent impossible à ce pays d'avoir une saine politique économique nationale. Ce qui est surtout injuste c'est la répartition des recettes fiscales entre les propres nationaux et la catégorie des étrangers.

Le comte Hadik (Hongrie) déplore le morcellement de l'ancien royaume de Hongrie qui était un modèle d'unité économique, unité qui a été complètement démembrée. Les tendances autarchiques exagérées de la plupart des Etats successeurs de l'ancienne Autriche-Hongrie, tout en détruisant les liens économiques anciens, se proposent de satisfaire aux besoins du pays exclusivement par la production nationale. Cette politique d'isolement a fini par créer une situation intolérable, à laquelle déjà la Conférence de Porto-Rose cherchait des remèdes. Lors de ladite Conférence la Hongrie s'est résolument placée du côté de la liberté des échanges, mais d'autres Etats maintiennent toujours les prohibitions d'entrée et mettent en œuvre les moyens les plus habiles pour empêcher la Hongrie d'exporter ses produits. Sans vouloir faire de la politique, exclue de cette Conférence, l'intérêt même de ses travaux exige, que l'on procède d'abord à l'apaisement des âmes, base de tout travail fructueux. On y arrivera par la suppression des grandes injustices qui subsistent.

L'ancien ministre Dr Hermes (Allemagne) a souligné l'importance de l'agriculture dans l'ensemble de l'économie mondiale et ses relations étroites avec d'autres branches de la production, en particulier avec l'industrie. Il y a une disparité entre les prix agricoles et les prix industriels ; les frais de production agricole ne pouvaient plus être couverts. La cause principale qui a provoqué la chute des prix, n'était pas seulement la surproduction, mais plutôt l'appauvrissement et la diminution du pouvoir d'achat de nombreuses classes de la population d'Europe et surtout de l'Europe industrielle. L'équilibre économique du monde, rompu par la guerre et ses conséquences, ne peut être établi que si le pouvoir d'achat des peuples est augmenté dans une mesure qui ne porte pas seulement leur pouvoir d'achat au niveau d'avant guerre, mais qui dépasse encore ce niveau, pour faciliter l'absorption de la production industrielle croissante. Ceci dépend essentiellement du pouvoir d'achat de la population agricole, car dans tous les pays elle constitue une fraction importante et même, dans la plupart des pays, la majorité des consommateurs. Il faut qu'un effort commun soit fait par l'industrie et l'agriculture dans une étroite collaboration.

M. Sokolnikoff (U. R. S. S.) exposa la situation russe. Le niveau le plus bas de la crise (1920) se signala par la circonstance que la production industrielle de l'U. R. S. S. était tombée jusqu'à 18 % de la production d'avant-guerre et que la production agricole n'atteignait que 52 % de la production d'avant-guerre. Depuis un temps relativement court l'économie russe a réussi à atteindre l'état d'avant-guerre, même à le surpasser. L'agriculture repose sur la petite propriété privée des paysans et le développement de l'agriculture prouve qu'à l'intérieur de l'Union le problème de la co-existence de la grande économie socialisée et de la petite propriété privée est résolu d'une manière satisfaisante. Les programmes de travail de chaque entreprise et des branches entières se réalisent dans l'Union soviétiste par l'élaboration des plans économiques qui ont en vue les intérêts généraux de l'économie nationale dans son ensemble. Les éléments fondamentaux du plan économique général sont : le budget, le plan des investissement des capitaux, le plan d'exportations et d'importations, le plan d'achat des céréales, le plan des crédits. Les plans économiques des Républiques soviétistes sont imbus du principe d'élever les forces productrices potentielles au plus haut degré de développement et de garantir une sphère de plus en plus large à la rationalisation. L'activité économique dans toutes ses branches est en relation très étroite avec la science ; la participation intense des masses laborieuses des villes et des campagnes à l'œuvre de relèvement économique, l'initiative des ouvriers concernant l'amélioration de la production sont vivement encouragées. Le monopole du commerce extérieur est un pivot du principe socialiste d'Etat. Toutefois l'exportation de l'U. R. S. S. est encore restreinte à l'heure actuelle, elle n'approche que de 40 % l'échelle d'avant-guerre, mais la Russie ne tardera pas à exporter davantage qu'avant la guerre. Les systèmes politique et économique de l'U. R. S. S. et des pays capitalistes diffèrent absolument, néanmoins leur collaboration est parfaitement possible, comme l'a prouvé l'expérience des années passées.

M. Chétchérov (Royaume des Serbes, Croates et Slovènes) constate que la détresse de la population agricole est plus grande que celle du prolétariat industriel et recommande de créer un institut international de crédit agricole ayant pour base la collaboration des sociétés coopératives agricoles.

Dr Stodola (Tchécoslovaquie) accorde que l'état défavorable actuel de l'économie mondiale se manifeste surtout dans les Etats de l'Europe centrale, mais, d'après lui, ce serait une erreur d'associer directement cette situation économique aux remaniements politiques ; la configuration d'avant-guerre de ces pays n'avait une existence que de quelques décades, de sorte qu'il serait difficile de parler d'une tradition économique. En ce qui concerne une collaboration étroite économique entre les pays de l'Europe centrale, préconisée à plusieurs reprises, la Tchécoslovaquie est partisan de tout rapprochement économique effectif qui ne porte pas atteinte à l'indépendance des pays. Pour arriver à ce but, il faut examiner préalablement quelle serait l'attitude, vis-à-vis d'un tel régime, des pays qui n'en feraient pas partie, mais qui, en vertu des traités de commerce existants, jouissent du traitement de la nation la plus favorisée.

Le président de la Délégation russe, M. Obolenski-Ossinki (U. R. S. S.), parle de la lutte du capitalisme entre les différents pays et du boycottage de la République soviétique. La guerre mondiale de 1914-1918 apporta la solution des contradictions accumulées pendant les quarante années précédentes. Le système économique capitaliste, la lutte économique aiguë, rendent tangible la menace d'une nouvelle grande guerre. Il n'y a qu'une issue aux combinaisons actuelles de ces contradictions mondiales : c'est le changement de système économique, c'est le passage de l'économie capitaliste privée à l'économie socialiste. Les propositions concrètes de l'orateur sont les suivantes : l'annulation de toutes les dettes de guerre ; la hausse des salaires des ouvriers industriels ; le rétablissement de la journée de huit heures ; la liberté complète de l'organisation syndicale ; une véritable assistance aux chômeurs ; la lutte contre la hausse des prix, surtout de la part des cartels ; l'abolition de toutes les barrières opposées à l'émigration et l'immigration ; l'abolition du système du protectorat et des mandats ; le retrait des troupes des colonies ; la cessation de toute intervention militaire en Chine ; la cessation sous toutes ses formes du boycottage économique et politique de l'Union soviétique et le désarmement complet.

Le vice-président de la Conférence, M. Loucheur (France) résume la discussion générale et en tire certaines conclusions pour le travail des Commissions. La première Commission s'occupera de la question des entraves au commerce en se basant sur le rapport de la Chambre de commerce internationale. Les États-Unis d'Europe, même sous la forme d'une union douanière européenne, ne sont pas encore réalisables, et tout au plus une suppression graduelle des tarifs douaniers est-elle possible. La Conférence doit recommander l'unification des nomenclatures douanières, une plus longue durée des traités commerciaux et des tarifs douaniers plus stables. En faveur de l'industrie la rationalisation par les ententes industrielles est bien désirable, en même temps il faut prendre certaines précautions pour protéger les ouvriers et les consommateurs. Finalement l'orateur appelle l'attention sur trois faits : En répondant à l'appel de la Société des Nations les peuples ont maintenant réalisé la solidarité qui les lie ; ies nations les plus prospères, comme les Etats-Unis et celles de l'Amérique du Sud, n'ont pas voulu s'isoler dans leur prospérité ; la classe ouvrière est venue déclarer ici, qu'elle était prête à collaborer en prenant devant les peuples sa part de responsabilité.

M. Belloni (Italie) déclare au sujet des cartels internationaux et de la liberté économique trop large, que les conséquences de ces deux méthodes, une fois appliquées à certains pays, auraient des résultats désastreux, sans un règlement équitable international de la question des matières premières. Il indique l'étroite interdépendance entre les problèmes des entraves commerciales et celui des mouvements de population. Il est évident que, dans les pays à haute densité de population et qui n'ont pas de ressources naturelles, s'il n'y a pas un libre mouvement de population dans le monde, il n'y a qu'un seul moyen pour le gouvernement de faire face à son devoir le plus strict, de procurer du travail et une garantie de travail à ses ressortissants. Cet unique remède, c'est la création d'une barrière douanière, le système protectionniste sous toutes ses formes différentes. L'Italie, qui est arrivée à l'unité nationale après une longue période de morcellement, ne pourrait abolir ses tarifs de douane en raison d'une augmentation de population considérable, celle de sa main-d'œuvre.

M. Neculcea (Roumanie) parle des difficultés de la statistique comparée internationale dont la solution dépend entièrement de la création d'une méthode internationale en matière de statistiques. Les études respectives au sein de la Société des Nations sont développées de la sorte que le

Comité économique pouvait recommander au Conseil de la Société des Nations la convocation d'une conférence des statisticiens officiels pour l'année 1928.

M. Klavitter (Ville libre de Dantzig) indique la situation fort délicate de la ville libre de Dantzig, dans laquelle elle se trouve depuis la fragmentation de l'Europe centrale. Séparée de son hinterland, en régime commun avec la Pologne, elle souffre de la politique protectionniste des États.

Le secrétaire des syndicats chrétiens internationaux, M. Serrarens (Pays-Bas), déclare que le travail, ce facteur important de l'économie, n'occupe pas encore la place à laquelle il a droit dans la vie économique. Notamment, une représentation des travailleurs dans les cartels nationaux et internationaux même fait bien défaut, car dans toutes ces conférences il s'agit des intérêts primordiaux de la classe ouvrière.

Le président de la Commission internationale d'agriculture, le marquis de Vogué, lève la discussion générale en indiquant la cause principale des difficultés économiques des pays, le fait que, dans presque tous les pays, depuis la guerre, l'industrie s'est développée à l'excès au détriment de l'agriculture. Par suite des conditions de travail meilleures et des salaires élevés, elle a pu donner à ses collaborateurs un « standard of life » supérieur à celui que l'agriculture était en mesure de donner aux siens. Les travailleurs alors ont souvent quitté l'agriculture pour chercher dans l'industrie un travail mieux rémunéré. Pour que la production agricole augmente, il faut qu'elle soit rémunératrice et que l'agriculture trouve dans ses prix de vente le moyen, non seulement de couvrir ses frais de production, mais aussi d'améliorer la condition de tous ses collaborateurs, afin de ne pas rester en état d'infériorité vis-à-vis de l'industrie.

2. LES SÉANCES DES COMMISSIONS.

Après la clôture des *débats généraux*, l'assemblée plénière se subdivisa en trois commissions : celles du commerce, de *l'industrie* et de *l'agriculture*.

La commission I (Commerce), siégeant sous la présidence de M. Colijn (Pays-Bas) (1), se sectionna en trois sous-commissions : celles de l'établissement de la *liberté du commerce*, de la *réforme des tarifs douaniers et des traités de commerce* et des *procédés indirects de protection du commerce et de la marine nationaux*.

La commission du Commerce a mis au centre de la discussion générale le projet élaboré par M. Serruys. Ce dernier résuma verbalement les propositions de la délégation française, consistant en trois projets, qui visent à la liberté du commerce, à une nomenclature commune des tarifs, à une réforme des tarifs douaniers. C'est surtout la liberté du commerce qui fut précisée dans le projet par 5 recommandations concernant : 1º une convention sur les restrictions et prohibitions, 2º l'abolition des entraves au mouvement des matières premières, 3º et 4º la valorisation ou le contingentement, 5º le contrôle du mouvement des capitaux.

La sous-commission I (*liberté du commerce*), sous la présidence de M. Boyden, opposa au projet de M. Serruys un projet de Sir Hubert Llewellyn Smith qui exprima le point de vue du Comité économique de la Société des Nations. Ce projet visant à faire disparaître, par voie de conventions internationales, les barrières créées dans le domaine des relations économiques, fut soumis à tous les Etats ainsi qu'aux grandes organisations internationales.

1. Furent désignés comme vice-présidents : MM. Walter Runciman (Chambre de commerce internationale), et M. J. O. E. Rydbeck (Suède) ; comme rapporteurs : M. Norman H. Davis (Etats-Unis) et M. G. L. Gérard (Belgique).

Les débats avaient tendance à établir des parallèles
entre le projet de M. Serruys et celui de M. Llewellyn
Smith. M. L. Smith lui-même fit remarquer que le projet
du Comité économique de la Société des Nations était
plus restreint que celui de M. Serruys. Il s'est en effet
borné à l'étude des probibitions à l'importation et à
l'exportation, laisssant de côté les restrictions par voie
tarifaire, envisagées par M. Serruys dans les points 3 et
4 de son projet. Le rapport de M. Serruys constituant la
base de la discussion fut lu, commenté et adopté, avec
quelques modifications rédactionnelles.

La sous-commission désigna un comité de rédaction
qui approuva les projets de résolution de M. Serruys.
M. Cassel soumit une proposition relative à la circulation
des capitaux. M. Ibl (Tchéco-Slovaquie) voudrait qu'on
tienne compte de l'éventualité, ou bien, dans des circonstances anormales, de la difficulté qu'aurait un pays à se
conformer aux principes de la résolution, par exemple dans
une période d'instabilité monétaire. M. Chinchuk (U. R.
S. S.) désire qu'on prenne en considération les différences
existant entre les systèmes économiques de la Russie et
des autres pays. La sous-commission adopte le projet de
résolution qui se présente comme la résultante de la motion de M. Serruys et de celle du comité économique de la
Société des Nations. A part quelques modifications peu
importantes, la *motion Serruys est incorporée dans le
rapport définitif de la Conférence.*

La sous-commission II (*tarifs douaniers et traités de
commerce*), présidée par M. Colijn élabora son programme
de travail en une séance. Dans la discussion générale
le Dr Schüller (Autriche) souligne la tendance croissante des années d'après-guerre, non pas à augmenter
les exportations, mais à réduire les importations au moyen
de mesures protectionnistes. A son avis, ceci constitue
une erreur fondamentale. M. Ansiaux (Belgique) attire

Hantos   7 l'attention sur le mémoire de la Chambre de commerce internationale et sur la proposition de M. Serruys, se prononce en faveur du texte dudit mémoire. M. Uyeda (Japon) expose comme but principal de la Conférence la suppression des barrières douanières. Mlle Van Dorp (Organisation mondiale des femmes) estime qu'on devrait examiner les principes qui sont à la base des barrières douanières, tout aussi bien que les faits. Le prof. Cassel présente un document au sujet des propositions françaises. Il préconise la suppression des discriminations artificielles et se prononce sur l'abolition de la pratique consistant à élever les tarifs pour les besoins des négociations. M. Serruys accepterait les modifications proposées par M. Cassel. Comme ligne intermédiaire entre les propositions de M. Cassel, visant l'abaissement des taux maxima, et la méthode de M. Riedl, consistant à réduire chaque année les tarifs d'un pourcentage déterminé, par exemple 2 1/2%; M. Serruys propose une protection suffisante pour contrebalancer les conditions les plus favorables du principal pays concurrent. Il entame le problème de la clause de la nation la plus favorisée et voudrait qu'elle soit accompagnée d'une garantie de réciprocité et d'un abaissement effectif des droits.

M. Norman-Davis (Etats-Unis) fait un bref exposé de l'attitude des Etats-Unis à l'égard de la clause de la nation la plus favorisée. Il rappelle le retour, en 1922, à la clause inconditionnelle, après un siècle d'expérience de la clause conditionnelle. M. Layton (Empire Britannique) se rallie dans les grandes lignes au document de M. Serruys ; en ce qui concerne le paragraphe « Niveau des tarifs », il estime qu'il serait difficile de mettre en pratique la méthode d'un abaissement général des tarifs, en raison de la difficulté d'une détermination des prix de revient. M. Dvoracek (Tchéco-Slovaquie) se déclare d'accord avec M. Layton sur les questions de tarif.

La sous-commission II a constitué un comité de rédaction qui a procédé à la préparation du rapport, qui fut présenté à la séance de la sous-commission, après réduction faite. Le noyau des discussions fut formé par la proposition de M. Serruys (S. C. E. /I/I). M. Lavergne (Chambre de commerce internationale) constate les ressemblances existant entre les propositions de M. Serruys et celles de la Chambre, spécialement en ce qui concerne l'article « nomenclature » ; il serait utile de se servir du concours de la Chambre.

Après avoir pris en considération un amendement très développé qui avait été déposé par la délégation des Etats-Unis, la sous-commission examina le projet de résolution élaboré par le Comité de rédaction et l'adopta, sous la forme qu'elle revêt dans le rapport définitif de la Conférence.

La sous-commission III (moyens *indirects de protéger le commerce*) se réunit sous la présidence de M. Rydbeck (Suède). La discussion générale porta d'abord sur le problème des subsides directs ou indirects. Le président souligne la nécessité de préciser clairement ce que la sous-commission entend par « subside ». Sir Norman Hill (Empire britannique) est d'avis que la sous-commission devrait examiner la question des subsides dans ses rapports avec le commerce. M. Eggert (Allemagne) estime que la meilleure méthode de développer le commerce consiste à laisser jouer librement la concurrence.

En ce qui concerne le « dumping » et la « législation antidumping », la sous-commission chercha en premier lieu à s'entendre sur la définition du terme « dumping ». M. Kautsky (Autriche) fait ressortir l'importance du dumping social, qui se manifeste sous la forme de l'élimination du concurrent par des prix trop bas, lesquels sont rendus possibles par l'augmentation des heures de travail. Le prof. Ohlin (Danemark) expose le danger de l'instabilité industrielle, provoqué par le dumping, M. Dvoráček (Tchécoslovaquie) fait observer que la cause principale du dumping réside dans la différence des prix de revient. La délégation italienne voudrait faire certaines réserves sur la question du dumping des changes. Sir Norman Hill (Empire Britannique) ne veut pas supposer que la Conférence puisse se montrer favorable à un contrôle international sur les opérations commerciales. La discrimination établie par le régime des transports aurait, selon l'avis du président, de grandes répercussions sur le commerce. M. Stodola (Tchéco-Slovaquie) attire l'attention sur les difficultés du transport danubien. Il faut avant tout simplifier les formalités de douane et de passeports et améliorer les ports. Sir Norman Hill rappelle le grand intérêt que non seulement les Etats riverains, mais encore les autres gouvernements doivent porter à la question du Danube.

La sous-commission III, dans sa séance plénière, prit connaissance des projets de résolution rédigés par le sous-comité de rédaction. Une discussion s'engage sur le problème des subsides directs et indirects dans laquelle le président souligne la nécessité pour la Conférence d'attirer principalement l'attention sur les subsides indirects qui prennent une place de plus en plus considérable dans la politique financière des Etats. Sir Norman Hill se contenterait que la Conférence se bornât à des recommandations intéressant le commerce ; elle devrait toutefois s'abstenir de prescrire aux gouvernements leur ligne de conduite. Sir Campbell Rhodes (Indes) propose certaines modifications du projet, tendant à supprimer les subsides comme étant plus préjudiciables au commerce international que les tarifs douaniers élevés, estimant que dans certains pays, tels que les Indes, les subsides permettent à une industrie peu développée de se fortifier. On procéda ensuite à la lecture de la résolution sur les subsides directs et indirects, qui fut adoptée et incorporée sous cette forme dans le rapport définitif de la Conférence.

La résolution concernant le dumping aviva de nouveau la discussion. Ohlin blâme l'étroitesse de la définition du mot « dumping » ; il estime qu'elle ne comprend pas un nombre suffisant d'éventualités. Sir Norman Hill rappelle que le but essentiel de la conférence est de provoquer un abaissement des prix trop élevés. Or, le dumping contribue au bon marché des commodités. Donc, la résolution ne devrait pas avoir pour but de combattre les négociants vendant à l'étranger leurs produits à un prix inférieur à celui pratiqué sur le marché intérieur. Chaque gouvernement devrait posséder la liberté de réglementer le marché du pays, comme il le juge utile. Cet avis est appuyé par M. Loucheur. La France écoule ses tabacs à l'étranger bien meilleur marché qu'à l'intérieur du pays. La Conférence devrait se garder de discréditer le libéralisme du commerce. Le délégué de la Pologne envisage également la nécessité de prendre en considération les conditions sociales qui peuvent former un élément de dumping, telles que la suppression de la journée de huit heures. La résolution est adoptée avec les dites modifications.

La Commission II (Industrie) esquissa son programme de travail dans sa première séance sous la présidence de M. Hodac (Tchécoslovaquie) (1). Dans le *débat général*, le « Mémorandum sommaire sur diverses industries » fut examiné. M. Henry M. Robinson (Etats-Unis d'Amérique) souligne la différence entre la situation économique de l'Europe et de l'Amérique. Le développement extraordinaire de l'outillage industriel en Europe et, d'autre part, la diminution du pouvoir d'achat du consommateur européen ont été la cause de la crise économique en Eu-

---

1. Furent élus comme vice-présidents : M. Eugène Neculcea (Roumanie) et Dario Urzua (Chili) ; comme rapporteurs : MM. de Peyerimhoff (France) et Alberto Pirelli (Italie).

rope, qui a encore été aggravée par la fermeture de certains marchés extra-européens en raison d'un protectionnisme outrancier qui devait contribuer à la création et au développement d'une industrie nationale. Malgré les possibilités limitées d'une application des méthodes américaines en Europe, on pourrait néanmoins s'inspirer de certains éléments de la politique de rationalisation, tels que la lutte contre le gaspillage. M. de Peyerimhoff s'engagea dans la discussion sur l'essor économique de l'Amérique en attribuant sa prospérité à l'importance du marché intérieur, conséquence des salaires élevés, qui, eux aussi, contribuent à la solidarité entre les différentes classes sociales. M. Jouhaux (France) insiste sur les questions de justice sociale et les considère comme bases de la construction économique.

Lammers (Allemagne) attire l'attention sur la disparité de la situation économique des pays de l'Europe, devenue débitrice, et de l'Amérique, devenue créancière. C'est le fardeau des dettes extérieures qui écrase l'industrie. La question de la cartellisation internationale, entamée par M. Peyerimhoff, trouve une application plus restreinte en Europe qu'en Amérique. Parmi les consommateurs, l'Etat possède le plus grand pouvoir d'achat, et c'est à lui qu'incombe la tâche de régler les prix. Il estime qu'il faudrait envisager une souveraineté économique de toute l'Europe par analogie avec celle de l'Amérique.

M. Lepsé (U. R. S. S.) considère le chômage comme le critère essentiel des difficultés économiques. Il met en lumière la question de la journée de 8 heures, et envisage les ententes internationales au point de vue social. Jouhaux, répondant aux observations de M. Lammers, attache beaucoup d'importance à l'examen de la rationalisation dans l'intérêt de tout le monde, afin d'éviter tout abaissement dans le standard de vie de l'ouvrier et du consommateur. A cet effet, un contrôle sur les cartels lui paraît indispensable. Cependant, tout en soutenant les thèses socialistes, il s'oppose aux opinions de M. Lepsé qui sont de nature à faire échouer la collaboration à laquelle aspire la U. R. S. S. La liberté syndicale et la limitation de la journée de travail, préconisées par le délégué russe, ne sont pas appliquées intégralement en Russie.

D'autres orateurs firent ressortir un ordre d'idées différent, pour expliquer la crise actuelle. M. Gigurtu (Roumanie) souligne le séparatisme économique, la tendance à une autarchie malsaine, M. Olivetti (Chambre de commerce internationale) insiste sur la nécessité d'une abolition des barrières douanières, et sur l'arbitrage international, qui ont fait l'objet d une préoccupation constante de la Chambre de commerce internationale. M. Wessel (Norvège) est d'avis que la rationalisation est conditionnée par un certain degré d'homogénéité de la population, comme c'est le cas dans les Etats-Unis. Le Baron Kornfeld (Hongrie) souligne l'avantage des grands territoires économiques, et demande pourquoi une nation en voie d'augmentation constante n'aurait pas le droit d'élever chez elle une industrie protégée par des barrières douanières. M. Pough (Empire britannique) entame la question du point de vue du consommateur — ce qui paraît être l'orientation des milieux anglo-saxons. Un organisme international, tel que les cartels internationaux, conséquence naturelle de l'évolution économique, serait accueilli favorablement par les travailleurs en tant que consommateurs. M. Mertens (Belgique) est d'avis que les salaires élevés et les progrès de la législation sociale ne doivent pas être considérés comme augmentant les frais de production, mais au contraire comme un moyen efficace d'accroître le pouvoir d'achat des consommateurs.

La discussion s'engage ensuite sur le problème de la *rationalisation* proprement dite. Curcin (Royaume des S. H. S.) met en garde contre un excès de zèle dans l'imitation des Etats-Unis. Mauro (Institut international d'Organisation scientifique du travail) est d'avis que la rationalisation ne s'applique pas seulement à l'organisation technique d'une usine, mais à l'organisation rationnelle de toute industrie. Le délégué polonais voudrait que la rationalisation soit maintenue dans certaines limites. Il serait regrettable qu'elle rendît plus acharnée la lutte économique entre les nations.

Les opinions des délégués portugais, japonais et hindou sont caractéristiques du point de vue des intérêts spéciaux de certains pays. M. Da Cunha Leal (Portugal) estime que la capacité de production paraît trop élevée pour les besoins actuels ; même en abaissant les prix de revient, il est douteux que l'on puisse reconquérir les marchés extraeuropéens. Le Japon, d'autre part, préconise la nécessité d'une utilisation rationnelle des matières premières, dont les quantités sont limitées et inégalement réparties entre les nations. Le délégué des Indes fait remarquer que la crise économique ne sévit pas aux Indes avec la même intensité qu'en Europe. Les paroles de M. Weiss-Wellenstein (Autriche) ont une portée particulière du fait qu'elles font ressortir la possibilité d'une introduction de la rationalisation dans un petit pays sans que celle-ci comporte des suites néfastes. En comparant les paroles de Max Weber (Suisse) et d'Obolensky-Ossinsky (U.R.S.S.), les différences existant entre les points de vue socialiste et communiste ressortent d'une manière frappante. Weber désire qu'on accorde une attention particulière aux répercussions que la rationalisation pourrait avoir sur les conditions du travail. Le délégué russe estime que pour les entreprises privées à forme capitaliste la question se pose autrement que pour l'organisation collectiviste qui lui paraît être le domaine prédestiné à l'organisation scientifique du travail.

La discussion s'engage sur les *ententes industrielles*

et notamment sur le contrôle des cartels. Le contrôle des cartels est défendu par Mme Freundlich, comme représentante des organisations des consommateurs. M. Baltrusch (Allemagne) attire l'attention sur les dangers des cartels, danger pour la production parce qu'il porte préjudice au progrès technique, danger pour le commerce, parce qu'il assure des privilèges à certaines maisons, danger pour le consommateur par l'exagération des prix, enfin danger pour les ouvriers qu'ils exploitent. Vu cette situation, chaque pays devrait prendre des mesures de sécurité vis-à-vis des cartels. Un Institut international de contrôle ne saurait être établi actuellement, étant donné le nombre restreint des cartels.

Les délégués des pays scandinaves, en leur qualité de représentants de l'école libérale, se prononcent contre le contrôle des cartels par l'Etat et contre leur protection par des droits de douane. L'intervention des gouvernements en faveur des cartels internationaux ne pourrait que nuire à la cause de la paix. Jahn (Norvège) dit que le progrès économique consiste dans l'accroissement de la production, tandis que la tendance des cartels est dirigée vers une restriction de la production aux fins de majorer les prix. En instituant un contrôle, on accentuerait le rôle néfaste des cartels en leur conférant une sorte de caractère légal. Lundvik (Suède) s'oppose à tout étatisme en faveur des cartels. Keto (Finlande) partage l'opinion des délégués du Nord. Les cartels internationaux ne lui paraissent pas de nature à faire cesser les difficultés d'ordre économique. Le rapport entre la cartellisation et la politique commerciale est mis en lumière par :

M. Urban (Tchécoslovaquie) ancien ministre du commerce qui estime tout contrôle illusoire. L'unification de la législation sur les cartels lui paraît impossible. Des accords conclus entre les industriels sont aptes à diminuer les frais de production, à assurer la division du travail, à développer la rationalisation, et — ce qui lui paraît de la plus haute importance — à faire brèche dans la muraille douanière. M. Wetter (Suisse) ne pense pas que les traités de commerce puissent être remplacés par des cartels internationaux. Ce n'est pas toujours la réduction des droits de douane qui est la conséquence d'une cartellisation.

Le Comité de la rédaction s'est mis à élaborer la résolution sur la rationalisation et sur les ententes internationales. M. de Peyerimhoff, rapporteur, essaie de tenir compte des suggestions formulées au cours de la discussion et spécialement des propositions du représentant de l'Institut international de l'organisation scientifique.

La rédaction d'une résolution sur les ententes industrielles fut extrêmement laborieuse. Au cours des séances plénières qui eurent lieu après les réunions du comité de rédaction, la discussion reprit de nouveau sur la question de la rationalisation et surtout sur celle des ententes industrielles. Les délégués scandinaves ont défendu leur point de vue en soumettant un texte combattant la rationalisation, en faisant ressortir que ce dernier projet imposait aux industriels des obligations qu'il leur serait difficile d'appliquer, notamment en matière d'accroissement de salaires. Jouhaux déclare qu'il considère le texte du comité de rédaction comme un minimum qui exige la collaboration du personnel et aussi celle des organisations syndicales, ayant une responsabilité morale.

En ce qui concerne la résolution sur les *ententes internationales*, M. Jouhaux répète sa demande d'un contrôle et d'une publicité pour atténuer les dangers des cartels. M. Sokolnikoff (U. R. S. S.) lit une déclaration mettant en relief les motifs pour lesquels la délégation de l'U. R. S. S. votera contre la résolution proposée. M. Robinson (Etats-Unis) blâme le manque de précision dans la définition des cartels ; il faudrait établir une distinction nette entre les ententes et les autres combinaisons industrielles. Le peuple américain est hostile à l'intervention de l'Etat et au monopole. Pour ces raisons, la délégation américaine s'abstiendra de voter. M. Pirelli (Italie) fait ressortir le caractère impartial du projet de résolution. On s'est bien-appliqué à donner satisfaction aux désirata des représentants ouvriers.

Tandis que les débats de la commission du commerce faisaient ressortir l'essence économique des problèmes, la Commission de l'industrie pénétra parfois sur le terrain social où les divergences des intérêts économiques et des points de vue politiques se heurtèrent. Etatisme et individualisme s'y opposèrent, les principes fondamentaux du mécanisme social furent mis en jeu.

La Commission III (Agriculture) se réunit sous la présidence de M. Otto Franges (Royaume des Serbes, Croates et Slovènes). Le président esquissa le programme du travail et inaugura la discussion générale. M. Jules Gautier (France) fait ressortir l'importance, pour la prospérité du commerce et de l'industrie, de la capacité d'achat de la population agricole. Le grand nombre des petites propriétés existant exige des mesures protectrices. C'est dans la coopération que l'on trouvera le remède. Les coopératives de production devraient se mettre en rapports directs avec les coopératives de consommation. M. Stecki (Pologne) examine les différentes causes de l'équilibre d'après-guerre. Il soumit à la commission un projet de résolution faisant ressortir que la solution de la crise économique doit être cherchée surtout dans le relèvement du pouvoir d'achat du grand public. Le relèvement du pouvoir d'achat de la population agricole contribuerait largement à l'accroissement des débouchés de l'industrie et du commerce. Dr Lovink (Pays-Bas) voudrait poser les questions suivantes : Que convient-il de faire pour combattre les prohibitions et restrictions ? Que peut-on faire du point de vue de la réforme agraire et du point de vue technique ?

Dans la 2e séance plénière, la discussion générale porta principalement sur des rapports qui donnaient un exposé exact de la situation dans les différents pays. M. Mc White (État libre d'Irlande) expose la situation de l'agriculture en Irlande, notamment la baisse générale des prix. Si les prix continuent à être favorables à l'activité industrielle et commerciale et défavorable à la production agricole, il en résultera nécessairement un déséquilibre économique dans tous les pays agricoles, tels que l'Irlande. M. Oerne (Suède) voit l'origine du déséquilibre en Suède dans la création du cartel industriel qui tend à réduire les prix des produits agricoles et d'élever ceux des matières premières et des engrais. Le mouvement coopératif lui apparaît la méthode la plus appropriée pour combattre les prix élevés, qui ne pourront que renchérir par le développement des cartels internationaux.

Sering (Allemagne) dépeint la situation agricole en Allemagne. Jusqu'en 1923, la principale cause de la dépression agricole en Allemagne a été la faiblesse de la capacité d'achat de la population industrielle. Dans un mémoire qui fait partie intégrante de la documentation sur les questions agricoles, M. Sering a exprimé son opinion sur les difficultés qu'éprouve l'agriculture, difficultés étroitement liées aux obstacles qui s'opposent au développement économique en général.

R. R. Enfield (Grande-Bretagne) mentionne les barrières industrielles et commerciales comme étant les obstacles essentiels au développement agricole. M. Somssich explique les difficultés qu'éprouve la Hongrie de vendre ses produits agricoles, par la fermeture des marchés importants. Il signale en particulier les droits de douane prohibitifs sur la farine, existant en Autriche et en Tchéco-Slovaquie. La situation de l'agriculture turque est exposée par M. Rechid Saved Bey qui souligne l'importance de l'agriculture dans son pays, la population agricole formant 80 % des habitants ; Hight (Nouvelle-Zélande) attribue les raisons du développement rapide de l'agriculture dans son pays au système de la propriété rurale, ainsi qu'à l'encouragement donné à l'établissement des colons. M. Klindera (Tchécoslovaquie) décrit la nécessité pour son pays d'intervenir en faveur des prix agricoles, car le marché intérieur est ouvert aux principaux produits agricoles étrangers, sans la moindre mesure de protection. M. Colloredo-Mansfeld (Autriche) expose les difficultés particulières à l'agriculture autrichienne. 10 % des fermes sont situées à 800 mètres ou plus au-dessus du niveau de la mer. Il y a grand danger que les paysans ne quittent leurs fermes peu lucratives pour accroître le nombre des chômeurs dans les villes. La cause réelle de la crise agricole en Autriche consiste dans le morcellement de la grande unité économique d'autrefois. M. Chétchérov (Royaume S. H. S.) cite des exemples du coût élevé de la production agricole et du standard de vie fort bas du paysan. Les délégués des pays successeurs font tous ressortir les préjudices que leur cause le morcellement de l'ancienne monarchie austro-hongroise. Sato (Japon) voit le malaise de l'agriculture japonaise dans l'organisation primitive des propriétés trop morcelées. Les avantages des sociétés coopératives sont mis en lumière par MM. Varley (Grande-Bretagne) et Wilson (Canada). M. Gautier lit un projet de résolution qui pourrait servir de base aux délibérations des commissions. Ce projet constate que l'agriculture occupe la majorité des travailleurs dans la plupart des pays. La crise s'explique par la rupture d'équilibre au point de vue démocratique et économique. L'amélioration de l'économie agricole devait être l'œuvre des agriculteurs eux-mêmes, au moyen de l'adoption de progrès techniques de l'organisation scientifique de la production et de la vente qui devrait être encouragée par les gouvernements. Le régime des prohibitions à l'exportation et des modifications fréquentes des tarifs douaniers devrait être abandonné définitivement, afin qu'une régularité des prix sous forme d'un gain légitime soit garantie aux agriculteurs.

La discussion générale terminée, la commission de l'agriculture se partagea en trois sous-commissions. La sous-commission I (Affaires générales), sous la présidence de M. Gautier, traite les rapports entre l'agriculture et l'industrie, en s'appuyant sur les mémoires présentés par M. Gautier. M. Tibbaut, tout en approuvant la résolution, estime que l'Institut international d'agriculture pourrait se charger de la publication mensuelle d'un tableau comparant les prix industriels aux prix agricoles. Des compléments importants furent fournis par le délégué du Brésil, qui fit remarquer que son pays offrait de belles occasions de développement agricole ; toutefois il y a manque de bras. Le délégué turc insiste sur la question importante des forêts, qui ne figure pas parmi les sujets à l'ordre du jour. Le délégué polonais désire qu'une organisation économique internationale entreprenne la standardisation internationale pour le commerce des articles agricoles. *La politique commerciale protectionniste*, dans ses rapports avec l'agriculture, fut traitée par M. Sonne (Danemark), qui insiste sur la nécessité d'un abaissement des tarifs, si une abolition immédiate des tarifs ne peut être envisagée. M. Bellerby (Grande-Bretagne) discute deux manières de remédier à la différence entre le prix des produits agricoles et celui des produits industriels. Si l'on accorde la même protection à l'agriculture qu'à l'industrie, ceci ne constituerait qu'une solution partielle en faveur des pays importateurs de produits agricoles. Moniz (Portugal) fait remarquer qu'un pays que des barrières douanières empêchent d'exporter ses produits agricoles est bien obligé de protéger sa production en érigeant des barrières douanières et en paralysant de cette manière les conditions défavorables. Dainaïloff (Bulgarie) ne voudrait pas qu'on fasse monter les prix en établissant des taxes d'importation et en restreignant ainsi les marchés. Il faudrait augmenter le pouvoir d'achat au moyen de l'augmentation des salaires agricoles.

La sous-Commission II (Coopération agricole), sous la présidence de M. Klindera, traita du mouvement coopératif en se ralliant au document C. E. I/14 sur la coopération. Le président donne des détails sur la coopération en Tchéco-Slovaquie. Il signale les moyens par lesquels les coopératives de consommation et les coopératives de production pourraient collaborer. M. Poisson (Alliance coopérative internationale) soumet à la sous-commission une résolution comme base de la discussion. Il recommande le développement des coopératives sous toutes les formes coopératives d'approvisionnement, tant pour les besoins professionnels que domestiques, coopératives de vente pour l'écoulement régulier des produits, coopératives de préparation et de transformation pour les opérations intermédiaires entre la production et la vente, coopératives de crédit pour les besoins financiers. M. Oerne déclare que la tâche la plus importante de l'œuvre de coopération serait de contrecarrer les monopoles privés. Le délégué polonais parle de la nécessité de mettre en rapport les coopératives de consommateurs avec les coopératives agricoles, nécessité rendue impérieuse par une mentalité différente de la population urbaine et rurale. Ce point de vue est appuyé par M. Mayer (Tchécoslovaquie) qui considère comme indispensable, pour l'établissement de ces relations, d'exclure toute considération politique, de remplacer les considérations commerciales par les considérations coopératives. Le fonctionnement des coopératives est décrit par M. O. Geenes ; le Dr Baïnoff expose le mouvement des coopératives en Bulgarie, et le rôle qu'elles ont joué dans l'organisation des exportations des blés et l'introduction des cultures industrielles, telles que le tabac. M. Hasumi (Japon) propose une collaboration entre les sociétés de producteurs, par exemple celles pour la vente de la soie brute avec les sociétés des consommateurs du Canada, des Etats-Unis et des autres pays. M. Varley (Empire Britannique) explique le caractère assez différent du mouvement de coopération en Grande-Bretagne. Le Dr Fauquet (chef du Service de la Coopération du Bureau international du travail) est d'avis que l'obstacle le plus infranchissable qui pouvait séparer les coopératives agricoles des coopératives de consommation, c'est-à-dire les malentendus d'un caractère théorique, sont sur le point de disparaître. M. Varga (U. R. S. S.) considère le mouvement coopératif comme une voie par laquelle les peuples arriveraient à une socialisation de leur production. Les coopératives agricoles de Russie diffèrent de celles des autres pays du fait qu'on en exclue les paysans riches qui ne travaillent pas de leurs mains.

La sous-Commission III (*Crédits agricoles*), sous la présidence de M. Stecki (Pologne), se sert, comme base de la discussion sur le système international de crédit, d'une proposition de M. H. Brieba (Chili). M. Rechid Safvet Bey suggère l'institution d'une banque internationale agricole de crédits agricoles. M. Lubinski (Pologne) dépose une proposition suggérant que le Comité économique de la Société des Nations entreprenne, d'accord avec l'Institut international d'agriculture, des travaux tendant à préciser les principes d'une collaboration internationale qui assurerait à chaque nation, pour les besoins de son agriculture, des crédits amortissables à bon marché et à long terme, par émissions d'obligations. Le Dr Kissler démontre par l'exemple de la « Rentenbank » l'organisation des crédits agricoles en Allemagne. Il se prononce contre le projet d'un Institut international de crédit, à cause de l'instabilité des changes et des différences présentées par les législations de chaque pays en matière de prêts hypothécaires, point de vue qui est contesté par M. Marchesi (Italie). Ce dernier préconise la création d'un organisme international de crédit agricole. Les délégués de la Yougoslavie pensent que l'établissement d'un Institut international de crédit se ferait dans l'intérêt des pays situés dans la partie est et sud-est de l'Europe ; cet avis est partagé par M. Baïnoff. M. Mayer (Tchécoslovaquie) serait disposé à appuyer la création d'un Institut international qui faciliterait le développement de l'agriculture dans les autres pays, même si le pays qu'il représente n'est pas intéressé directement à la création d'un Institut. M. de Chalendar (Comité financier de la Société des Nations à cette œuvre, M. Garcin (France) et M. Dop (Institut international d'agriculture) soulèvent la question de savoir, qui en somme devrait être nanti de la création d'un tel Institut. M. Dop, en particulier, exprime le vœu, que l'Institut international d'agriculture se mette en rapport avec les financiers et les personnalités qui lui seraient désignés à cet effet par la Société des Nations.

Tandis que les travaux des sous-commissions du Commerce et de l'Industrie n'avançaient que d'une façon très irrégulière et que les résolutions y donnèrent lieu à des controverses très animées, les projets déposés par les comités de rédaction des sous-commissions agricoles furent, au contraire, adoptés pour ainsi dire sans opposition. Le même phénomène se produisit lors des débats en séance plénière.

Le rapporteur donne lecture de la résolution sur la coopération. Il n'y avait que M. Varga (U. R. S. S.) qui lut une déclaration se prononçant contre la résolution, étant persuadé que le système d'une réunion de toutes les classes dans les coopératives agricoles n'est pas indiqué pour les petits propriétaires et les ouvriers -- une déclaration de même nature fut d'ailleurs faite également de la part de l'U. R. S. S. au sein des autres Commissions, en faisant ressortir les divergences fondamentales du système socialiste avec le système capitaliste.

La résolution concernant le *Crédit* fut adoptée avec des modifications insignifiantes. Ainsi M. Weber veut exprimer aussi dans la rédaction le fait que les lois sociales ne constituent pas un affaiblissement mais un accroissement du pouvoir d'achat de la population ouvrière.

CHAPITRE VII

LES PROBLÈMES DE LA CONFÉRENCE ÉCONOMIQUE INTERNATIONALE

A. *Les Problèmes du Commerce* :

1. La situation du commerce dans le monde et les causes de la dépression.
2. La nouvelle orientation de la politique commerciale.
3. Traitement de la Nation la plus favorisée.
4. La suppression des entraves affectant les communications.
5. La suppression des entraves d'ordre économique et financier.
6. La suppression des entraves causées par la technique douanière.

B. *Les problèmes de l'industrie* :

1. La situation industrielle mondiale et les causes de la dépression.
2. La politique protectionniste.
3. La politique des subsides.
4. La rationalisation.
5. Les ententes industrielles internationales.

C. *Les problèmes de l'agriculture* :

1. La situation agricole mondiale et les causes de la dépression.
2. Les coopératives agricoles et le crédit agraire.

A. — Les problèmes commerciaux.

1. La situation du commerce dans le monde et les causes de la dépression.

Parmi toutes les *forces* agissantes du travail humain, c'est le commerce qui a été le plus gravement atteint par la guerre et par les conditions de l'après-guerre. Le Mémorandum sur la production et le commerce présenté à la Conférence économique internationale donne un résumé des modifications profondes survenues dans le commerce mondial depuis le début de la guerre.

Il ressort de l'ensemble des chiffres recueillis dans ce Mémorandum que, pendant ces dernières années, le commerce international est resté bien en arrière de la production des denrées alimentaires et des matières premières, bien que celle-ci accuse également un certain écart par rapport à la production industrielle. La production croissante de denrées alimentaires, de matières premières et de marchandises manufacturées n'a pas été accompagnée d'un accroissement correspondant du commerce mondial. Tandis que, dans l'année 1925, le volume de ce dernier marque une augmentation d'environ 5 % par rapport à 1923, la production de matières premières et de denrées alimentaires a passé pendant le même temps de 16 à 18 %. La disparité dans l'évolution est plus frappante encore si l'on considère non seulement le monde dans son ensemble mais seulement notre continent. La production de l'Europe (y compris la Russie) était en 1925, de 4-5 % plus élevée que dans la dernière année de paix, tandis que son commerce extérieur ne représentait que 89 % du volume d'avant-guerre. La part de l'Europe dans le commerce mondial a donc diminué de 15 %, tandis que celle de l'Amérique du Nord, de l'Asie et de l'Océanie s'élevait de 30 %.

La statistique prouve que si, en général, la situation mondiale du commerce a empiré, elle ne saurait cependant être considérée comme absolument mauvaise. Même dans le commerce, l'Europe est notablement dépassée par le reste du monde.

« Il serait cependant faux de croire — ainsi que le fait ressortir l'introduction du rapport définitif de la Conférence — que l'économie européenne ait pu se trouver aussi gravement déséquilibrée sans que celle des pays extra-européens s'en soit ressentie par contre-coup. Ces derniers souffrent évidemment de la diminution du pouvoir d'achat qui frappe l'ancien continent. De même, il n'y a point de doute que le monde ne soit affecté par la demi-carence de l'Europe dans plusieurs des fonctions que celle-ci avait antérieurement assumées. »

Il ne serait pas moins faux de croire que l'Europe pourra reconquérir la position prédominante qu'elle avait auparavant dans le commerce mondial. Car les changements dans l'économie internationale ne peuvent être mis exclusivement sur le compte de la guerre. Celle-ci n'a fait qu'accélérer certains changements apparus déjà pendant la première décade du XXe siècle. Après que, durant un siècle, les autres parties du monde se furent contentées de fournir leurs matières premières à l'Europe qui les leur rendait comme marchandises manufacturées, on put, dès 1905-1906 (aux Etats-Unis toutefois une vingtaine d'années plus tôt), voir poindre le jour où les pays situés hors d'Europe auraient la prétention de créer sur leur territoire leurs propres industries. Par les entraves qu'elle mit au commerce extérieur, la guerre accéléra ensuite, et de la manière la plus vigoureuse cette évolution.

Par suite du changement survenu dans les rapports de l'Europe avec les autres parties du monde, de grands terri-toires européens ont perdu leurs marchés et ont dû cher-cher de nouveaux débouchés pour leur commerce. En Europe même, un grand nombre de nouvelles frontières politiques, tracées d'une manière artificielle, ont porté une grave atteinte au jeu normal des échanges. Car ces frontières politiques doivent leur importance économique à toute une série de chicanes et de mesures prohibitives. Le nombre des territoires douaniers a passé en Europe de 20 à 27, et des économies nationales indépendantes cher-chent à l'intérieur de ces frontières, à défendre au moyen de barrières douanières leurs tendances autarchiques. Il est vrai qu'en matière de politique commerciale les entraves les plus insupportables ont été notablement réduites pendant ces dernières années, mais la Conférence a pu constater néanmoins que l'Europe d'aujourd'hui maintient des douanes plus élevées et plus compliquées, plus instables et plus nombreuses que ce n'était le cas en 1913. Et, d'autre part, l'Europe n'a pas encore réussi à reconstituer son ancien système de traités de commerce. En outre, on s'est habitué à mettre en vigueur, de véritables tarifs de marchandage comme base de négociations pour les futurs traités commerciaux. Lorsque dans la suite, — comme on l'a vu souvent — aucun traité de commerce n'a été conclu sur la base de ces nouveaux tarifs douaniers, les droits de douane « autonomes » ont été maintenus, élevant ainsi l'ancien niveau. L'Europe glisse de plus en plus sur cette pente dangereuse et, selon la Conférence économique internationale, les trois dernières années ont, en dépit de nombreux traités de commerce, contribué à une hausse générale des tarifs douaniers.

La tendance de chaque nation d'adapter le niveau de ses tarifs douaniers à celui des tarifs des autres pays ; le soin de chaque nation d'améliorer sa situation douanière au cours des négociations, le désir d'user de représailles en réponse à des mesures douanières prises par d'autres pays et ressenties comme un préjudice ainsi que de retenir certaines denrées pour la consommation nationale, le souci de maintenir l'équilibre dans le jeu de la concurrence en matière de communications et de crédits, et souvent peut-être, simplement, la contagion de l'exemple — telles sont de l'avis de la Conférence, les causes pour lesquelles toute mesure prise à un moment déterminé par telle ou telle nation a son contre-coup sur l'ensemble des autres nations.

Sur cette politique strictement nationaliste, la Conférence porte un jugement très sévère. Elle estime que cette politique ne nuit pas seulement au peuple qui la pratique, mais à la famille des peuples tout entière et va à l'encontre du but qu'elle se propose. Si l'on veut que le nouvel esprit qui se dégage des débats de la Conférence se manifeste bientôt par des actes, il faut donc observer dans l'exécution de ce programme le principe de parallélisme ou de la concordance dans la politique économique des peuples. En ce cas, au lieu d'envisager uniquement et jalousement ses propres avantages, chaque pays devra considérer l'avantage de l'ensemble et se rendre compte que les concessions qu'on lui demande seront compensées par des sacrifices équivalents de la part des autres.

Dans son aperçu général sur la situation actuelle du commerce mondial, la conférence arrive à cette conclusion que les obstacles apportés aux échanges commerciaux ont retardé, plus que de raison, la guérison des plaies causées par la guerre. Quelques-unes des entraves les plus répressives ont été écartées, et c'est grâce à cette circonstance que récemment une certaine amélioration a été constatée dans le commerce mondial.

2. LA NOUVELLE ORIENTATION DE LA POLITIQUE COMMERCIALE.

L'histoire économique de ces dix dernières années est caractérisée par l'avance victorieuse du protectionnisme qui s'est effectuée en portant une atteinte funeste au principe du libre-échange. Par contre, la situation économique internationale constitue une accusation des plus graves contre la prédomination du protectionnisme. La Conférence économique internationale s'est contentée de condamner le superprotectionnisme d'après-guerre sans prendre position, en principe, entre les deux systèmes : protectionnisme et libre-échange. Elle a proclamé, et c'est là la plus importante de ses conclusions en matière de politique commerciale, *que le moment était déjà venu de mettre fin à l'accroissement des tarifs et de s'orienter dans une direction opposée.*

L'esprit franchement libre-échangiste dont fut animée la Conférence était endigué par une conviction rigoureusement politico-réaliste, que « la suppression ou la réduction sensible des barrières douanières ne peut être effectuée subitement sans causer une désorganisation ». De même, la proposition beaucoup plus modeste de la délégation autrichienne, tendant à la création d'un *plafond tarifaire* c'est-à-dire à la fixation, après un accord entre les Etats, d'une limite supérieure déterminée qui serait proportionnée à la valeur et ne serait pas dépassée par les taux de leurs tarifs douaniers, fut rejetée par la Conférence. Cependant la Conférence a exprimé énergiquement le vœu que les gouvernements élaborent sans retard des projets tendant à abolir ou à réduire progressivement les barrières douanières qui constituent un obstacle trop grave à l'échange international des marchandises.

Pour atteindre ce but, la Conférence préconise diverses voies. Les Etats devraient conclure des traités de commerce sur les bases et dans les conditions fixées par les résolutions de la Conférence. Les Etats devraient s'abstenir de mettre en vigueur, comme tarifs de marchandage, des droits excessivement élevés, par voie des tarifs de combat ou de tarifs généraux. Le Conseil de la Société des Nations pourrait charger l'organisation économique de mettre en œuvre, dans les Etats intéressés, une action plus étendue à l'effet de les encourager à accorder au commerce un traitement équitable en éliminant ou réduisant les barrières que des tarifs de douane excessifs opposent aux échanges internationaux.

C'est sur un examen approfondi des causes de la situation actuelle et sur une critique pénétrante de celle-ci que la Conférence a tiré ses conclusions en matière de politique commerciale. Les causes primaires de cette situation étaient les circonstances exceptionnelles de l'après-guerre. Les rapports étroits entre la monnaie et le commerce extérieur, la répercussion sur le commerce et sur la politique commerciale extérieure de la dévaluation monétaire furent d'une nature plus durable que la cause inhérente de ces phénomènes. Les fluctuations du change ont disparu pour la plus grande partie ; les mesures tarifaires et autres qu'on leur a opposées ne sont pas encore entièrement abolies. On peut trouver une autre cause de la situation actuelle dans la tendance de certains pays de maintenir, par la protection douanière, des industries anciennes ou *nouvellement créées* à un niveau sur lequel elles ne pourraient pas exister autrement. Ces efforts s'expliquent par l'aspiration à l'indépendance économique. Mais la Conférence constate que « cette prétention à l'autarchie est nécessairement futile, lorsque l'étendue, les ressources naturelles, les capacités économiques ou encore la situation géographique ne la justifient pas. » La Conférence estime qu'il n'y a dans le monde que très peu de pays qui soient en état de la justifier. Et cependant cette politique industrielle erronée peut être considérée comme la cause principale des exagérations du protectionnisme.

A côté d'elle on prétexte des considérations fiscales qui n'ont pas davantage des raisons d'être afin de motiver les tarifs élevés. Parmi les autres raisons invoquées pour justifier le niveau exagéré des tarifs, deux sont encore mentionnées dans les conclusions de la Conférence : la défense nationale et le problème de la population. Tandis que dans le cas de la première on peut se demander s'il ne s'agit pas uniquement des tendances purement économiques, la Conférence semble s'abstenir de toute critique à l'égard d'une politique protectionniste inspirée par des préoccupations au point de vue de la population.

Le principal reproche formulé par la Conférence s'adresse à la pratique commerciale qui consiste à entraver les importations plutôt qu'à augmenter les exportations, sous prétexte que ce procédé serait avantageux pour le pays intéressé. La Conférence constate au contraire que « là où l'exportation s'accroît, la production et le revenu national augmentent dans une proportion semblable. Si, au contraire, les importations baissent par suite des droits de douane, l'augmentation du niveau des prix des articles réduit non seulement la possibilité d'exportation, mais aussi la capacité de consommation du pays. » Le protectionnisme exagéré, qui amoindrit la production et la capacité d'achat du pays, a pour résultat le contraire de ce qu'il se propose.

Outre les tarifs douaniers, ce sont en première ligne les traités de commerce qui impriment leur sceau aux rapports commerciaux entre les peuples. C'est pourquoi le retour au système des traités de commerce à long terme, qui garantissent un traitement uniforme, signifierait un pas décisif vers le rétablissement économique du monde. Aussi la Conférence engage-t-elle le conseil de la Société des Nations à charger l'organisation économique « de procéder à toutes délibérations, consultations et enquêtes nécessaires, à l'effet de proposer les mesures les plus appropriées qui permettraient soit l'institution d'un système tarifaire identique dans les différents pays européens, soit, du moins, une base commune pour les traités de commerce. » Enfin il conviendrait aussi d'établir des « principes clairs et uniformes relatifs à l'interprétation et à la portée de la clause de la nation la plus favorisée. »

La décision prise par la Conférence de recommander au Conseil de la Société des Nations l'unification des systèmes tarifaires européens semble avoir été immédiatement inspirée par les difficultés auxquelles ont conduit, dans les négociations franco-allemandes, les différences de méthodes contractuelles. L'Allemagne possède un tarif autonome et homogène, la France deux tarifs différents : un tarif général, appliqué purement et simplement et ce qu'on appelle le tarif minimal, représentant l'extrême limite des concessions. Une loi du 29 juin 1919 interdit l'application générale de la clause de la nation la plus favorisée. L'intangibilité du tarif minimal français d'une part, et, de l'autre, la faculté que se réserva la France de modifier les droits de douane pendant la durée des traités rendaient l'accord presque impossible. Aussi le Gouvernement français avait-il soumis au parlement un projet de loi qui constitue un rapprochement vers la méthode contractuelle centre-européenne. Le nouveau régime tarifaire prévoit sur trois points une modification de l'état actuel des choses : 1° la possibilité d'accorder *de facto* le traitement général de la nation la plus favorisée ; 2° l'abaissement éventuel de certains droits prévus au tarif minimal dès que les positions semblent pas trop élevées ; 3° la consolidation de ces droits pour une durée maximum de 5 ans sous réserve de pouvoir soumettre ces tarifs à une révision pour les adapter à l'indice du commerce de gros si celui-ci accusait des fluctuations de plus de 20 %. A Genève, on reconnut que ces changements constituaient une amélioration des méthodes contractuelles, cependant on ne voulut pas en rester là et l'on insista sur la nécessité d'un perfectionnement et d'une unification plus complets des méthodes contractuelles en matière de politique commerciale. La Conférence estima que, pour arriver à ce but, le moyen le plus important consistait à régler derechef la question de la clause de la nation la plus favorisée.

3. TRAITEMENT DE LA NATION LA PLUS FAVORISÉE.

Dans le régime d'avant-guerre, l'application réciproque de la clause de la nation la plus favorisée était le lien solide qui retenait les tissus de la politique commerciale. Dans l'après-guerre, elle est devenue le point faible des traités de commerce d'un caractère incolore. Si les Etats vaincus sont arrivés peu à peu dans les traités de commerce, à substituer le régime de la réciprocité au régime unilatéral, en ce qui concerne cette clause, celle-ci n'en est pas moins appliquée presque partout, aujourd'hui encore, sous une forme extrêmement édulcorée. A la Conférence économique internationale, la délégation suédoise (1) a pris la défense de cette clause, que, d'une façon générale, elle voudrait remettre en honneur en lui rendant le caractère inconditionnel qu'elle avait auparavant. Depuis 1919, la France est revenue, unilatéralement, au régime dit « de réciprocité », selon lequel, en matière de politique commerciale, aucune concession n'est accordée autrement que contre une concession équivalente, tandis que le régime inconditionnel garantit automatiquement un traitement analogue à celui de toutes les nations concurrentes. Si la nouvelle méthode française — qui avant la guerre ne fut appliquée que dans les Etats-Unis — avait fait école en Europe, il en serait résulté une nouvelle complication, et des plus funestes, dans les relations commerciales entre les divers pays. Mais l'idée du traitement réciproque de la nation la plus favorisée est menacée encore d'un autre côté. La nouvelle politique commerciale a rendu de plus en plus illusoire la clause de la nation la plus favorisée en poussant à ce point l'emboîtement et la spécialisation des tarifs douaniers qu'un avantage accordé à un pays ne doit, dans la mesure du possible, bénéficier qu'à ce pays même.

Le mémoire de la délégation suédoise contient les détails

1. Aide-mémoire concernant le règlement par voie internationale des effets des clauses de la nation la plus favorisée relatives au traitement douanier. Présenté par les membres suédois de la C. E. I.

les plus instructifs sur l'établissement de droits de douane spéciaux pour les chevaux des Ardennes et le fromage d'Edam, et même pour les vaches nées à une altitude de plus de 800 mètres au-dessus du niveau de la mer.

Un autre danger de la pratique suivie à présent a été signalé par le comité national autrichien de la Chambre de commerce internationale. Suivant celui-ci, l'application générale et sans restriction de la clause de la nation la plus favorisée entraîne de graves désavantages pour des Etats dont les tarifs se trouvent pour la plus grande partie liés par des traités, tandis que d'autres Etats peuvent élever les leurs sans avoir à craindre des représailles pour leur exportation. Il est vrai que l'on cherche à se prémunir contre ces désavantages par la courte durée du délai exigé pour la dénonciation des traités de commerce, mais en cherchant ainsi à annuler la clause de la nation la plus favorisée, on entrave la stabilisation des échanges économiques.

Lorsque le principe du traitement de la nation la plus favorisée dégénère à ce point, il serait presque plus avantageux de l'abolir tout à fait. Mais ce principe est pour l'échange international des marchandises d'une importance tellement fondamentale que tout doit être fait pour le conserver. Il s'ensuit qu'il faut fixer une limite à la subdivision des tarifs douaniers. Une position doit se rapporter pour le moins à toute une catégorie de marchandises, sans égard à leur origine. En outre, il conviendrait de conclure un accord international sur le sens réel de la clause de la nation la plus favorisée, car cette notion est interprétée d'une façon tellement arbitraire qu'il en résulte une incertitude générale dans l'application des traités de commerce.

Après avoir réussi à établir une définition, reconnue par tous les pays du principe du traitement de la nation la plus favorisée, la tâche suivante consistera à faire de ce principe une maxime générale du droit international.

Dans toutes les conclusions de la Conférence, il est tenu compte de ces vœux. La concession réciproque du traitement inconditionnel de la nation la plus favorisée, en ce qui concerne les droits de douane et les conditions du commerce est déclarée un élément essentiel du développement libre et normal des échanges entre les Etats. Dans l'intérêt de la stabilité et de la sûreté du commerce, il est recommandé instamment qu'un accord de ce genre soit garanti par des traités de commerce pour une période suffisante. La clause elle-même doit avoir, tant dans la forme que dans l'interprétation le caractè.e le plus compréhensif et le plus libéral et n'être affaiblie ou restreinte ni par des dispositions expresses ni par voie d'interprétation. L'organisation économique de la Société des Nations doit procéder à des études en vue de l'établissement de principes clairs et uniformes pour tous les pays relativement à l'interprétation et à la portée de la clause de la nation la plus favorisée en ce qui concerne les droits de douane et les autres charges.

Les différends auxquels l'application de la clause de la nation la plus favorisée a donné lieu pendant ces dernières années ont montré l'intérêt qu'il y a pour toutes les parties à régler pacifiquement et à l'amiable toute contestation relative à l'application, à l'interprétation et à la portée des traités de commerce. Jusqu'à présent, déjà les traités de commerce contenaient certaines clauses relatives à l'arbitrage, mais l'application en était hésitante et restreinte à des cas isolés. Aujourd'hui l'internationalisation de l'arbitrage acquiert une importance d'autant plus grande que, dans l'état actuel de la législation, l'exécution de sentences arbitrales à l'étranger n'est presque jamais admise. La Conférence propose l'introduction de l'arbitrage comme procédure régulière pour toutes divergences d'interprétations, et, dans ce but, l'insertion aux traités de commerce de dispositions déférant tous les litiges à un tribunal arbitral ou à la Cour permanente de Justice internationale. Par cette résolution, la Conférence s'est engagée dans la voie, déjà suivie depuis des années par la Société des Nations pour internationaliser le droit du commerce et des communications.

4. La suppression des entraves affectant les communications.

Il est certain que les tarifs douaniers et les traités de commerce exercent l'influence la plus immédiate sur le développement des échanges entre les peuples. Il est également certain qu'il y a toute une série de mesures propres à affaiblir ou à éluder les effets des conventions commerciales. La Conférence n'a pu s'empêcher de renvoyer à certains exemples de ces « *moyens indirects de protéger le commerce national et la navigation nationale* ». En fait de pareils moyens de favoriser l'économie nationale, trois sont cités par la Conférence : les subsides, le dumping et les discriminations dans le régime des transports.

A côté du développement des barrières douanières, on a pu observer en différents pays une tendance toujours croissante à recourir à des *subsides de l'Etat*. Ceux-ci prennent tantôt la forme de crédits, tantôt celle d'une assurance contre le risque, et sont destinés à aider l'industrie du pays et l'exportation de ses produits. (On ne mentionne pas des subsides directs pour la fondation d'industries ou l'entretien de lignes de navigation). Bien que moins préjudiciables à la liberté du commerce que des barrières douanières, de pareils subsides de l'Etat n'en sont pas moins des expédients artificiels pour favoriser la production et l'exportation et qui mettent obstacle au rétablissement de saines conditions dans le commerce mondial. La Conférence émet le vœu que les Etats s'abstiennent autant que possible de l'emploi de subsides directs ou indirects, qui ne représentent jamais que des expédients fictifs.

Le *dumping* dont les conditions se sont multipliées et approfondies d'une manière inquiétante depuis la fin de la guerre, exerce une influence néfaste sur la production et directement aussi sur le commerce international. La Conférence estime que le dumping ne nuit pas seulement au pays qui exporte à trop bon marché mais encore au pays qui importe à trop bas prix. L'avantage passager qui dans le pays importateur résulte du bon marché est tout à fait hors de proportion avec le préjudice causé à l'ensemble de la vie économique. La Conférence est d'avis que le dumping sous toutes ses formes doit être réduit au minimum et que, pour arriver à ce but, il est nécessaire d'établir partout, dans toute la mesure du possible, des conditions stables de production et de commerce, et de réduire les tarifs douaniers excessifs des pays exportateurs.

Tandis que, dans la question des subsides et du dumping, en présence de la multiplicité d'opinions divergentes, la Conférence s'est contentée d'éclairer l'opinion publique sur la véritable nature et les inévitables conséquences de ces mesures ; dans celles de la *discrimination en matière de transports* elle est allée plus loin et a fait de ce moyen auxiliaire de protection du commerce national l'objet de délibérations et de conclusions plus approfondies.

S'il est vrai que les moyens de transport affectés aux échanges internationaux sont au service du commerce mondial et de la politique commerciale, par contre les déplacements provoqués artificiellement, au moyen de tarifs préférentiels, dans les conditions de la production, telles qu'elles sont données par la situation géographique et le système douanier, sont loin d'être d'accord avec les intérêts du commerce international et avec les principes d'une saine politique commerciale. Dans ces dernières années, et notamment là où existe le système des chemins de fer d'Etat ou des lignes de navigation subventionnées, le régime des transports est devenu un puissant facteur du système protectionniste. Outre cet abus du régime des transports en faveur de l'économie nationale, des mesures administratives, policières et fiscales entravent les transports internationaux. La Conférence estime qu'une condition essentielle de l'assainissement de la vie économique internationale est l'abolition des mesures propres à troubler le jeu normal des transports par des discriminations dans le trafic. Dans ce domaine, l'unification si désirable est donc en train de s'accomplir. La Conférence cite le cas de quelques conventions internationales qui ont été conclues dans ce but et de certaines organisations internationales qui continuent à travailler au rapprochement des différents régimes de transports. Les conventions sur la liberté du transit et sur le régime des voies navigables importantes au point de vue international, conclues en 1921 à la Conférence de Barcelone (1), les conventions sur le régime international des voies ferrées et des ports maritimes, conclues en 1923 à la Conférence de Genève (2), ainsi que la convention, conclue à Genève en 1923, sur la simplification des formalités douanières (3) seraient toutes appelées à faciliter

1. V. Hostie, *Le rôle de la Société des Nations, en matière de communications et de transit. Revue de Droit international et de Législation comparée*, 3° série, t. 2 (1921). p. 83 ss.
2. V. Société des Nations, *Journal officiel*, V (1924), vol. 1, p. 239 ss. « Convention et Statut sur le Régime international des Voies ferrées et protocole de signature ».
3. V. Conférence économique internationale (Genève, mai 1927). Documentation : Rapport sur l'œuvre de la Société des Nations dans le domaine économique (Société des Nations. Sect. économique et financière) C. E. I. 41. Gen. 1927. p. 27.

le libre déroulement du trafic international. La Conférence constate avec regret que les déclarations d'adhésion et des ratifications en ce qui concerne ces conventions internationales, ne se font que très lentement, et considère que sa réunion constitue une occasion appropriée pour presser les divers Etats d'y adhérer et de les ratifier. Elle attend les plus grands résultats de la Conférence internationale des communications et du transit qui doit se réunir à Genève en août 1927 et qui,sur l'initiative de la dernière assemblée de la Société des Nations, doit discuter le plan de coopération, en matière de technique et politique de transports, des pays européens et extra-européens, plan établi par la Commission consultative et technique des communications et du transit. Les autres travaux doivent être assurés par les grandes organisations internationales s'occupant constamment des questions de transport, et au nombre desquelles appartiennent, outre la Commission des communications et du transit de la Société des Nations, la Chambre internationale, l'Union internationale des chemins de fer et les Commissions fluviales des fleuves internationaux européens. Les Allemands ne seront pas les seuls à être choqués par l'omission, parmi les organisations citées par la Conférence, de l'*Association des administrations ferroviaires allemandes*, fondée depuis quatre-vingts ans et qui a déployé la plus louable activité pour assurer l'unification des chemins de fer européens au point de vue technique ainsi que pour faciliter le trafic entre les Etats intéressés. On ne regrettera pas moins le fait que la *question danubienne*, dont la discussion avait été préparée par la Chambre de commerce internationale et entamée par le représentant allemand de celle-ci à la Conférence, ait, sur l'opposition des représentants de certains Etats riverains, été écartée de l'ordre du jour. Si difficile que soient toutes ces questions intéressant le régime des transports, il faut pourtant qu'une solution soit trouvée si l'on veut arriver à coordonner les conditions de la production et les possibilités d'écoulement, dans l'intérêt d'un commerce international normal et sain.

5. LA SUPPRESSION DES ENTRAVES D'ORDRE ÉCONOMIQUE ET FINANCIER.

Sous le titre de « *Liberté du commerce* », les résolutions de la Conférence condamnent les erreurs qui consistent à maintenir le système du contrôle du commerce extérieur, le système du traitement privilégié accordé aux entreprises d'Etat et la politique suivie à l'égard de l'activité économique des étrangers. La Conférence se prononce en faveur de la libre circulation des marchandises ainsi qu'en faveur d'une politique libérale envers le capital et envers les individus ou sociétés exerçant une activité commerciale.
Le système des prohibitions à l'importation et à l'exportation eut le déplorable résultat de déranger le jeu normal des forces de la concurrence, en mettant en péril les approvisionnements indispensables de certaines nations et les débouchés des autres, ainsi qu'en créant une organisation artificielle de la production, de la répartition et de la consommation. Il est d'une importance capitale pour la restauration du commerce international que l'on renonce à cette politique économique. Le comité économique de la Société des Nations a préparé, après des investigations très étendues, un projet concernant les prohibitions et restrictions à l'importation et à l'exportation et l'a soumis à la Conférence ainsi qu'aux divers gouvernements. La Conférence recommande que la convention internationale projetée pour la suppression des prohibitions et restrictions de ce genre, aboutisse à un accord dont les principes ne soient pas entremêlés de nouveau avec les moyens indirects que constituent les droits d'exportation, les contingen-

tements, les mesures sanitaires, les restrictions à la libre circulation du capital et le contrôle des devises.

Sur le même plan politico-sociologique que le système décrit plus haut s'accomplit aussi le traitement *privilégié* accordé aux *entreprises d'Etat*. La Conférence condamne cette façon de fausser les conditions normales de l'économie et constate que les diverses immunités et autres avantages dont elles jouissent confèrent à ces entreprises une situation préférentielle non justifiée par rapport aux entreprises similaires de nature privée. Ces avantages constituent une restriction apportée à la libre concurrence, et la Conférence recommande expressément que les gouvernements qui participent à la gestion ou au contrôle d'une entreprise quelconque ne jouissent pas, à cet égard, de privilèges ou franchises fiscales auxquels n'ont pas droit des entreprises similaires de nature privée.

Tant que la liberté de mouvement des personnes exerçant le commerce, à titre de commerçants ou d'intermédiaires, ne sera pas garantie, il ne sera pas possible de parler de liberté du commerce ou de libre circulation commerciale entre les peuples. Aussi la Conférence est-elle d'avis que le *statut économique et fiscal des étrangers* est une des conditions primordiales de la coopération internationale sur le terrain économique. Sur l'initiative du comité national autrichien de la Chambre de commerce internationale, cette dernière a préconisé en un rapport détaillé, les meilleures méthodes pour le règlement de la situation des étrangers (1). Des accords réciproques seraient conclus, à la suite d'une convention internationale ; en ce qui concerne le statut juridique personnel des étrangers, le droit de séjour et d'établissement, l'égalité de traitement des ressortissants de tous les Etats

1. Rapport définitif de la Commission des entraves au commerce de la Chambre de commerce internationale. Genève, 1927.

signataires avec les nationaux en matière d'imposition, la réglementation du régime des passeports, si possible dans le sens d'une abolition réciproque de l'obligation des visas et passeports, etc. Ces revendications n'ont rien de radical et n'ont pour but que la restauration d'un état juridique qui avant la guerre régnait en permanence et à la satisfaction générale, mais qui depuis fut saboté par les procédés chicaniers de la bureaucratie du commerce extérieur. La Conférence économique internationale préconise la convocation d'une conférence diplomatique chargée d'élaborer un accord international à ce sujet. En attendant, il importe que les divers États concluent entre eux des ententes réciproques dans le même esprit et dans le même but.

6. La suppression des entraves causées par la technique douanière.

En traitant la question des douanes, la Conférence l'a considérée sous deux aspects : la forme et le fond. Ce dernier, qui concerne le taux des tarifs douaniers, a déjà été traité à propos de la politique commerciale. Le chapitre des résolutions qui porte le titre de « tarifs douaniers » est presque entièrement consacré à des procédures techniques. La diversité qui apparaît dans la pratique douanière reflète l'incohérence de l'Europe en matière de politique commerciale. La Conférence cherche à remédier par différents moyens et par différentes voies au désordre douanier et recommande à cet effet : 1° que les tarifs douaniers soient simplifiés dans la mesure du possible ; 2° qu'il soit dressé une nomenclature méthodique en ce qui concerne les catégories douanières ; 3° que les tarifs soient stabilisés ; 4° que des directives assurent un maximum d'équité dans l'application des tarifs ; 5° que des principes soient posés déterminant les formalités douanières ; 6° que le service de la statistique commerciale soit réorganisé. Ce ne sont là que des moyens et des mesures techniques qui, sans réduire à proprement parler les tarifs douaniers, permettraient d'éliminer du trafic international bien des difficultés indirectes et bien des chicanes.

La réorganisation et la nouvelle rédaction des tarifs douaniers à laquelle il fut procédé pendant les années d'après-guerre étaient accompagnées d'une spécialisation très étendue des rubriques tarifaires qui n'était pas toujours dictée par des considérations technico-économiques, mais plus souvent par la politique commerciale (1). La Conférence condamne cette spécialisation excessive des positions tarifaires comme une entrave considérable au développement du commerce international. En s'efforçant de *simplifier les tarifs douaniers*, les Etats devraient éviter les rubriques qui ne désignent pas des articles de différente nature et servent uniquement à établir une différence entre des articles d'origine différente.

C'est la mesquinerie dans la spécialisation des tarifs douaniers en vigueur qui a inspiré le désir d'une unification *de la nomenclature tarifaire*. Sur aucun point la Conférence n'a fourni un travail aussi approfondi que sur celui-là ; on avait parfois l'impression que l'unification de la nomenclature douanière serait le seul résultat pratique des délibérations et l'on était prêt à s'en contenter, tant on était convaincu de l'importance d'une nomenclature douanière uniforme pour le commerce international. La Conférence constate tout d'abord que cette idée est réalisable. Une nomenclature systématique d'un usage général — est-il dit dans les résolutions — nomenclature fondée soit sur les différentes phases de la fabrication soit sur les différents types de marchandises, peut

1. En ce genre, le projet tarifaire français d'avril 1927, avec ses 1.750 articles et ses 10.500 positions, présente un véritable record qui n'est dépassé que par le tarif de Haïti.

s'adapter complètement aux diverses conceptions économiques et fiscales. Ce n'est pas la nomenclature, mais le
taux des droits fixés pour chaque phase de fabrication ou
chaque type de marchandises qui déterminerait le degré
de la protection douanière. Cette constatation faite, la
Conférence recommande la procédure technique à suivre
pour arriver à une nomenclature systématique des positions. Elle invite le Conseil de la Société des Nations à
prendre l'initiative nécessaire et recommande aux gouvernements de mettre en vigueur une nomenclature qui
soit généralement valable pour différentes branches de la
production sans attendre que la liste complète des déno-
minations tarifaires ait été dressée. Afin d'assurer l'exécution des engagements assumés par les Etats, il importe
que la Société des Nations propose des mesures concernant les publications, les informations, les ententes ami-
cales et les décisions arbitrales.

Le Manque de stabilité des tarifs douaniers rivalise
quant aux effets nocifs avec la discrimination douanière
par un échelonnement excessif des taux.

Ce fut d'abord l'adaptation des tarifs à la dépréciation
monétaire ; et plus tard simplement l'élévation des taux
qui entraînèrent cette instabilité. La Conférence met les
Etats en garde contre des modifications fréquentes et
subites de leurs tarifs douaniers, et leur recommande,
dans les cas où la stabilité monétaire n'est pas encore
entièrement assurée, de valoriser les droits ou de les mettre au point périodiquement sur la base d'un indice officiel des prix. Des traités de commerce conclus pour une
période aussi longue que possible seraient le moyen le
plus approprié d'arriver à la stabilité dans le niveau des
droits.

Parmi les nombreuses questions du commerce international, celles qui sont en rapport avec les *formalités douanières* sont les seules dont la solution ait abouti jusqu'à

présent, par la conclusion de la convention internationale du 8 novembre 1927 pour la simplification des formalités douanières. Par là, la Société des Nations a su, pour la première fois, faire entrer en vigueur une importante disposition du pacte de la Société des Nations sur la réglementation du commerce international d'après les principes de l'équité. La Conférence a rendu pleine justice à ce résultat et recommandé aux Etats de ratifier d'urgence ladite convention et de l'exécuter dans un esprit libéral.

Dans le même ordre d'idées, une autre convention, déjà tombée dans l'oubli, fut aussi abordée par la Conférence. Il s'agit de la convention du 31 décembre 1913, qui a créé à Bruxelles un bureau international des *statistiques commerciales*. La Conférence était d'avis que le bureau de Bruxelles, en possession des données nécessaires, pourrait résoudre le problème de la nomenclature uniforme en matière de douane, et que cette nomenclature aurait à son tour un contre-coup heureux sur l'unification des statistiques commerciales.

En exécution de la résolution de la Conférence économique internationale, un comité d'experts a été chargé de l'élaboration d'un projet *de nomenclature*. Ce projet a été examiné et approuvé par le comité économique de la Société des Nations.

Ainsi s'est accompli le premier pas vers une réforme dont il avait été parlé pour la première fois à un congrès international des statisticiens, en 1853, et qui depuis avait occupé sans aucune chance de succès divers congrès internationaux, notamment à Paris en 1900 et à Bruxelles en 1913.

Le comité des experts a réussi à proposer une nomenclature telle que les différentes autorités douanières pourront y faire rentrer sans difficultés les marchandises qui les intéressent et qui, d'autre part, mettra les commer-

çants et les industriels en mesure de s'y reconnaître facile‐
ment. La longue liste des articles qui peuvent franchir les
frontières d'un État moderne et par conséquent être
frappé de droits de douane y est classée en vingt divi‐
sions au total.

On a constaté, en faisant une épreuve, que dans ces
vingt divisions avec leurs 95 subdivisions, peuvent ren‐
trer sans difficultés tous les articles intéressant l'économie
nationale allemande, belge, française, italienne et tchè‐
que, ce qui prouverait en même temps que la réforme de la
simplification et de l'unification de la nomenclature doua‐
nière sera généralement et pratiquement possible sur la
base de ce projet.

Grâce à la collaboration que lui apportent les représen‐
tants des différentes branches de la production et du
commerce, le comité espère terminer ses travaux pour
1931. La nomenclature sera établie de manière à conve‐
nir à toutes les nations, quelque soit l'état de leur déve‐
loppement industriel et commercial. Son adoption géné‐
ralisée favorisera le commerce international auquel les
nomenclatures plus ou moins arbitraires et exagérément
étendues, qui existent actuellement dans tous les pays
apportent une gêne considérable. En rendant possible
la « comparabilité » des statistiques, elle sera de nature
à favoriser la négociation des accords commerciaux. En
créant dans l'ordre économique un langage unique, elle
préparera la réalisation de la trêve douanière et contri‐
buera au rapprochement des peuples.

B. — Les problèmes de l'industrie.

1. LA SITUATION INDUSTRIELLE INTERNATIONALE ET LES CAUSES DE LA DÉPRESSION.

Dans les travaux préparatoires de la Conférence économique internationale comme dans la pensée de ses organisateurs, c'est aux problèmes industriels que devait revenir le rôle principal. Dans les débats et les conclusions de la Conférence, ils occupent une place plus modeste, pour la portée aussi bien que pour la précision. Par contre, la documentation de la Conférence nous donne de la situation de l'industrie mondiale et de ses tendances évolutives un tableau plus exact et plus complet que tout ce qui avait paru précédemment. L'analyse des causes qui ont influencé défavorablement les industries de base, ainsi que les remèdes, qui doivent y être opposés ressortent de l'inépuisable accumulation des données rassemblées sur les diverses industries et dont le *Mémorandum sommaire* (Genève, 1927) présente un aperçu systématique et homogène.

Les enquêtes de la Société des Nations ont montré que dans la grande crise industrielle, qui a été en premier lieu la raison de cette Conférence, le problème dont il s'agit est avant tout un *problème européen*. Et c'est pourquoi la Conférence s'est occupée plus particulièrement de la situation européenne, qui offre les plus grandes difficultés et exige l'examen le plus attentif.

Quant aux causes du changement dans la situation industrielle internationale, le mémorandum cité plus haut et les autres documents soumis à la Conférence permettent de l'expliquer par les tendances caractéristiques suivantes :

1º Le développement industriel a, particulièrement

en Europe, été entravé par une *mauvaise répartition du capital fixe* et par des difficultés financières d'une autre nature, dues principalement à une capacité de production supérieure aux besoins immédiats du marché. Ces faits peuvent s'expliquer par diverses tendances : tout d'abord la *transformation* de *l'outillage* en vue des besoins d'ordre militaire, transformation qui s'imposait aux belligérants et explique pourquoi, principalement en ce qui concerne les forges et aciéries, les chantiers maritimes, la construction des machines et l'industrie chimique, la capacité de production fut, au prix d'un apport considérable de capitaux, portée bien au delà des possibilités de placement des années normales. C'est pourquoi la crise s'est concentrée dans certaines industries principales, telles que la métallurgie, les constructions navales, les industries chimiques, les plus fortement développées, pour faire face aux nécessités de la guerre. La métallurgie, où l'amortissement du capital investi n'a lieu que lentement, est la plus gravement atteinte. A cette cause vinrent s'ajouter la création d'industries nouvelles dans les pays neutres, que la guerre empêchait de s'approvisionner au dehors, ainsi que la fondation d'industries *nationales* protégées par de hautes barrières douanières. De plus, l'impossibilité *d'émigrer* a certaines pousser nations à augmenter leur afin d'utiliser leur excédent de main d'œuvre.

Enfin l'*inflation* alimenta de capitaux différentes entreprises dont l'existence n'était possible que pendant cette matériel, période même.

2. *L'appauvrissement général de l'Europe* après la guerre a réduit la proportion du revenu national qui reste sous la forme d'épargne, une fois satisfaits les besoins immédiats de la consommation. Le sens de l'épargne a été ébranlé, et la conséquence en a été la demande disproportionnée d'articles de consommation directe. Les industries qui travaillent pour la consommation immédiate sont relati-

vement prospères, tandis que celles qui fabriquent les moyens de production ont de la peine à trouver des débouchés. La situation de ces dernières présente un contraste frappant avec celle des industries qui produisent des articles de consommation courante ou des articles de luxe. La production des automobiles, de la soie artificielle, des articles manufacturés en caoutchouc fournissent à cet égard des exemples caractéristiques. L'appauvrissement de l'Europe n'a pas seulement amoindri le pouvoir d'achat de la clientèle industrielle, il a aussi affaibli la capacité de crédit des marchés financiers européens.

3. La guerre a accentué la tendance qui a toujours existé à ouvrer les matières premières dans le pays de production eux-mêmes au lieu de les envoyer en Europe pour y être travaillées. C'est ainsi, en particulier, que l'industrie cotonnière européenne a dû s'adapter à la capacité de production, considérablement accrue, de pays lointains.

4. En certains cas, de nouvelles *découvertes* scientifiques ont eu pour résultat la substitution d'autres matières premières aux matières utilisées jusque-là et par suite un déplacement des centres industriels. Le gypse, que l'on trouve en de nombreux endroits, sert aujourd'hui à la fabrication de l'acide sulfurique, au lieu des pyrites qu'il fallait aller chercher en Espagne.

5. Indépendamment des sources de matières premières, il est inévitable que des industries se développent *en des pays extra-européens* qui peuvent à certains égards concurrencer ceux de l'ancien monde. Les ateliers de réparation se transforment automatiquement en fabriques, et les filatures en ateliers de tissage.

6. Certaines industries ont vu diminuer la demande de leurs produits parce que, pour *des raisons d'ordre technique*, cette demande s'est tournée ailleurs ou parce qu'un autre article, moins coûteux, est venu rendre les mêmes

services. C'est ainsi que la consommation de la houille est influencée par l'exploitation des forces hydrauliques, par l'augmentation de la production du pétrole, et que l'utilisation plus étendue de la ferraille a diminué la demande de fer brut, et que la fabrication des soies artificielles est un obstacle au développement de l'industrie de la laine et du coton.

7. Partout, dans les autres parties du monde aussi bien qu'en Europe, les tarifs douaniers ont éprouvé une élévation considérable, tandis que la sécurité du trafic et du commerce a diminué, principalement en raison des modifications continuelles apportées aux tarifs et de la courte durée des traités de commerce.

8. Plus encore que le mouvement des marchandises ne l'a été par les mesures protectionnistes, le *mouvement migratoire* a été entravé par des lois sévères sur l'immigration et par l'interdiction de s'établir et d'exercer un métier. Le chômage qui en résulte dans les pays surpeuplés conduit à l'extension forcée et artificielle donnée à des industries dont presque rien, autrement, ne justifierait l'existence.

9. La pire espèce d'entraves au commerce a été déterminée par *l'instabilité des conditions monétaires*, avec leurs fortes fluctuations de prix et les écarts considérables entre les frais de production des différents pays. Bien qu'une notable amélioration se soit produite à cet égard pendant les dernières années, la pénurie, ou respectivement la cherté du crédit causées par l'inflation ne disparaîtront pas de si tôt.

10. Enfin les changements survenus dans la structure de l'organisme économique, changements dûs aux déplacements de frontières, ont retardé ou détruit le pénible travail de la réadaptation des relations internationales au moyen desquelles les peuples de l'Europe cherchaient

à remettre de l'ordre dans leur économie industrielle.

Toutes ces causes, qui représentent pour ainsi dire le décalogue de mesures de contrainte qui affectent le développement industriel européen, continuent à exercer leurs effets, encore que plusieurs d'entre elles aient déjà *disparu*. Disparu avant tout, le danger de voir de nouvelles entreprises industrielles de notable importance accroître encore le nombre, déjà excessif, des entreprises existantes ; disparue la légèreté d'esprit des années d'inflation, qui paralysait l'épargne ; disparues les fluctuations du change et les restrictions à l'échange des devises, qui en divers pays avaient amené dans les conditions de la production, une perturbation si funeste. D'autres causes de la dépression industrielle sont de nature permanente et ne peuvent plus être supprimées. C'est ainsi qu'il faut prendre son parti de la récente industrialisation de nombreux territoires en pays lointains et compter, pour une longue période, sur l'affaiblissement du pouvoir d'achat de la clientèle européenne et de la capacité des marchés monétaires européens.

En de pareilles conditions, la Conférence économique internationale devait consacrer son attention à la troisième catégorie de causes, celles qui, en raison de leur nature et de l'état de choses actuel, peuvent *former l'objet de modifications indispensables*. Au nombre de ces causes, les plus importantes sont celles qui concernent les entraves et restrictions au mouvement des personnes et des marchandises et qui sont principalement le résultat de la politique commerciale et douanière. C'est pourquoi la commission de l'industrie de la Conférence a recommandé instamment à la commission du commerce de frayer la voie à la libre circulation internationale des marchandises, condition importante pour la solution des problèmes industriels en suspens. La commission du commerce de la Conférence a effectivement, en ses résolutions, proposé les mesures nécessaires.

Après avoir reconnu que les difficultés ne peuvent être attribuées ni à l'absence de découvertes scientifiques ni au manque de matières premières, la commission industrielle elle-même a pris position dans quelques questions de principe. Le rapporteur de la commission de l'industrie, le grand industriel français de *Peyerimhoff*, formula ainsi son point de vue : il faut que l'Europe réduise ses frais de production par l'organisation scientifique du travail et par des accords industriels. Pour élargir le marché européen, il faut augmenter la capacité d'achat des cultivateurs, des ouvriers et des employés ainsi que diminuer les charges fiscales et les droits de douane. Une plus grande solidarité économique entre les peuples, entre les entrepreneurs et entre les classes sociales est également nécessaire à la restauration de l'Europe (1).

Se conformant à ces suggestions qui, au cours des débats généraux, ne soulevèrent aucune contradiction même dans les rangs des travailleurs, la commission fit du problème suivant le centre de la discussion : de quelle manière peut-on *abaisser les frais de production et partant les prix pour obtenir un meilleur équilibre entre la capacité de production et la demande* sans porter atteinte aux intérêts des consommateurs et des ouvriers ? C'est dans cet esprit que la Conférence examina trois problèmes : 1º la question de la rationalisation ; 2º la question des ententes industrielles internationales ; 3º la question des moyens permettant de rassembler et d'échanger les expériences relatives aux conditions de la production industrielle. Avant d'entrer dans l'examen de ces questions, faisons connaître l'attitude adoptée par la Conférence à l'égard des principaux instruments de la politique industrielle protectionniste.

1. Voir le *Journal de la Conférence Économique Internationale*, 10 mai 1927, p. 71.

2. LA POLITIQUE PROTECTIONNISTE ENVISAGÉE PAR LA CONFÉRENCE ÉCONOMIQUE INTERNATIONALE.

Les opinions sur le but économico-politique des douanes se sont sensiblement modifiées avec le temps. Tandis que, dans les commencements, l'imposition des droits de douane était inspirée surtout par le désir d'assurer une avance à une branche de l'économie nationale en rendant plus difficile la concurrence étrangère sur le marché intérieur, de nos jours on se propose plutôt de permettre aux diverses branches de la production nationale d'atteindre sur le marché intérieur des prix suffisamment élevés pour qu'elles puissent ensuite, grâce aux réserves accumulées de cette manière, vendre moins cher en pays étranger.

La Conférence économique internationale a entrepris l'analyse des raisons par lesquelles on a, depuis la guerre, cherché à étayer la thèse protectionniste. Le résultat de cette investigation est que les raisons invoquées pour justifier les droits de douane existants sont les suivantes : 1º protection contre un afflux de marchandises des pays à change déprécié ; 2º protection des industries existantes ou nouvellement fondées, ce qui équivaut à une protection du capital, 3º protection de la main-d'œuvre industrielle en excédent ; 4º tarifs douaniers de combat et de marchandage, 5º considérations fiscales, 6º défense nationale, 7º problème de la population.

La Conférence économique internationale s'est appliquée à prouver que dans la plupart des cas il s'agit non pas d'une protection douanière rationnellement motivée, mais bien plutôt de puissants intérêts privés indissolublement liés au prétendu intérêt public. C'est ainsi que les *conditions monétaires* incriminées appartiendraient déjà au passé, pour la plus grande partie du moins, tandis que les mesures tarifaires et autres auxquelles elles ont donné lieu ne sont pas encore complètement abolies. Le résultat de la protection du capital a été que les moyens de production inutilisés ont grevé exagérément les frais de production, en particulier lorsqu'une entreprise se trouvait en état d'endettement ou lorsque, afin de pouvoir utiliser tous les moyens de production et faire fructifier le capital engagé, on devait s'adresser aux marchés étrangers et aggraver ainsi la compétition internationale.

La protection de la *main d'œuvre* a eu pour effet des prétentions à l'autarchie auxquelles la Conférence dénie toute chance de réussite à moins qu'elle ne soient jutifiées par l'étendue, les ressources naturelles, les avantages économiques et la situation géographique du pays intéressé. Il y a bien peu de pays dans le monde qui puissent arriver à une telle autarchie. *Les tarifs de marchandage* ont été établis pour permettre une réduction mais les négociations ultérieures n'ont pas amené de changements satisfaisants et il en est résulté que les barrières de douane non seulement sont restées debout, mais encore qu'elles se sont dressées plus hautes qu'auparavant. Lorsque des *considérations fiscales* jouent un rôle dans la protection douanière, c'est généralement que l'on veut contrebalancer par un mauvais système douanier un mauvais système de finances. En faveur de l'argument tiré de la *défense nationale* on peut alléguer beaucoup de raisons, mais il est hors de doute, suivant la Conférence, qu'on en a souvent abusé pour poursuivre des buts exclusivement économiques. Le problème de la population qui incite un certain nombre de pays où il y a excédent de main-d'œuvre, à invoquer cette raison en faveur de la protection douanière, n'a pas été examiné par la Conférence économique internationale.

Tout en réfutant les arguments protectionnistes habituels, la Conférence n'a pas pris parti contre le protectionnisme lui-même, reconnaissant ainsi indirectement qu'en certaines circonstances la protection douanière est justifiée. La compensation des *charges sociales et fiscales* incombant aux producteurs nationaux, mais n'existant pas pour le concurrent étranger est admise généralement. Dans ce cas, les droits de douane correspondent à un droit fiscal perçu, à titre d'équivalent de l'impôt de consommation frappant un produit national, sur des marchandises étrangères de même nature, mais à condition que ce droit, inspiré par des considérations d'ordre social ou fiscal, ne dépasse pas le niveau des charges effectivement imposées à la production intérieure.

En ces cas la politique douanière sert de correctif à la politique sociale et à la politique fiscale. Des mesures douanières destinées à compenser une mauvaise répartition des impôts sont plus fréquentes et méritent une attention particulière.

La mauvaise répartition des impôts peut avoir lieu à l'intérieur d'un seul et même territoire douanier et économique ou bien encore apparaître entre des économies nationales différentes et par conséquent entre plusieurs territoires douaniers et causer une inégalité des charges internationales. A l'intérieur d'un même territoire douanier, l'uniformité de la répartition des charges imposées aux diverses branches économiques est une des tâches les plus importantes de la politique fiscale pratique. Il n'est pas rare que des influences politiques ou sociales, de la part des classes puissantes, empêchent assez souvent une application conséquente du principe d'équité. Il peut alors arriver qu'il soit plus facile de remédier à cet état de choses à l'aide de la politique commerciale qu'au moyen d'une modification rationnelle du système des impôts. Aux branches de la production les plus lourdement imposées est accordée une protection douanière appropriée. Un des résultats auxquels on peut arriver par cette méthode est que des capitaux qui en raison des charges fiscales s'étaient tournés vers les branches moins imposées de la production, s'acheminent vers les industries nouvellement protégées et empêchent toute régression dans les systèmes d'exploitation. Mais ce correctif fourni par la politique commerciale ne saurait être, naturellement, qu'une mesure transitoire et à laquelle une réforme fiscale méthodique doit être substituée le plus tôt possible. En cas de mauvaise répartion des impôts dans les différents États, le commerce extérieur ne saurait manquer de s'en ressentir, étant donné que, toutes choses égales d'ailleurs, des impôts élevés signifient une production plus coûteuse et que des pays à impôts modérés produisent à plus bas prix. Dans un pays fortement imposé, la consommation est restreinte, la demande réciproque et la graduation des échanges subissent un déplacement. A proprement parler, le cas de l'accroissement des charges fiscales est déjà contenu dans la théorie générale du commerce extérieur, puisque la condition essenti^{lle} pour que telle ou telle sorte de commerce entre des pays différents soit possible est qu'il existe une différence dans la valeur comparative du coût, des marchandises à échanger.

La réalisation du compromis en matière de douane exige un calcul exact des charges réelles. Mais ce n'est pas là une tâche aisée. Il n'est pas rare que les mêmes revenus soient atteints dans une mesure et sous des formes différentes, ce qui rend parfois impossible toute comparaison. Plus difficile encore est une comparaison internationale des charges imposées. Et c'est justement pourquoi des mesures de politique commerciale ne devraient être fondées sur des indices quantitatifs de ce genre qu'avec toute la prudence désirable. Dans la réalité, ces questions ne sont pas abordées d'une manière aussi théorique. Pour les États-Unis d'Amérique, la hauteur absolue des salaires semble un argument suffisant pour justifier le protectionnisme en se plaçant au point de vue de la politique sociale. J'ouvrier américain, habitué à un niveau de vie assez élevé, redoute un dumping social et réclame une protection contre la concurrence des Etats industriels européens, qui produisent à meilleur marché. En Allemagne, par contre, l'élévation générale des charges fiscales est considérée comme une cause de moindre productivité et comme justifiant amplement la protection douanière. Inversement, on invoquera, pour chercher à se défendre contre ces pays, le peu d'importance des charges fiscales en Amérique et la plus longue durée des heures de travail et le niveau plus bas des salaires en Allemagne. C'est ainsi que le principe de l'équivalence devient à son tour une des forces agissantes qui maintiennent en marche le perpetuum mobile de l'après-guerre : les élévations de tarifs douaniers.

3. LA POLITIQUE DES SUBSIDES ENVISAGÉE PAR LA CONFÉRENCE ÉCONOMIQUE INTERNATIONALE.

La Conférence a constaté que, pendant les années qui ont suivi la guerre, s'est manifestée, parallèlement à l'élévation des barrières douanières, une tendance croissante à introduire la pratique des subsides gouvernementaux. La chose avait lieu surtout par voie *indirecte*, sous forme de crédits ou d'assurances contre le risque destinés, en présence des conditions économiques anormales qui régnaient dans le monde entier, à venir en aide, pour une période plus ou moins longue, aux industries nationales et à leur commerce d'exportation. Mais la pratique plus ancienne de la protection *directe* accordée à certaines branches de l'économie au moyen de primes à la production et à l'exportation n'est pas non plus tombée en désuétude. Du système de la protection douanière, la compétition commerciale a passé au système de la protection sans douanes et c'est ainsi que, selon la Conférence, « la restauration des conditions saines du commerce international se heurte à un réel obstacle dans cet expédient. »

Dans la vaste échelle des subsides gouvernementaux à l'économie publique, l'échelon inférieur, le moyen le plus primitif, est certainement la *subvention directe* à certaines branches de la production. Les deniers publics servent à accorder à une entreprise privée une aide financière sans laquelle elle ne serait pas viable ou serait moins lucrative. Cet appui peut prendre les formes les plus diverses : celle d'une subvention annuelle pour le maintien de l'exploitation ou l'amortissement de certains investissements, celles des primes à la production ou à l'exportation, mesurées selon la quantité de marchandises produites ou exportées. De même que la forme, le motif et le but des subsides peuvent varier beaucoup. C'est ainsi que, dans la politique de subvention suivie par l'Angleterre pendant l'après-guerre il s'agissait pour la subvention à l'industrie sucrière, d'une politique éducatrice bien réfléchie et organisée pour une longue période, et dans le cas de l'industrie charbonnière d'une mesure de nécessité.

Les subsides directs à quelques branches de l'économie ou à des entreprises industrielles déterminées constituent la forme de protectionnisme la moins voilée. Elle présente cependant certains avantages par rapport à la protection douanière, et cela non seulement au point de vue de l'économie politique, mais encore de la politique financière. La protection douanière élève le prix de la marchandise qu'elle défend et assure au producteur une prime qui consiste dans la différence entre le prix naturel de cet article et le prix artificiel déterminé par les droits de douane. La subvention, elle aussi, assure au producteur une prime, mais qui, au lieu d'élever le prix de la marchandise, le réduit dans la mesure nécessaire pour vaincre la concurrence étrangère. Et si, dans la plupart des cas, la prime est supérieure à cette réduction de prix, le bénéfice spécial que permet la protection douanière est généralement plus élevée qu'il ne serait dans le cas d'une prime à la production. Quant à la protection douanière, le montant de la prime est déterminée par le besoin de subvention de la part du producteur marginal et les producteurs travaillant dans des conditions plus favorables jouissent d'une rente différentielle. Dans le cas de subventions directes, le degré de la subvention accordé peut-être réglé individuellement et mesuré à la production réelle des entreprises envisagées.

Les avantages que présente la méthode de la subvention gouvernementale directe par rapport à celle de la politique douanière protectionniste se manifestent aussi sur le terrain de la politique financière.

Tout d'abord, l'un des avantages de la politique des subsides est que les sacrifices qu'elle exige sont limités quant à la durée et à l'étendue. La somme nécessitée pour favoriser diverses branches de l'économie nationale est numériquement établie et mise annuellement en discussion lors des débats sur le budget. Au contraire, les charges résultant de la protection douanière et supportées par l'économie publique sont difficiles à évaluer. Les revenus des douanes ne sauraient être pris pour base dans un calcul de ce genre, car les articles produits à l'intérieur du pays sont à leur tour renchéris par les droits de douane.

Subsides et tarifs de protection jouent dans l'économie financière un rôle entièrement différent. Les *premiers*, étant supportés par la totalité des contribuables, peuvent être incorporés organiquement dans le système de la répartition des charges. Il est possible de répartir selon les principes de l'équité les charges que comporte la politique des subsides. Quant aux *seconds*, les considérations d'ordre social ne sauraient entrer en jeu ; ils frappent le consommateur en proportion de sa consommation même. Les subsides peuvent toujours être mesurés aux besoins des entreprises intéressées, les droits de douane sont trop souvent déterminés par des influences de nature politique et accordés beaucoup trop libéralement. La politique des subsides permet à tout moment une comparaison des sacrifices consentis avec les avantages obtenus et permet également la suppression des subsides, lorsque le résultat attendu ne se produit pas. Dans le cas de la protection douanière une comparaison de ce genre n'est guère praticable, et une fois que les tarifs ont été accordés, ils sont défendus comme une possession intangible par les milieux intéressés qui les ont fait établir.

En regard de ces avantages, le système des subsides gouvernementaux a l'inconvénient de causer à l'Etat des dépenses, tandis que les douanes lui assurent des recettes. Mais si l'on considère que le fisc peut gagner indirectement à l'accroissement de la productivité nationale, on ne pourra plus, même en se plaçant au point de vue de ce dernier, condamner *a priori* la politique des subventions.

Les primes directes ne sont pas les seuls moyens de favoriser l'économie nationale. Parmi les mesures d'ordre fiscal avantageant les entreprises que l'on se propose d'encourager, un rôle important revient depuis peu à l'aide gouvernementale dans la recherche des capitaux ainsi qu'à l'assurance gouvernementale des crédits à l'exportation.

L'intervention gouvernementale, lors de la recherche des capitaux et des crédits accordés peut prendre la forme soit d'un apport de capital aux investissements, soit d'une contribution courante aux frais d'exploitation. Elle peut consister en un octroi direct d'un crédit ou en l'acceptation des garanties pour un tel crédit. L'Angleterre a, pendant les années d'après-guerre, donné à ce système protectionniste des crédits une base juridique dans l'*Export Credits Scheme* de 1920 et dans les *Trade Facilities Acts* décrétés en 1921-1926. Pendant l'été de 1926, la politique des crédits pratiquée jusque-là fut remplacée par une assurance gouvernementale des crédits à l'exportation.

Ce genre d'assurance est la méthode la plus moderne dans la politique des subsides. Il a pour but de partager entre l'Etat et l'exportateur les risques commerciaux de l'exportation ou de les rejeter entièrement sur l'Etat. Au contraire de l'assurance privée, l'assurance gouvernementale dédommage l'exportateur assuré des pertes à lui causées, dans le pays de son débiteur, par une catastrophe telle que guerre, révolution, tremblement de terre, ou par des interdictions gouvernementales de payement ou des moratoires. L'exemple britannique de l'assurance du crédit a fait école sur le continent et trouvé avant tout des imitateurs en Allemagne. Le gouvernement allemand a cru trouver dans ce genre d'assurance, inauguré en 1926, un moyen efficace de stimuler l'exportation. Mais les résultats atteints jusqu'ici ne permettent pas encore de conclure si cette méthode est celle qui a le plus de chance de succès. De même, c'est encore une question de savoir jusqu'à quel point cette garantie peut être considérée comme une mesure protectionniste, car jusqu'ici l'exportateur a dû payer très cher pour se décharger des risques de l'exportation. L'abaissement des primes est ainsi devenu, en Allemagne, le problème central pour le futur développement de l'assurance de l'exportation. En Italie, une loi sur la garantie du crédit à l'exportation italienne, accordant la garantie moyennant 1 à 4 % d'intérêts, a passé en mai 1927. Parmi les autres Etats européens, le Danemark, la Finlande et les Pays-Bas ont pris aussi des mesures pour instaurer le système des garanties d'Etat aux affaires d'exportation.

Entre l'exportation des marchandises et l'exportation des capitaux existe un rapport étroit qui, en certains pays riches en capitaux, et particulièrement en Angleterre, a conduit à une politique protectionniste sur le marché financier. L'octroi d'emprunts à l'étranger est lié à la condition qu'une fraction notable du prêt consenti soit affectée à des commandes à l'industrie du pays créancier. Ou bien encore la demande étrangère de capitaux est reléguée à l'arrière-plan, afin que la demande nationale puisse être plus facilement satisfaite. Cependant, ce mode protectionniste d'influencer le marché des capitaux ne s'adresse pas à l'Etat au point de vue financier, et ne rentre donc pas dans le cadre de la politique des subsides gouvernementaux.

La Conférence économique internationale n'est pas entrée dans les détails de la politique de subvention, mais elle a constaté en général que, dans certaines circonstances, les subsides portent moins préjudice à la liberté commerciale que les tarifs douaniers, mais que ce fait ne change rien à la nécessité de signaler les dangers cachés dans ces moyens d'encourager la production et l'exportation. Plus il y a de pays qui s'engagent dans cette voie, plus il devient difficile aux autres pays de ne pas suivre leur exemple. Et c'est pourquoi la Conférence économique internationale a vu dans la politique des subsides un obstacle réel à la restauration de saines conditions dans le commerce international. Les subsides, directs ou indirects, ne seraient autre chose que des expédients fictifs et dont les gouvernements devraient s'abstenir autant que possible : tel est l'avis et tel est le vœu de ce concile économique international.

4. La rationalisation.

La Conférence économique internationale a vu dans la tendance à la rationalisation le point de départ et la base de tout développement industriel. D'après l'impressionnant Mémorandum (1) soumis à la conférence dans la question de la rationalisation, la notion de rationalisation

1. Mémorandum sur l'organisation rationnelle aux Etats-Unis par l'honorable David Houston. Genève, 1926.

embrasse trois éléments : stabilisation, standardisation et simplification. En chacun de ces trois domaines, les Etats-Unis ont enregisté au cours des cinq dernières années des progrès auxquels ils sont redevables dans une grande mesure de leur puissance industrielle d'aujourd'hui. La Conférence a interprété cette notion dans un sens plus large : elle entend par là l'organisation scientifique du travail, la standardisation des matériaux et des produits, la simplification des procédés de fabrication ainsi que l'amélioration des méthodes de transport et de mise en vente.

L'organisation scientifique du travail a pour but de découvrir les méthodes techniques et les modes d'organisation qui sont appelés à réduire au minimum les pertes de force et de matières premières et à assurer au travail un rendement maximum avec un minimum d'efforts (1). En Europe même, nombre d'institutions et à leur tête le « Reichskuratorium für Wirtschaftlichkeit », en Allemagne, travaillent aujourd'hui à la solution de ce problème. La Conférence a jugé qu'il était désirable que le comité économique de la Société des Nations se mît en rapports avec les instituts spéciaux. La *standardisation* des matériaux et des produits a pour but de faciliter, en réduisant le plus possible de nombre de types divers (en tant que la diversité même n'offre pas des avantages évidents) la production, l'emploi et le remplacement des pièces fabriquées en séries. L'exemple de standardisation le plus connu est sans aucun doute l'automobile Ford. La *simplification* des procédés de fabrication doit s'accompagner de la simplification de la mise en vente. L'*amélioration des méthodes de transport et de la mise en vente* aura pour

1. Dans le Mémorandum soumis à la Conférence par le Bureau International du Travail, il est dit à ce propos : « L'organisation scientifique du travail est la science des rapports entre les différents facteurs de la production, et spécialement entre l'homme et l'outil. Son objet est d'obtenir, par une utilisation rationnelle de ces différents facteurs, un rendement optimum. »

effet d'éviter les transports absurdes et sans but des charges financières écrasantes et des intermédiaires inutiles.

Tout en rendant pleinement justice à ces avantages de la rationalisation pour l'abaissement des frais de production et l'extension des marchés, la Conférence en a aussi pesé avec soin les désavantages. Le plus grave de ceux-ci est le *chômage* passager qui en est la conséquence forcée. La rationalisation doit s'opérer avec toute la prudence nécessaire pour ne pas porter atteinte aux intérêts légitimes des travailleurs. Sur le désir exprimé par les représentants des ouvriers à la Conférence, une certaine influence a été laissée aussi aux syndicats « en tout ce qui concerne l'organisation proprement dite du travail », concession combattue énergiquement par les représentants des États septentrionaux.

Du côté autrichien fut proposée la rationalisation des petites entreprises par le moyen de l'organisation coopérative. Tenant compte de ce vœu, la Conférence a exprimé l'opinion que la rationalisation devrait être étendue aussi aux moyennes et petites entreprises et éventuellement à l'artisanat et aux métiers, en raison des effets bienfaisants qu'elle peut avoir pour l'organisation et les commodités de la vie ménagère.

D'ailleurs la Conférence ne s'est pas prononcée soulement en faveur de la rationalisation dans la grande industrie et les petites entreprises, mais encore en faveur de la rationalisation dans le commerce, dans l'agriculture, dans la banque et dans l'assurance. Elle a même fait un pas de plus, car au lieu de se contenter de la rationalisation à l'intérieur d'une économie nationale déterminée, elle a réclamé la rationalisation dans un cadre international. Celle-ci doit se proposer la standardisation des matériaux, pièces détachées et produits finaux, pour tous les types d'une importance internationale, et écarter ainsi les obs-

tacles à la production et à l'échange des marchandises
que pourrait entraîner une rationalisation purement nationale.

5. Les ententes industrielles internationales.

Quelques années déjà avant la Conférence, des études
approfondies dûes à des experts éminents et une attitude
extrêmement favorable de la presse ont placé les cartels
internationaux au centre des considérations économiques.
Il ne manquait pas de voix compétentes qui considéraient
les ententes internationales des industries nationales comme
la panacée de l'économie mondiale souffrante, comme
un instrument de la liberté du trafic. Le prestige dont
jouissait ce mouvement fut encore accru par la conclusion
du pacte continental de l'acier, qui montra une voie praticable entre les économies de nations naguère ennemies
et cela à une époque où l'Etat était encore hésitant et
tâtonnant dans sa politique commerciale. On attribuait
à ce mouvement une tendance pacifiste et l'on voyait
dans les accords internationaux un moyen de rapprochement entre les peuples. Par contre, les voix qui signalaient
les périls des cartels restaient tout à fait isolées. Le cri
d'alarme d'Yves-Guyot (1) avertissant que l'introduction
du système des cartels en Europe aggraverait encore les
antagonismes sociaux, ne trouva aucun écho. Les objections des représentants des ouvriers et des consommateurs
n'étaient pas dirigées contre le système des cartels lui-
même, mais contre l'absence d'un contrôle suffisant (2).

1. La Conférence des cartels, *Journal des Économistes*, mars 1927.
2. A la première séance du comité préparatoire (avril 1926),
le chef des syndicats libres français, Jouhaux, déclara au nom des
syndicats internationaux de France que la question de la coopération internationale sur le terrain de l'économie industrielle était
de la plus haute importance pour la classe et les organisations
ouvrières. La classe ouvrière ne serait pas hostile à cette réforme

A la Conférence économique internationale s'accomplit un revirement d'opinions dans la façon de juger les cartels. Les nombreux projets, mûrement réfléchis, qui contenaient les avis parvenus à la Conférence ne furent guère appréciés, les inquiétudes allaient visiblement en croissant, et en fin de compte la Conférence s'abstint de se prononcer en principe en faveur des cartels. La Conférence a constaté que « le phénomène des ententes, né des nécessités économiques, ne constitue pas une perspective sur laquelle il y a lieu de prendre un parti de principe, mais un fait, dont on doit enregistrer le développement, et qui, de ce même point de vue pratique, peut être considéré comme bon ou mauvais, ·selon l'esprit qui préside à la constitution et au fonctionnement de ces ententes, notamment selon la mesure dans laquelle leurs dirigeants s'inspirent de l'intérêt général ».

Au cours des débats animés, parfois même passionnés, qui précédèrent cette résolution, et qui durèrent plusieurs jours, on vit les représentants de divers groupes d'intérêts, entrepreneurs, consommateurs et ouvriers, s'escrimer les uns contre les autres, sans aborder les grandes questions de principe des cartels. Le cartel international comme moyen de rapprochement économique entre les peuples, si magistralement exposé par le professeur Grossmann, ne retint guère l'attention. Les rapports des cartels avec la protection douanière et les traités de commerce, mis en lumière dans le mémorandum du professeur Wiedenfeld, ne furent pas soumis à un examen. L'influence des cartels sur la formation des prix, influence signalée par M. Mac

économique, mais aurait des inquiétudes au sujet de son influence possible sur les salaires et sur les prix et par conséquent sur les conditions d'existence des ouvriers. Aussi un contrôle international, par la Société des Nations, par exemple, dont la forme et les méthodes de travail feraient l'objet d'un examen plus approfondi, devrait-il être organisé.

Gregor, ne fut pas traitée non plus, pas plus qu'il ne fut fait mention de l'ingénieuse méthode recommandée par le professeur Oualid pour la réglementation des cartels. De la riche documentation de ces précieux travaux préparatoires, rien ne filtra dans les chétives résolutions de la Conférence. Seul, de Rousiers put, dans un discours favorable aux cartels, soutenir sa thèse qu'aucun cartel ne peut subsister en élevant les prix et en abaissant la production.

Au cours des débats aussi bien que dans les résolutions de la Conférence, on consacra aux dangers des cartels beaucoup plus d'attention qu'à leurs buts positifs. A l'égard de ces derniers, on ne relève que les tendances à la rationalisation et à l'économie méthodique. On convient que, « à certaines conditions et sous certaines réserves », les cartels assurent une organisation systématique de la production et une réduction des prix de revient « par une meilleure utilisation des installations existantes, par un développement plus rationnel des nouvelles et par un groupement plus logique des entreprises ». Ils pourraient, d'autre part « mettre un frein aux concurrences antiéconomiques et réduire ...les fluctuations de l'activité industrielle ». D'un côté comme de l'autre, il en résulterait une plus grande stabilité dans l'offre du travail, et le consommateur en retirerait des avantages, grâce à la diminution du coût de la production, des frais de mise en vente et des prix.

Les tendances monopolisatrices des cartels, qui semblaient inquiéter, dans une grande mesure, consommateurs et travailleurs, furent traitées plus à fond que les tendances qu'on en espère. On a méconnu plus d'une fois le caractère des cartels internationaux de nos jours, qui ne sont plus les organisations agressives d'autrefois, créées pour restreindre l'offre, pour exclure la concurrence, élever les prix et conquérir des monopoles. Les cartels d'après-guerre ont pour but non pas tant d'augmenter les prix de vente, mais plutôt d'abaisser les prix de revient et d'assurer le gain par le moyen de la rationalisation. Sur le continent européen et avant tout en Europe centrale, ils sont nés principalement des transformations dans la structure économique et représentent une alliance de groupes de productions menacés dans leur existence. En présence de cet état de choses, l'avertissement du délégué allemand, Lammers invitant les cartels modernes à renoncer à leur « illusion d'avant-guerre » — laquelle consisterait à croire en la possibilité de poursuivre encore leur vieille politique égoïste dirigée vers l'exploitation de leurs acheteurs — était assez superflu. De nos jours, les cartels n'ont une raison d'être et quelque chance de durée que s'ils s'attachent à rationaliser la production dans l'intérêt de tous. Le cartel moderne porte en soi-même le ferment qui rend tous les abus impossibles, ce qui ne veut pas dire que des mesures de précaution et de contrôle soient superflues, mais que, dans la phase actuelle de l'évolution, les avantages inhérents à une production rationnelle, fondée sur la division du travail, l'emportent sur les inconvénients éventuels redoutés par la Conférence. Contrairement à l'intention primitive de ses organisateurs, la Conférence s'est abstenue de recommander une entente ouverte entre les producteurs des différents pays sur la base des groupes horizontaux d'industries et d'établir des normes en ce sens.

Par contre, la Conférence a formulé des réserves expresses à l'égard d'une hausse artificielle des prix frappant les consommateurs ainsi que la nécessité de ne pas perdre de vue les intérêts de la classe ouvrière. En outre, étant donné que dans le stade actuel de l'évolution le mouvement des cartels internationaux se porte avant tout et, naturellement sur les matières premières et les produits mi-ouvrés la Conférence a jugé nécessaire de signaler les dangers auxquels des ententes de ce genre peuvent exposer des pays qui, ne possédant pas eux-mêmes de matières premières, sont réduits à la production d'articles manufacturés. Pour se défendre contre tous abus possibles de la part des cartels, il faut que les divers pays adoptent la même méthode, et cette méthode serait un contrôle international des cartels.

Sur aucun point des débats les divergences d'opinions n'ont été aussi vives que dans la question du *contrôle des cartels*. Tandis que le chef des syndicats français, Jouhaux, réclamait, comme condition de l'acceptation des cartels, un contrôle national et international, des commissions internationales de contrôle et un office international de contrôle relié à la Société des Nations, le Suédois Lundvik se rebellait à l'idée d'un contrôle de l'État ou du « superétat », à l'idée d'un contrôle exercé par la bureaucratie gouvernementale ou par celle de la Société des Nations. Le délégué allemand Lammers recommanda un moyen terme. Selon lui, la condition du contrôle international est que la possibilité de contrôle soit d'une égale efficacité dans tous les pays intéressés. Toute tentative en vue de s'immiscer, par une juridiction internationale disposant de moyens de coercition concrète sous quelque forme que ce soit, dans les organisations économiques privées d'une nation exposerait directement au danger de complications politiques, particulièrement dans les rapports avec des nations dont l'économie générale a besoin de mesures organisatrices spéciales pour satisfaire à de lourdes obligations publiques à l'égard d'autres nations. Ce danger n'existe pas dans le cas de règlement arbitral et librement consenti de griefs réciproques occasionnés par des mesures monopolisatrices qui sont le fait d'organisations privées. Il y aurait grand avantage à ce que toutes les nations pussent se décider à recourir en chaque cas déterminé à des cours d'arbitrage d'une haute autorité internationale et dont les membres soient, en raison de leurs connaissances économiques, qualifiés pour porter des jugements véritablement objectifs. La Conférence s'est ralliée à ce point de vue. Après avoir constaté qu'en présence de la diversité des mesures que les différents pays croient devoir prendre à l'égard des cartels il serait impossible de soumettre ces derniers à une législation et à une juridiction internationales, la Conférence souhaite que se généralise parmi les membres des cartels le recours volontaire aux cours d'arbitrage.

L'attitude adoptée par les diverses nations au sujet du système des cartels internationaux était très différente. Tandis que les Français témoignaient beaucoup de sympathie pour ces tendances de la grande industrie, les États septentrionaux se montraient plutôt les adversaires des cartels. Les États baltes y voyaient un danger d'enchérissement pour les matières premières et en particulier pour les engrais. Les Allemands se prononcèrent pour les cartels, du côté autrichien, ces derniers furent représentés comme un correctif de la politique commerciale, grâce auxquels la division internationale du travail, empêchée par la législation douanière, redevient possible. Tout considéré, il est permis de dire que la Conférence s'est accommodée du mouvement en faveur des cartels internationaux. A cet égard, la délégation russe elle-même n'a pas fait exception, déclarant que le gouvernement soviétique ne mettait aucun obstacle à la participation aux cartels internationaux et que celle-ci était déjà chose faite sur certains points (cartels du chanvre, du naphte, du platine, des allumettes). Abstraction faite de cette reconnaissance de la situation effective, la Conférence s'est consacrée plutôt au côté négatif du problème et n'a pas méconnu les difficultés et les dangers de ces organisations. Elle est restée muette sur la question capitale : en quoi les cartels servent-ils la cause de la rationalisation en matière d'économie et de quelle manière pourraient-ils devenir les régulateurs de la division internationale du travail ?

C. — Les problèmes de l'agriculture.

1. La situation agricole dans le monde et les causes de la dépression.

La production croissante des denrées alimentaires et de matières premières, qui en 1925 dépassa de 16-18 % la production de la dernière année d'avant-guerre, ne fut pas accompagnée d'une prospérité correspondante dans le domaine de l'agriculture. Si les denrées alimentaires et les matières premières continuent à former le fondement de toute richesse, néanmoins elles ne signifient pour les producteurs un accroissement de bien-être que lorsque leur production marche de pair avec une capacité d'achat plus forte du côté des consommateurs et avec une consommation plus grande. L'appauvrissement de larges couches de la population européenne et l'amoindrissement de leur pouvoir d'achat ont eu sur les prix des produits agricoles une conséquence défavorable.

Après avoir doublé les prix de ces derniers, la hausse résultant de la guerre se trouva brisée au printemps de 1920, lorsque le gouvernement américain eut suspendu les crédits accordés aux Alliés et que l'on s'aperçut que, réduits à leurs propres moyens, ceux-ci ne pouvaient payer les produits agricoles de l'Amérique. Ce ne fut qu'en 1924 qu'il survint une détente dans la crise agraire, lorsque diverses monnaies européennes, entr'autres l'allemande, furent stabilisées, et que les crédits américains, affluant de nouveau en Europe, y élevèrent dans une forte mesure la capacité d'achat et la consommation. Les prix du froment et de la viande ont augmenté dans le monde entier depuis le milieu de l'année 1924, et la hausse se poursuivit encore pendant l'année 1925, qui vit les plus hauts rendements atteints jusqu'ici par les céréales.

Si en présence de ce développement il faut néanmoins parler de dépression dans l'agriculture, la cause en est en premier lieu, comme l'a constaté la Conférence, le bouleversement survenu dans l'équilibre entre les prix des produits agricoles et ceux des produits industriels. Le résultat de cette disparité est que, dans un grand nombre de pays, les agriculteurs ne peuvent trouver une contre-valeur équivalente pour leurs dépenses en travail et en capitaux, en d'autres termes : que l'agriculture n'est pas une occupation lucrative.

Le délégué allemand Hermes a bien démontré que depuis le milieu de l'année 1924, sur les marchés internationaux, l'écart des prix mentionnés plus haut commence à se réduire et partiellement à disparaître, mais les principaux articles de consommation de la population agricole sont encore en comparaison des prix des produits agricoles beaucoup plus chers qu'au cours des années d'avant-guerre. La Conférence est d'avis qu'un amoindrissement de la production agricole, préjudiciable à l'humanité entière, ne saurait être évité autrement qu'en prenant des mesures qui soient propres à rétablir l'équilibre actuellement rompu entre les prix. Dans le discours (1) d'une portée fondamentale, qu'il a tenu au sein de la commission de l'agriculture, le professeur Sering est allé encore plus loin et a fait nettement ressortir que les prix ne pourraient être considérés comme normaux même si les produits agricoles avaient conservé, par rapport aux articles

---

1. Le discours du Prof. Sering prononcé à la Conférence avait pour base un mémorandum rédigé par lui et présenté par la délégation allemande (« Le mouvement international des prix et la situation de l'agriculture dans les pays extra-européens ». Berlin, 1927), où il s'efforce de saisir le rapport existant entre la formation des prix et la situation agricole sur une base statistique.

industriels, leur valeur d'échange d'avant-guerre, mais seulement une fois que cette valeur d'échange aurait repris sa tendance à la hausse. En effet, cette tendance est la condition de l'intensification de la culture du sol, qui est, aujourd'hui comme avant la guerre, une nécessité de l'économie politique. Une hausse dans la valeur d'échange des produits agricoles est loin de signifier nécessairement une élévation des prix payés pour les produits agricoles car c'est la tâche de l'industrie de rendre possible aux agriculteurs, en leur vendant meilleur marché les articles de consommation et d'exploitation, un accroissement de la production que n'accompagne pas une augmentation des frais.

C'est dans la disparité des prix qu'il faut voir la raison décisive de la perte, aux Etats-Unis et au Canada, de l'ancienne prospérité des « farmers ». De 1922 à 1925, rien que dans les Etats-Unis, environ 25.000 farmers ont fait banqueroute, pendant que près de 3 millions d'entre eux délaissaient leurs fermes. La crise agraire partie de ces régions se répandit ensuite sur tous les territoires des pays producteurs de pain et de céréales, et en premier lieu sur les territoires immédiatement affectés par l'appauvrissement de l'Europe. Au contraire de l'agriculture américaine, l'agriculture européenne ne souffre pas seulement de la disparité des prix, mais elle est atteinte aussi par différents phénomènes qui sort les manifestations du bouleversement économique.

Au cours des débats de la Conférence, les causes suivantes ont été assignées par les experts, et parmi ceux-ci principalement par Sering et Hermes, à la dépression européenne :

1. La guerre a abaissé le rendement du sol dans les pays importateurs du continent et amoindri leurs cheptels. Pourtant les pertes de ce genre sont en voie de guérison.

2. La transformation de la Russie, de la Roumanie et

d'autres pays de l'est en un domaine de petites et de minuscules exploitations a réduit, en même temps que les exportations de céréales de ces pays, l'afflux d'articles industriels qui avait lieu dans le sens inverse.

3. Le morcellement accru de cette partie du monde et l'aggravation des mesures d'isolement prises par les États européens en matière de politique commerciale, circonstances qui ont empiré les conditions exigées pour le développement des forces économiques de l'Europe.

4. L'insuffisance des revenus de la classe ouvrière, qui, en beaucoup de pays de l'Europe, a de la peine à maintenir son gain au niveau du coût de la vie.

5. L'armée des chômeurs qui, en comptant les membres de la famille, atteint en Europe 20 millions de têtes.

6. Le renchérissement des conditions imposées par des caisses de prêts. Pour des prêts à longue échéance se payent 7 à 9 %, sommes impossibles à gagner au surplus.

7. Le poids des charges fiscales. Les dettes disparues au temps de l'inflation ont rapidement réapparu sous la pression des impôts et des prix défavorables. Il a été constaté pour l'Allemagne qu'en tenant compte des dettes revalorisées la somme des intérêts à payer n'est pas moins grande aujourd'hui qu'avant la guerre. En tenant compte du surcroît d'imposition fiscale, les charges supportées par l'agriculture sont même le double de ce qu'elles étaient avant la guerre.

D'accord avec les données numériques contenues dans les mémoires réunis pour la documentation de la Conférence (1), les causes de la dépression indiquent que le bas prix des produits agricoles et la mauvaise situation

1. A signaler particulièrement : le mémorandum élaboré par l'Institut international d'Agriculture de Rome et intitulé : *Les questions agricoles au point de vue international.* Genève, 1926, et le document présenté par le Bureau international du Travail : *Le rapport du coût du travail agricole au coût total de la production dans l'agriculture.* Genève, 1926.

de l'agriculture en son ensemble ne doivent pas être attribués à un accroissement insolite de la production des denrées alimentaires mais à ce que, dans certains territoires industriels européens, la demande est trop faible pour absorber entièrement ces produits. C'est pourquoi la solution de ce problème ne doit pas être cherchée, comme on l'a tenté souvent dans une restriction de la production agricole (retour à l'économie extensive), et l'on devrait, au contraire, dans l'intérêt de la prospérité générale du monde, en favoriser le développement. Ce qu'il faut, c'est une collaboration étroite de l'industrie et de l'agriculture, mettant en commun leurs efforts. Car de même que la capacité d'extension de l'agriculture est déterminée par le développement de l'industrie, la capacité d'extension de l'industrie ne peut pas dépasser les limites que lui impose l'agriculture d'une part, par la demande de produits industriels et, d'autre part, par la quantité de denrées alimentaires et de matières premières que lui fournit l'agriculture.

Cependant il existe aussi des moyens techniques susceptibles de développer considérablement la production agricole. La Conférence attire l'attention sur les suivants : 1º application générale d'améliorations techniques et organisation scientifique de l'exploitation dans la culture et l'élevage ; 2º lutte contre les ennemis du règne végétal et animal ; 3º amélioration des méthodes de mise en vente ; 4º standardisation des produits agricoles ; 5º extension du crédit et de l'assurance agricoles. Tandis que ces améliorations de la situation de l'agriculture doivent être en première ligne l'œuvre des agriculteurs eux-mêmes, la Conférence a envisagé aussi des mesures qui dépendent en premier lieu de la législation. Ces mesures viennent compléter les réformes techniques mentionnées plus haut ; 6º par les lois sociales destinées à garantir le bien-être et la sécurité des travailleurs ; 7º par des écoles rurales de tous

les degrés et par l'enseignement agricole professionnel ;
8° par la suppression de tous les obstacles qui s'opposent
à la liberté des échanges et au commerce des produits
agricoles.

Toutes ces mesures, dont l'importance est d'ailleurs
inégale, n'ont pas été traitées par la Conférence sur un
pied d'égalité. La commission agricole de la Conférence,
appréciant comme il convenait la portée de ces problèmes,
a réparti la matière entre trois sous-commissions, dont la
première a été chargée d'étudier les problèmes généraux,
la seconde les questions relatives aux coopératives agricoles, et la troisième la question du crédit agraire.

2. Les coopératives et le crédit agraire.

Pour élever le rendement financier de l'agriculture, la
Conférence a préconisé comme le plus puissant des leviers
la coopération agricole. Toutes les formes de l'association
coopérative peuvent ouvrir à l'agriculture des possibilités
nouvelles : les coopératives d'approvisionnement pour se
procurer tout ce dont les cultivateurs ont besoin dans leur
activité professionnelle et dans leur ménage ; les coopératives de vente pour régler le placement des produits ;
les coopératives de préparation et de transformation pour
les opérations qui ont lieu entre la production et la vente ;
les coopératives de crédit pour couvrir les besoins en
capitaux. A ces types traditionnels de coopératives
viennent se joindre dans les résolutions de la Conférence les
nouveaux problèmes d'une organisation coopérative qui
constituent la standardisation et la rationalisation de
l'agriculture. Les coopérateurs agricoles contribueront à
la rationalisation de l'agriculture dans la mesure où elles
multiplieront leurs rapports avec les coopératives de
consommation. Des relations commerciales directes entre
producteurs et consommateurs, entre coopératives de

production et coopératives de consommation éliminent les intermédiaires inutiles et conduisent, si elles sont suffisamment développées, à des prix avantageux pour les deux parties. Pour travailler à la standardisation, les coopératives agricoles devront introduire dans le mode d'exploitation les adaptations nécessaires, afin d'arriver à la production en commun d'espèces et de sortes simplifiées et qualitativement et quantitativement supérieures. Tandis qu'en Amérique s'est développé dans la production agricole (fruits et céréales) un certain fordisme, l'agriculture européenne tend à simplifier et à unifier la production. Ces tendances seront servies par la rationalisation et la standardisation sur la base coopérative.

Au nombre de ces nouvelles tâches, l'organisation coopérative aurait aussi celle d'établir une certaine cohésion d'idées pour corriger le morcellement que les diverses réformes agraires de l'après-guerre ont amené dans la propriété du sol. Quant aux effets de la réforme agraire en elle-même, les opinions des membres de la commission étaient partagées. Tandis que quelques-uns, comme le Belge Tibbaut, préconisaient la multiplication de la petite propriété et la suppression de toutes les restrictions légales, le délégué hongrois comte Somssich, a cité des cas où, par suite du manque de capitaux et du procédé appliqué la réforme agraire a eu pour résultat une diminution du rendement. Sans contester la légitimité des réformes agraires, le président de la commission, Franges, jugeait désirable un certain équilibre entre la grande et la petite propriété foncière, tout au moins dans les pays agricoles encore peu développés. En tous cas, la réforme agraire aurait causé, en Bulgarie, en Hongrie, et en Roumanie, une régression dans l'exportation des céréales. Dans cette question, la commission n'a pas pris position.

Mais, dans le domaine de l'agriculture, le succès de toute réforme, et avant tout celui de l'organisation coopérative, a pour condition un enseignement approfondi et minutieux sur l'importance de la production en commun, et c'est pourquoi une résolution de la Conférence invite l'Etat et les autorités publiques à prêter leur appui au mouvement coopératif en créant des chaires universitaires ou autres institutions scientifiques ainsi qu'en organisant des cours publics à cet effet. Pour illustrer l'importance de l'enseignement agricole sur le terrain de la coopération, le Japonais Sato a cité des chiffres éloquents : le Japon possède 300 écoles professionnelles d'agriculture, plusieurs milliers d'instituts post-scolaires et 40 stations d'essais, sans compter l'association agricole qui existe dans chaque village. Le Norvégien Five estime aussi que la condition essentielle de tout progrès agricole est d'élever le niveau de l'instruction parmi la population rurale. Rendant pleine justice au bien-fondé de ces considérations, la Conférence revient encore une fois sur ce sujet dans ses résolutions et insiste sur ce point que l'enseignement rural à tous les degrés et la formation agricole professionnelle en général doivent être l'objet d'une attention particulière de la part des gouvernements et des associations agricoles.

A côté d'une organisation coopérative étendue, c'est *l'organisation du crédit agricole* qui serait le meilleur moyen d'élever la production rurale. L'idée d'une organisation internationale du crédit agricole fut formulée par le représentant du Chili, Brieba, dans une recommandation adressée au comité financier de la Société des Nations. Il rencontra l'appui des délégués de la Finlande, de la Pologne, de la Yougoslavie et de la Turquie, tandis que les représentants de l'Allemagne, de l'Angleterre et des Etats-Unis étaient opposés à la fondation d'un institut international de crédit agricole. Par suite de ces divergences d'opinions, il fut décidé que l'on commencerait par organiser des instituts de crédit agricole nationaux pour les pays où n'existent pas encore des instituts de ce genre, et que l'on prierait la Société des Nations d'accorder une attention particulière aux résultats de l'enquête sur la question des crédits, enquête entreprise par l'Institut international d'Agriculture de Rome et d'examiner les possibilités d'une collaboration internationale en ce domaine. Les coopératives de crédit, ayant à leur disposition les moyens que la totalité de leurs membres pourrait se procurer et multiplier avec ou sans l'aide de l'Etat, fut déclarée à l'unanimité la meilleure forme d'organisation du crédit agricole.

En présence de ces résolutions, on peut dire que la Conférence a grandement contribué à faire reconnaitre l'importance du mouvement coopératif et la nécessité qu'il y a de le seconder. Que dans leur enthousiasme pour cette cause, certains orateurs soient allés trop loin, c'est ce qui n'est que trop naturel. Ils amenèrent le rapporteur Hermes à prendre la parole dans l'intérêt du commerce « normal » et contre une confusion du crédit des coopératives avec le crédit des banques d'émission. La délégation russe se prononça également, en principe, en faveur de l'organisation coopérative de l'agriculture, mais à la vérité en déclarant qu'elle voyait dans l'organisation coopérative la voie qui mènerait les paysans à la socialisation de la production. Si cette délégation vota pourtant contre les résolutions de la Conférence en ce qui concerne les coopératives, c'est qu'en Russie les coopératives agricoles n'admettent dans leur sein que les ouvriers agricoles et en excluent les paysans riches, qui n'accomplissent aucun travail physique.

A l'égard des *directives à suivre dans le domaine de la politique sociale et de la politique commerciale*, les revendications des agriculteurs sont moins claires et plus hésitantes. L'ouvrier agricole doit être traité sur le même pied que l'ouvrier industriel, mais la législation sociale doit être adaptée « aux exigences spéciales de l'agriculture ». En ce qui concerne la politique commerciale, la suppression de tous les obstacles au commerce des produits agricoles est recommandée, sauf dans les cas où cette suppression « constituerait un danger pour les intérêts vitaux des divers pays et de leurs travailleurs. » Pour les États protectionnistes, on propose de réduire les droits de douane au minimum nécessaire à la production, et cela pour les produits industriels dans la même mesure que pour les produits agricoles. On souligne l'importance qu'il y a, en politique *commerciale*, à ce que soit maintenu partout l'*équilibre* entre l'industrie et l'agriculture.

Des recommandations tendant à perfectionner la comptabilité agraire et à compléter les statistiques agricoles viennent clore la liste des mesures considérées par la Conférence comme des moyens efficaces pour améliorer la situation de l'agriculture. Leur tâche consisterait avant tout à contribuer par l'abaissement du coût de la production agricole à un rendement supérieur. Il ne faut pas que l'élévation des prix agraires ait lieu aux dépens des consommateurs, mais en réduisant le plus possible les frais de distribution.

Comme on le voit par cet aperçu, la Conférence s'est occupée des problèmes agricoles d'une façon plus approfondie qu'on ne l'avait pensé au début. Il résulte de la nature même de l'agriculture que les problèmes agricoles sont moins susceptibles d'une solution internationale que ceux du commerce et de l'industrie. Et cependant, même pour les problèmes agraires, le mouvement vers une solution de ce genre s'est imposé. La participation de l'agriculture était un trait caractéristique de la session de Genève ; elle a assuré à l'agriculture la place à laquelle elle a droit dans le cadre de l'économie mondiale.

CHAPITRE VIII

LES IDÉES CONDUCTRICES
DE LA CONFÉRENCE ÉCONOMIQUE
INTERNATIONALE

1. L'idée de paix.
2. L'idée de l'interdépendance des peuples.
3. L'idée de la liberté du commerce.
4. L'idée de la rationalisation.

Le cercle d'idées de la Conférence économique internationale a été jugé de façons très diverses. D'une part, la Conférence s'est vu reprocher son « fanatisme des faits, fanatisme à nul autre pareil », lequel aurait bien servi à mettre au jour de riches matériaux, mais auquel aurait manqué le « lien spirituel »; tandis que d'autre part on comparait la Conférence aux grands conciles œcuméniques du XIVe siècle, qui symbolisent la lutte des dogmes. Selon le premier de ces points de vue, on aurait tort de croire que la vie économique puisse être conçue et réglée empiriquement, sans idées directrices, à la manière de la vie naturelle, et il faudrait voir dans la Conférence une sorte d'enquête de grand style sur l'économie mondiale, tandis que de l'autre point de vue on déprécie les résultats positifs de la Conférence, dont la valeur résiderait surtout dans son influence idéale sur l'opinion publique. Cette opposition dans les conceptions s'explique par la méconnaissance de la double nature des idées de l'économie politique qui, bien qu'ancrées dans les courants intellectuels et politiques de l'époque, doivent leur force d'impulsion à ce qu'elles sont empiriquement fondées sur les faits. Dans le domaine de l'économie politique, l'opposition entre l'idéal et la réalité devient sans objet, et seule leur intime union peut déterminer et réaliser les tendances de l'époque.

La Conférence internationale a tenu compte de ces considérations, et bien que les idées maîtresses de ses membres dirigeants n'aient pu, toujours dans les résolutions, parvenir à leur pleine maturité, cette imperfection semble compensée par le fait que la Conférence n'a jamais perdu de vue la réalisabilité immédiate de ses résolutions.

Parmi les tendances qui doivent influencer l'attitude des gouvernements et des États, c'est à l'idée de la paix universelle que, fidèle aux buts de la Société des Nations, la Conférence économique attribue la première place. La guerre est l'ennemie de toute économie, la paix le meilleur moyen d'assurer la prospérité. Mais, dans l'intérêt de la paix économique, il faut que l'humanité se rallie en esprit à l'idée de la solidarité économique du monde. La reconnaissance de cette solidarité internationale d'intérêts trouverait son expression la plus nette dans une transformation du commerce international dans le sens de la liberté. A ces vérités éprouvées, mais tombées dans l'oubli au cours des dernières années, vient s'ajouter une idée d'origine plus récente, qui voit dans une gestion économique rationnelle un puissant moyen de favoriser, en matière d'économie, le processus de guérison. Nous allons essayer d'extraire ces idées directrices des résolutions de la Conférence.

1. L'idée de paix.

Le pacifisme est l'idée fondamentale de la Société des Nations. L'humanité aspire à la paix, et ces aspirations se manifestent, à intervalles divers, en divers domaines, et cherchent à se réaliser par divers moyens. Tantôt c'est la religion, tantôt la civilisation et tantôt encore la technique qui doivent assurer à l'humanité une paix durable. Après maint insuccès de la haute politique, c'est l'économie qui, de nos jours, semble destinée à atténuer par une coopération méthodique les oppositions entre les peuples. Dans le domaine économique, un facteur déterminant des aspirations pacifistes a été la reconnaissance de ce fait qu'au nombre des mobiles qui ont provoqué la guerre mondiale les appétits économiques de certains Etats ont joué un rôle considérable. Les velléités belliqueuses furent éveillées par des intérêts économiques, alimentées par la rivalité économique, réalisées par des moyens économiques. Mais tandis que les hostilités militaires poursuivaient, à côté d'objets d'ordre économique, des buts d'une autre nature, la lutte qui leur a succédé se continue exclusivement sur le terrain économique. Tarifs douaniers, restrictions de l'importation et de l'exportation, certificats d'origine et autres moyens et pratiques vexatoires sont empruntés à l'arsenal de la guerre économico-politique et dressés comme des fils de fer barbelés aux frontières douanières, allongées outre mesures. Les ravages causés indirectement par cette guerre économique de positions ne le cèdent guère aux destructions directes d'une campagne militaire.

Si le nouveau mouvement pacifiste se dessine dans le domaine où, maintenant encore, ont été commis tant de ravages et où les espoirs de l'humanité sont si cruellement déçus, ce n'est pas le fait du hasard. L'état de guerre permanent sur le terrain économique a provoqué, comme une réaction naturelle, un mouvement semblable dans l'intérêt de la paix. Les conférences économiques de Bruxelles (1920), de Porto-Rose (1921), de Gênes (1922), ainsi que le manifeste des représentants de la haute-finance (1926), se sont tous proposé de mettre fin à cette guerre économique d'après-guerre.

A son tour, la Conférence économique internationale doit être considérée en premier lieu comme une action de grande envergure dans l'intérêt de la paix. Les essais répétés de conférences de désarmement, de protocoles de tribunaux d'arbitrage ont échoué. Locarno représente bien une tentative encourageante en vue de l'aplanissement des difficultés internationales, mais qui jusqu'ici n'a pas été mise à l'épreuve. Il fallait, pour prévenir des guerres futures, chercher des moyens plus modestes et, pour cette raison même, présentant plus de chances de succès au point de vue d'une politique réaliste. Influence des idées sur l'opinion mondiale, dans le sens de la solidarité internationale économique, semblait un moyen plus naturel et plus sûr que la réalisation d'idéals purement politiques. Il faut abandonner la haute politique du monde pour la politique de l'économie mondiale, qui n'a de commun avec elle que le côté géographique mais en diffère essentiellement dans ses buts et dans ses moyens. Car la politique mondiale, c'est la conquête de la puissance économique par des moyens impérialistes, tandis que *la politique d'économie mondiale, c'est la victoire pacifique du principe démocratique de la coordination et de la coopération de différentes unités d'économie nationale délimitées au point de vue politique.*

Cette politique d'économie mondiale deviendra, sous peu, le mot d'ordre des Etats et de leurs économies nationales, car de l'avis de tous les facteurs économiques compétents elle pourrait avoir sur la paix mondiale une influence favorable.

Rien de plus caractéristique pour les idéals par lesquels se sont laissés guider les membres les plus notables de la Conférence économique internationale que la thèse placée par eux, en tête des « résolutions générales » : « La Conférence reconnaissant que le maintien de la paix du monde dépend en grande partie des principes suivant lesquels les politiques économiques des nations sont conçues et appliquées, recommande que les gouvernements et les peuples des pays ici représentés portent ensemble et d'une manière continue leur attention sur cet aspect du problème économique (1)....»

Mais cette profession de foi générale ne suffit pas pour conduire au but. La paix est obstruée non seulement dans le domaine économique, aussi la compétition qui se poursuit dans le domaine militaire, en matière d'armement, constitue pour celle-ci un danger plus immédiat. Impressionnée par l'état lamentable dans lequel se trouvaient alors, en Europe, les finances publiques, la Conférence de Bruxelles, en octobre 1920, a soutenu énergiquement la cause du désarmement général et simultané. Effectivement, au cours des trois années suivantes, on peut enregistrer des efforts remarquables en vue de la réduction des dépenses militaires.

Mais depuis lors une stagnation est survenue. Les frais de la défense nationale s'élèvent annuellement — abstraction faite des pensions de guerre — à 19 milliards de francs-or pour le monde entier, à 11-12 milliards pour la seule Europe. Cette dernière somme est presque égale à celle qui a été dépensée en 1913, et pour en mesurer l'importance il faut se rappeler qu'elle dépasse la somme totale des capitaux que l'Amérique a prêtés à l'Europe pendant les quatre années 1923-1926 (2). En présence de pareils chiffres, la Conférence a dû reconnaître « que, dans sa totalité, le monde continue à sacrifier pour les armements et les préparatifs de guerre des sommes considérables, qui amoindrissent le capital disponible pour le dévelop-

____

1. Le projet de résolution relatif à cette thèse fut présenté par M. Arthur PUGH, au nom des organisations ouvrières de la Grande-Bretagne, et adopté à l'unanimité. *Journal*, n° 18, 24 mai 1927.

2. Ces données sont dues au délégué suédois, M. OERNE, qui a déposé le projet de résolution concernant la réduction des dépenses pour les armements. Voir *Journal*, n° 18, 26 mai 1927.

pement de l'industrie, du commerce et de l'agriculture et grèvent lourdement les finances des différents États en les poussant à lever des impôts considérables, ce qui a son contre-coup sur l'ensemble de leur vie économique et y abaisse le niveau des conditions de la vie ».

La paix de l'Europe et du monde capitaliste tout entier est menacée encore par un autre péril : le système bolcheviste de la Russie. Et c'est pourquoi une mise au point pratique entre individualisme et communisme, telle qu'elle a été tentée à la Conférence économique internationale, ne peut que servir la cause de la paix. En déclarant que « la participation des membres de tous les pays présents, sans égard à la diversité de leurs systèmes économiques » devait être considérée « comme un heureux présage d'une paisible coopération éconcmique entre les peuples », non seulement les représentants du système capitaliste se sont placés à un point de vue expectatif par rapport au système bolcheviste, mais les délégués des Soviets eux-mêmes ont notifié leur intention de renoncer à fomenter la révolution universelle. Une pareille attitude théorique signifie dans la politique russe un tournant radical, encore que, dans la pratique, on ne donne pas beaucoup de créance à de semblables déclarations.

Une résolution de la Conférence déclare qu'à l'avenir le tribunal international de La Haye, lequel est étroitement lié à la Société des Nations, pourra être invoqué comme arbitre dans les différends au sujet des traités de commerce, et ainsi l'idée de paix sort de la sphère des énonciations générales pour entrer dans la phase de la réalisation pratique. D'une portée encore plus considérable sont les nombreuses résolutions qui engagent la lutte contre le grand trouble-paix de l'après-guerre, le superprotectionnisme. La Conférence a déclaré solennellement « que le moment était venu de mettre fin à l'accroissement des tarifs et de s'orienter dans une direction opposée ». Cet appel à l'inauguration d'une ère nouvelle dans la politique commerciale, comme une digue élevée contre le flot montant n'amènera pas une paix générale, et bien moins encore une paix éternelle, mais elle peut contribuer à l'établissement d'une paix plus ou moins longue, à une sorte de trève-Dieu économique. Cette trève-Dieu économique doit bannir pour un temps le danger de guerre inhérent, en matière de politique douanière, à la course perpétuelle aux armements, et nous laisser le temps de souffler, afin de préparer l'opinion publique au combat contre le protectionnisme.

Le « tu n'iras pas plus loin » de la Conférence n'est d'ailleurs pas resté sans écho. Si le gouvernement français s'est déclaré prêt à soumettre à une commission, en vue d'une nouvelle révision, le projet de tarif, hautement protectionniste, déposé aux Chambres peu avant l'ouverture de la Conférence économique internationale, c'est certainement à l'influence de cet avertissement qu'il faut l'attribuer. Les résolutions de la Conférence ont nettement encouragé l'opposition au nouveau tarif douanier. De son côté, le gouvernement allemand a, peu après, déclaré officiellement son intention de procéder, conformément aux résolutions de la Conférence économique internationale, à la réduction des droits de douane sur les articles industriels. Le gouvernement du Reich a décidé de proposer aux pays avec lesquels des traités de commerce à clauses tarifaires ont déjà été conclus des pourparlers destinés à examiner si ces traités ne pourraient être modifiés par l'introduction réciproque de nouvelles dispositions tarifaires ou par la réduction réciproque des tarifs contractuels. En outre, le conseil économique du Reich doit, de concert avec la Commission de la politique commerciale du Reichstag, donner son avis au sujet d'une révision du tarif douanier allemand en vigueur, en vue de réduire le niveau des droits de douane.

Certes, il serait prématuré d'interpréter ces cas isolés comme un revirement complet dans la politique d'isolement pratiquée depuis la guerre, mais nous avons le droit d'y voir le présage d'un changement de mentalité. Et quand bien même d'autres Etats ne suivraient cet exemple qu'avec hésitation et de mauvais gré, l'idée de la paix économique mondiale est en route, et saura s'imposer.

2. L'IDÉE DE L'INTERDÉPENDANCE DES PEUPLES.

L'idée de l'interdépendance des peuples est l'idée fondamentale de l'économie mondiale. L'esprit belliqueux trouve son antithèse dans l'esprit pacifiste, l'idée nationale a la sienne dans l'idée de la solidarité des peuples. Mais tandis que les notions de guerre et de paix s'excluent réciproquement, l'idée nationale et l'idée de l'économie mondiale peuvent parfaitement subsister côte à côte, bien que l'appel à l'économie mondiale soit une réaction contre les exagérations du nationalisme. « Ce qu'il y a de tragique dans la volonté nationale, c'est que, sans une solidarité croissante des intérêts économiques du monde, elle ne peut amener le déploiement des forces productives. » (1)

L'idée de l'interdépendance des peuples ne plonge pas ses racines dans la vie économique. Bien avant que l'économie mondiale soit devenue un facteur important dans l'évolution des peuples, la solidarité de ceux-ci se manifestait dans leurs rapports politiques et culturels. Mais cette idée ne saurait être démontrée au moyen de données précises et ne pourrait être l'objet de statistiques, que lorsque l'interdépendance des peuples se manifeste dans ses combinaisons économiques. La riche documentation rassemblée par la Conférence économique internationale

1. EULENBURG, *Die handelspolitischen Ideen der Nachkriegszeit. Weltwirtsch. Archiv*, tome XXV, n° 1, p. 102.

a prouvé irréfutablement l'interdépendance économique des peuples auxquels elle a fait comprendre que le principe de la souveraineté a des limites qui ne sauraient être franchies sans préjudice pour le bien-être général de l'humanité.

« Ainsi, tandis que la documentation de la Conférence permet — est-il dit dans le rapport définitif — d'une part, de mettre le doigt sur quelques-uns des aspects les plus sombres de.la situation présente, elle souligne, d'autre part, l'interdépendance des nations, des industriels et des classes sociales (1). » La nécessité commune, mais aussi l'éveil du désarmement en matière économique, ont effectivement, en diverses branches de la production et dans certaines classes sociales, éveillé le sens de la solidarité et les ont amenées à s'unir en des organisations internationales. Le rapprochement international survenu sur le continent européen, dans les grandes entreprises métallurgiques peut se considérer comme un pas important dans cette direction, si l'on pense au rôle que cette industrie a joué dans la guerre mondiale. De même, les cartels dans d'autres branches, celui des ouvriers en organisations internationales et celui des agriculteurs en coopératives sont dus à la récrudescence du sentiment de la solidarité. Mais là où il ne s'agit que d'un accord entre Etats et gouvernements, la route devient souvent impraticable pour une action solidaire. La Conférence a contribué à faire comprendre cette situation, aussi à l'excuser, en reconnaissant qu'aujourd'hui « il est moins facile qu'avant la guerre de concevoir l'Europe comme un ensemble économique. Cela tient, d'une part, au nationalisme économique exagéré, conséquence naturelle de la guerre et qui commence seulement à s'atténuer, et, d'autre part, aux répercussions économiques de certains remaniements de fron-

1. Rapport définitif de la Conférence économique internationale. Genève, mai 1927, p. 16.

tières. De ce nationalisme et de ces remaniements territoriaux résultent des doubles emplois dans la production
industrielle, et par suite, une insuffisante division du travail entre divers États européens. Le jeu normal des échanges, entre les unités diverses et désormais si nombreuses
qui constituent la nouvelle Europe, s'en est trouvé gravement atteint. Certaines parties de l'Europe ont perdu leurs
anciens marchés et partout il a fallu trouver de nouveaux
débouchés pour le commerce » (1). Cette description frappante de la situation est suivie d'une condamnation encore
plus nette de la pratique usuelle : « Les tentatives faites,
au lendemain de la guerre, pour rechercher la prospérité
par le moyen d'une politique d'isolement économique sont
apparues, après une expérience de près de neuf années,
comme une faillite complète. L'opinion mondiale, maintenant avertie, commence à comprendre que la prospérité
n'est pas chose qui se puisse compartimenter (2). » « Ainsi,
toute politique étroitement nationaliste est nuisible, non
seulement au peuple qui la pratique, mais encore à l'ensemble des autres peuples ; elle manque ainsi son propre
but et si l'on veut dès lors, que l'état d'esprit nouveau qui
s'est dégagé des débats de la Conférence se manifeste, par
des réalisations positives, il faut considérer comme un
élément essentiel de tout programme d'exécution le principe de l'action *parallèle* et *concertée* des différentes nations.
Chacune d'elles saura donc que les concessions qu'on lui
demande trouveront leur contre-partie dans des sacrifices
analogues faits par les autres. Elle pourra donner son adhésion aux mesures proposées, non seulement en tenant
compte de sa propre position, mais en fonction de son
intérêt à voir aboutir l'ensemble du plan tracé par la

1. Voir : Rapport définitif de la Conférence économique internationale, p. 18-19.
2. Voir : Rapport définitif, p. 16.

Conférence (1). » Après la description et la critique de la situation vient enfin cet avertissement : « Les nations peuvent décider pour des raisons d'ordre politique ou autre, qu'il est indispensable à leur sécurité de développer, d'une manière toujours croissante, les moyens de se suffire à elles-mêmes, mais il appartient à la Conférence de montrer que cette politique a impliqué dans la plupart des cas un sacrifice de prospérité matérielle. Dans ces cas, cette perte a été supportée par les consommateurs qui doivent payer des prix plus élevés pour les produits de l'industrie protégée, et par les personnes appartenant à des industries qui, en l'absence de cette politique, jouiraient de plus grandes possibilités d'exportation (2). »

L'idée de l'interdépendance des peuples qui, jusque-là, jouait dans la politique de quelques élus le rôle d'un postulat culturel et moral, est devenue, grâce aux faits établis par la Conférence, une nécessité économique. La réalisation croissante de cette idée dans l'économie mondiale entraînera aussi la consolidation et la pacification des **rapports politiques.**

3. L'idée de la liberté du commerce.

L'idée de la liberté du commerce est en politique économique le seul principe qui ait été admis dans le Pacte de la Société des Nations (art. 23) où, émanant des quatorze points de Wilson, elle est entrée sous une forme quelque peu édulcorée. Les principes économiques primordiaux exprimés par Wilson répondaient à beaucoup d'égards aux exigences de l'école libre-échangiste anglaise, formulées par Richard Cobden vers le milieu du siècle dernier. Ces principes n'avaient rien de nouveau, mais ils prirent une

1. Voir : Rapport définitif de la Conférence économique internationale. Genève, mai 1927, p. 22.
2. Voir : même lieu, p. 32.

importance nouvelle du fait que le chef de la plus grande puissance politique en fit le fondement de la nouvelle paix. Le troisième des quatorze points du 8 janvier 1918 exigeait : « La suppression de toutes les barrières économiques, en tant que celle-ci est possible, et l'établissement de conditions commerciales égales entre tous les Etats qui se rallient à la paix et s'associent pour la maintenir. » Ainsi devait s'imposer une fois pour toutes, le principe de l'égalité des droits de tous les peuples en tous pays.

Par suite des conditions des traités de paix, la réalisation si ardemment désirée de cette idée a échoué et la politique prohibitive des années d'après-guerre a eu l'effet opposé. Jusqu'à présent la Société des Nations ne s'est pas occupée dans la mesure qu'il aurait fallu des questions de liberté commerciale, car elle craignait qu'on ne lui reprochât d'empiéter sur les droits de souveraineté de ses membres. Maintenant elle est invitée à s'occuper aussi de ces problèmes. La Conférence économique internationale est restée fidèle, dans ses résolutions, à l'idée de laquelle elle doit sa naissance. « C'est le vœu unanime des membres de la Conférence — est-il dit dans l'introduction-programme des résolutions commerciales — que la Conférence marque en quelque sorte l'avènement d'une époque nouvelle où le commerce international triomphe peu à peu de tout ce qui s'oppose indûment à lui et suit de nouveau une ligne constamment ascendante, ce qui est à la fois la preuve de l'assainissement économique du monde et la condition du progrès de la civilisation. » Une ère nouvelle doit commencer, une renaissance de l'esprit et de la liberté commerciale doit se produire, une opinion publique hostile au protectionnisme doit être créée.

L'idée de la liberté du commerce devient le centre même de la Conférence ; non seulement les résolutions de la commission commerciale sont basées sur cette idée, mais celle de la commission industrielle et de la commission agricole y reviennent constamment. « Quel que fut l'objet particulier mis en discussion, les renseignements et témoignages portés devant la Conférence ont montré que le commerce de chaque nation se heurte aux entraves établies par les autres et qu'il en résulte, particulièrement en Europe, une situation des plus préjudiciables au bien-être général (1). »

« La Conférence est convaincue que le retour à la liberté effective du commerce international est une des conditions primordiales de la prospérité mondiale (2) ». Mais ce « retour à une politique générale de plus de liberté dans le commerce international », ainsi qu'il est dit plus tard dans la critique de la politique commerciale, ne signifie nullement le libre-échange au sens orthodoxe du mot, selon lequel le libre-échange est identique à l'absence de douanes. En matière de politique commerciale, la résolution de la Conférence déclare au contraire que « la Conférence économique internationale ne prétend pas se prononcer sur les principes fondamentaux du régime de la protection et de celui du libre-échange (3) ». La décision en vue de déterminer lequel de ces deux systèmes a raison, ne saurait avoir lieu en vertu de principes ou d'axiomes, et devrait être laissée à chaque pays. La politique libérale de la Conférence n'est pas dirigée contre les douanes, mais seulement contre leurs exagérations, elle ne constitue pas une condamnation des douanes défensives mais seulement un appel à la réduction des tarifs démesurément élevés. L'idée de la liberté commerciale signifie l'absence des obstacles au trafic. Pour un avenir prochain, le programme des revendications est le suivant : suppression du système des interdictions d'importer et d'exporter ; abolition des

1. Voir Rapport définitif de la Conférence économique internationale. Genève, mai 1927, p. 22.
2. Voir même lieu, p. 23.
3. Voir même lieu, p. 32.

privilèges accordés quelquefois aux entreprises d'État ; politique plus libérale envers les sociétés et ressortissants étrangers dans l'exercice du commerce, et enfin interprétation plus large de la clause générale de la nation la plus favorisée. Contrairement à la politique prédominante de l'isolement national, la politique libérale de la Conférence se propose d'inaugurer une politique démocratique. Mais ce qu'elle proclame, ce n'est pas le *freetrade* entre les peuples, mais seulement le *freedom of trade* entre les nations, afin de rendre possible le *fair trade* en économie mondiale.

4. L'IDÉE DE LA RATIONALISATION.

L'idée de la rationalisation compte au nombre des rares idées nouvelles que l'après-guerre a produites sur le terrain de la politique économique. Elle est de nos jours en vogue dans la littérature scientifique et dans l'application pratique. A l'égal de la plupart des idéals en matière d'économie politique elle a été enfantée par la nécessité. Née, dans l'Amérique d'avant-guerre, de la pénurie de main-d'œuvre, dans notre Europe d'après-guerre elle doit le jour à la disette en capitaux et en forces naturelles. Cette diversité d'origine a déjà donné lieu à de nombreux malentendus et causé bien des résistances à la rationalisation.

Avant tout on a cru devoir s'abstenir de pratiquer les méthodes économiques américaines sous prétexte que, dans la production rationalisée, le besoin de bras diminue et que l'utilisation économique de la main-d'œuvre accroîtrait encore l'immense armée des chômeurs. De plus, on a cherché à motiver l'impossibilité d'une production en série, à l'américaine, par l'absence d'un territoire économique correspondant, d'un marché intérieur d'une étendue suffisante. Enfin, on a vu dans la standardisation de la production un péril pour l'individualité et partant pour le développement de la civilisation européenne.

Les enquêtes entreprises à l'occasion de la Conférence économique internationale ont prouvé que rien ne justifiait une conception aussi pessimiste. Qu'une rationalisation efficace puisse amener un chômage passager, c'est ce que nul ne saurait nier. Mais à mesure que par une organisation plus rationnelle la possibilité d'une réduction sensible et durable des prix se présente et par là celle d'un accroissement du pouvoir d'achat à l'intérieur et de l'exportation à l'étranger, la nécessité d'embaucher des ouvriers s'impose de nouveau. Une rationalisation pratiquée avec méthode constitue la meilleure des garanties pour la stabilisation des effectifs ouvriers. C'est par des mesures de ce genre qu'un grand établissement industriel américain a réussi à maintenir au cours de l'année des variations dans son effectif ouvrier à un taux inférieur à 1 %, chiffre presque équivalent au taux de la mortalité.

On ne saurait pas davantage méconnaître la difficulté d'une production en séries, à l'américaine, sur des territoires économiques aussi limités que ceux de l'Europe. Mais « rationaliser » signifie « agir selon la raison », et c'est la raison qui commande de réunir en un vaste marché, par l'abaissement des barrières douanières si irrationnellement surélevées, les marchés européens encore isolés les uns des autres. L'évolution dans ce sens, malgré tous les obstacles et toutes les chicanes, s'aperçoit déjà dans les ententes industrielles internationales qui deviennent ainsi des instruments efficaces de la rationalisation. D'ailleurs, ainsi qu'on l'a fait observer à plusieurs reprises, bien que la grande étendue du marché intérieur ait été utile au développement croissant de l'économie américaine, on exagère cependant en Europe l'importance de ce marché, car même en Amérique la différence dans la structure économique des divers districts est souvent un obstacle aux tendances rationalisatrices.

Enfin, en ce qui concerne le péril de l'américanisation pour l'industrie européenne, il convient de se demander si un niveau des conditions de la vie aussi élevé que celui dont jouit en Amérique la classe ouvrière ne constitue pas pour le développement de la culture européenne une garantie plus sûre que l'attachement à des méthodes de production traditionnelles mais surannées. La crainte de voir un progrès technique et économique porter atteinte à la culture est due à la manière unilatérale dont nous envisageons le problème de la civilisation.

Mais la rationalisation dans l'économie et dans la technique n'est que le moyen, le but final n'est pas la production, mais l'élévation du *standard of life* de l'humanité. C'est en produisant moins cher, qu'on amène l'accroissement de la consommation, que l'on atteindra le but auquel tous les problèmes de la rationalisation : élévation du rendement, amélioration des conditions du travail, réduction des frais de production, sont subordonnés.

La Conférence économique internationale a placé la rationalisation au centre des questions industrielles et a considéré comme « problème central » celui de savoir « comment l'on pourrait réduire les frais de la production et par conséquent les prix, en vue d'obtenir un meilleur équilibre entre la capacité de production et la demande, sans compromettre les intérêts de la consommation et de la main-d'œuvre (1). Cependant ce n'est pas seulement l'industrie, mais ce sont toutes les autres branches de la production qui doivent être rationalisées au plus haut degré technique et économique, car c'est là le seul moyen de « restaurer la position économique de l'Europe ». Parmi les autres branches de la production, l'agriculture est encore, de la part de la Conférence, l'objet d'une étude

____

1. Voir Rapport définitif de la Conférence économique internationale. Genève, mai 1927, p. 42.

approfondie, comme un terrain tout indiqué pour les essais de rationalisation. Tandis que dans l'industrie les accords internationaux des cartels sont encore, à l'heure qu'il est les leviers d'une rationalisation de grand style, des accords internationaux entre coopératives agricoles pourraient, dans l'agriculture, contribuer à élever la capacité de rendement, à améliorer et à unifier les produits, à stabiliser les prix et à ouvrir les débouchés, en un mot, à procéder à une vaste rationalisation de l'économie. Une rationalisation de nature internationale est le but final des efforts en vue de la stabilisation de l'économie mondiale.

*   *   *

Paix économique, interdépendance des peuples, liberté du commerce et rationalisation, telles sont les idées qui ont inspiré les résolutions de la Conférence et qui en ont guidé les membres les plus compétents. Pour qu'elles deviennent efficaces, il faut que ces idées trouvent un appui dans les milieux économiques et dans les classes sociales qu'elles concernent, et qu'elles soient réalisées par les gouvernements qui ont véritablement l'intention de collaborer à la restauration de l'économie mondiale.

CHAPITRE IX

L'ŒUVRE ÉCONOMIQUE DE LA SOCIÉTÉ DES NATIONS APRÈS LA CONFÉRENCE ÉCONOMIQUE INTERNATIONALE.

1. Abaissement graduel des barrières douanières.
2. Abolition des prohibitions et restrictions entravant l'importation et l'exportation.
3. Arrangements internationaux relatifs à l'exportation des peaux et des os.
4. Rédaction de la Clause de la nation la plus favorisée.
5. Traitement des étrangers.
6. Législation relative aux lettres de change et aux chèques.
7. Unification de la nomenclature douanière.
8. Trève douanière.

1. Abaissement graduel des barrières douanières.

Les représentants de 50 Etats présents à la Conférence économique internationale se sont ralliés à l'idée d'un abaissement graduel des barrières douanières. La formule : « Le moment est venu de mettre fin à l'accroissement des tarifs et de se diriger dans un sens inverse » pourrait servir de mot d'ordre à une phase nouvelle de la politique commerciale, initiée par la Conférence économique. Par cette maxime deux desiderata ont été établis, l'une comprenant un *armistice douanier général*, et l'autre un *abaissement des tarifs douaniers*.

Le *Comité consultatif économique* de la Société des Nations qui a été institué, sur l'initiative de la Conférence, par les soins du Conseil de la Société des Nations a examiné l'application des recommandations de la Conférence économique. Par le moyen de la documentation recueillie par le Comité économique, on a pu constater que dans certains cas, le relèvement des tarifs douanier des certains pays est plus ou moins apparent, la documentation antérieure n'ayant pas pris en considération les pays qui étaient encore engagés dans des négociations sur le niveau de leurs positions douanières. Dans les *traités de commerce* conclus après la Conférence, les droits de douane furent fixés à un taux inférieur à celui envisagé au début et, pour certaines catégories de marchandises, plusieurs pays ont pu procéder à des diminutions notables. En outre, de nombreuses propositions tendant à un relèvement du niveau douanier, ont été rejetées. Généralement on a pu constater que les grandes lignes, tracées par la Conférence, ont été suivies.

La conclusion du traité de commerce *franco-allemand* peut être considérée comme un des effets les plus précieux de la Conférence. Il témoigne d'une modification radicale de la mentalité. Ce traité est basé dans une grande mesure sur la clause de la nation la plus favorisée sous la forme inconditionnelle et réciproque. Ceci eut pour effet de faire bénéficier les autres nations, se trouvant avec l'une des parties contractantes dans des rapports de mutualité prévue par la clause de la nation la plus favorisée, aux avantages mutuellement consentis. Il ne s'agissait pas uniquement de la France et de l'Allemagne, d'autres États encore se sont engagés dans la voie des concessions mutuelles. Toutefois bien des choses restent encore à faire dans cette direction. Cependant, la conception de la clause de la nation la plus favorisée, incorporée dans un grand nombre de traités de commerce, a non seulement contribué à l'abaissement des taux douaniers, mais encore elle a étendu par le jeu spontané de ladite clause à des tiers contractants le bénéfice de ses réductions.

Un changement brusque de direction de la politique douanière, changement qui amènerait dans le commerce international l'amélioration envisagée par la Conférence internationale, ne saurait résulter des méthodes contractuelles actuellement en vigueur. La Conférence économique préconisait un échelonnement graduel des mesures tendant à un abaissement douanier. Elle a d'abord prévu une *action autonome* des Etats dans le but d'abaisser les tarifs. Elle a ensuite envisagé une action bilatérale tendant à la révision des *traités* de commerce. Finalement elle se prononça en faveur d'une *action collective* des Etats en vue d'abaisser graduellement le cours des tarifs à un niveau inférieur.

Le Comité consultatif se félicite notamment de pouvoir constater qu'au cours des années 1927-1928, l'action bilatérale préconisée par la Conférence a été particulièrement efficace, en suivant l'exemple du traité franco-allemand du 17 août 1927 (1). Les traités consécutifs de la France avec la Belgique, la Suisse, l'Italie et l'Autriche ont abouti à des réductions tarifaires, celles-ci étant une conséquence des avantages accordés à la France par tous les pays qui avaient contracté avec elle un traité et dont le bénéfice s'étendait à la plupart des autres Etats, en vertu du traitement de la nation la plus favorisée. Les accords conclus entre certains Etats de l'Europe centrale, notamment entre l'Allemagne et le Royaume des Serbes, Croates et Slovènes, l'Allemagne et la Grèce, l'Autriche et la Hongrie, la Hongrie et la Tchéco-Slovaquie ont été salués avec la même satisfaction par le Comité consultatif.

1. Société des Nations. Rapport du Comité consultatif économique sur sa première session, tenue à Genève du 14 au 19 mai 1928. C. 217. M. 73.

La réalisation des accords collectifs en matière douanière est entravée par des difficultés techniques. L'abaissement international des tarifs douaniers se base sur une calculation exacte des droits de douane dans les différents Etats. Il est très difficile de déterminer en chiffres la portée et le niveau du protectionnisme aux fins de comparaison. Il faut se contenter de l'approximatif. Une comparaison internationale des douanes serait grandement facilitée par une nomenclature douanière universelle pour le trafic international et par un cadre douanier universel. On pourrait aisément construire sur cette base d'un cadre douanier et d'une nomenclature universelle une statistique unifiée ; celle-ci a d'ailleurs été envisagée par la Convention conclue par la Conférence diplomatique de statistique qui a eu lieu à Genève du 26 novembre au 14 décembre 1928, dans le but de rendre possible une comparaison précise des charges douanières (1).

Le moyen le plus radical d'un abaissement général des tarifs douaniers, la réduction des droits à un taux déterminé a été abandonné comme inapplicable en faveur d'une direction nouvelle de la politique commerciale, soit d'une diminution des droits de douane, groupés d'après les *catégories de marchandises*. « L'accord relatif à chaque groupe devrait s'étendre au plus grand nombre possible de stades de la production, en tenant compte du fait que si les réductions sont limitées au taux des droits sur les matières premières ou sur les produits demi-finis, ces réductions accroissent la protection accordée aux produits de l'industrie en question correspondant aux stades ultérieurs de la fabrication ». (2) Le comité estime que

1. Sur les possibilités d'une comparaison des charges douanières, voir : A. LOVEDAY, *The measurement of tariff levels*, *Journal of R. Statistic Society*, 1929.

2. Voir Rapport du Comité consultatif économique sur sa première session tenue à Genève du 14 au 19 mai 1928, p. 12. C. 127. M. 73.

l'on devrait surtout envisager des articles jouant un rôle dans la vie économique, pour lesquels on pourrait plus facilement arriver à un accord collectif. Ce choix devrait surtout s'étendre aux produits qui intéressent un grand nombre de pays.

Ces mesures qui furent envisagées par la session du mois de mai 1928 furent examinées avec plus de soin encore par le Comité économique. Ce qui encourage le plus, ce sont les expériences faites par la conférence en vue d'éliminer les prohibitions d'exportations des peaux et des os.

En premier lieu, on étudia les moyens qui pourraient conduire à la suppression ou la réduction des tarifs de *l'aluminium* et du *ciment*.

Pour l'aluminium, on pouvait se baser sur les expériences faites par le gouvernement allemand, sur l'initiative du gouvernement allemand, qui s'était adressé aux gouvernements des principaux pays producteurs d'aluminium afin d'envisager une action collective pour supprimer ou limiter les droits frappant ce produit ; le Comité économique a fait de cette question l'objet d'une étude approfondie. Mais malheureusement, les Etats producteurs ne sont pas tombés d'accord sur ce projet, d'accord collectif, certains Etats se montrant favorables à une action collective tendant à la suppression ou à la limitation des droits de douane, d'autres défavorables (1).

En ce qui concerne le *ciment*, le comité a entrepris une enquête auprès des gouvernements des pays intéressés en vue d'étudier les modalités d'une action collective tendant à unifier les tarifs du ciment, étant donné la grande disparité des tarifs frappant le ciment. Sur la base de cette

1. V. Société des Nations. Rapport sur l'œuvre accomplie de la Société des Nations depuis la dernière session de l'Assemblée. A. 6.1929, p. 64. Société des Nations. Comité consultatif C. 130. M. 45.1929.II, p. 40.

enquête, le comité est arrivé à constater qu'une grande partie des pays intéressés à la production et au commerce du ciment n'auraient pas d'objections à participer à une action tendant à une révision des tarifs douaniers. Mais, vu l'importance de l'Amérique latine pour la production et le commerce international du ciment, on convint d'étendre l'enquête à ces pays, afin de compléter les études préparatoires pour arriver à un accord final des experts.

En essayant d'élargir le champ d'application des accords collectifs par groupes de marchandises, le Comité économique s'est heurté à des obstacles considérables, parmi lesquels il faut signaler en première ligne l'existence de certaines ententes internationales dont la constitution a été facilitée par le régime douanier protectionniste. Sur ce point s'entrecroisent deux tendances modernes : l'établissement des ententes internationales et l'abaissement des tarifs douaniers. On a essayé de classifier les objections principales qui s'opposent à la méthode d'un abaissement tarifaire par action collective concernant certains groupes de marchandises (a). Les tarifs de chaque pays formant un ensemble s'adaptant à la structure économique de ce pays, à la politique commerciale envisagée par le gouvernement. Il ne serait guère permis de contrarier l'harmonie du plan tarifaire en limitant arbitrairement l'action à un groupe quelconque de produits. Chaque abaissement de protection crée des discriminations au détriment des uns et en faveur des autres (b). On a reproché à ces projets d'abaissement de ne pas tenir compte du fait que les matières premières, les produits semi-finis et les produits finis se trouvent dans un rapport intime, en sorte qu'on ne puisse guère abaisser les tarifs douaniers pour un stade de production, sans que les autres en soient atteints d'une manière défavorable. Il est naturel, que les essais du Comité économique portent de préférence sur des produits simples n'ayant subi qu'un degré très limité de transformations, c'est-à-dire sur des matières premières ou sur des produits semi-finis servant à leur tour de matière première pour les divers processus de transformation, auxquels ils sont soumis. On ne peut guère abaisser la protection accordée aux produits semi-finis ou aux matières premières sans abaisser en même temps la protection accordée aux produits finis qui en dérivent. On risque de troubler l'équilibre existant entre la protection accordée aux différents stades de production, et pour le rétablir il faudrait qu'une réduction tarifaire accordée aux produits de base soit suivie d'une réduction équivalente des droits frappant les produits finis (c). Il ne s'agit pas seulement d'éviter un trouble d'équilibre entre les différents stades de production, mais aussi de tenir compte des rapports intimes existant entre les différents goupes de marchandises. Il n'est donc pas possible d'examiner le régime tarifaire appliqué à une certaine catégorie de marchandises sans être entraîné à révisionner celui qui est en vigueur pour les autres catégories, tout régime douanier formant une unité, un système.

Ces tentatives de réfutation d'un abaissement des tarifs au moyen d'une action collective concernant certains groupes de marchandises ont été rejetées par le Comité économique. On a fait valoir que cette méthode d'un abaissement des barrières douanières par voie d'accords plurilatéraux portant successivement sur des produits d'une grande importance pour l'ensemble de la production et du commerce international ne devrait porter aucune entrave aux accords bilatéraux et autonomes des Etats. D'ailleurs, le Comité économique est sûr de contrebalancer les intérêts divergents des Etats agricoles et industriels. S'inspirant de ce principe, le Comité consultatif suggère de choisir comme groupe d'articles un groupe sur lequel se concentrent les intérêts des Etats agricoles et ceux des

Etats industriels, comme par exemple l'outillage et les machines agricoles (1).

La question des *ententes industrielles*, inspirée par la Conférence économique internationale qui d'ailleurs n'a pas réussi à dominer cette matière, présente de grandes difficultés. La session du Comité consultatif tenue au mois de mai 1928 a recommandé l'étude de la matière et la nature des ententes industrielles et des cartels utilisant à la fois la documentation disponible et les expertises des membres du comité. Le comité a décidé de soumettre ce document à trois experts juristes, choisis parmi les ressortissants de l'Allemagne, de la France et des Etats-Unis. Ces experts devraient s'efforcer d'élaborer un exposé sur la nature et l'évolution des principes des différentes législations en vigueur dans chaque pays. Les points de vue économiques du problème devraient être examinés et résumés sous un seul angle, pour la session suivante du comité qui mettrait à son ordre du jour une étude approfondie de ce sujet.

Deux conférences tendant à l'abaissement graduel des barrières douanières, ont eu lieu après la Conférence économique internationale : la conférence concernant l'abolition des prohibitions et restrictions à l'importation et à l'exportation et les arrangements internationaux relatifs à l'exportation des os et des peaux.

2. ABOLITION DES PROHIBITIONS ET RESTRICTIONS ENTRAVANT L'IMPORTATION ET L'EXPORTATION.

On pouvait croire que l'examen des problèmes de la politique commerciale proprement dite amènerait la

1. V. Société des Nations. Comité consultatif, rapport de sa deuxième session (6 au 11 mai 1929). C. 192. M. 73.1929.II. Voir aussi : Société des Nations, rapport sur l'œuvre accomplie depuis la dernière session de l'Assemblée. A. 6.1929, p. 64.

Société des Nations à empiéter sur les droits de souveraineté de ses membres. Ces problèmes avaient été abordés pour la première fois par la Conférence financière de Bruxelles en 1920. Quoique cette conférence n'ait pas eu comme but primordial la solution des questions de la politique commerciale, mais s'était spécialisée dans celle des questions monétaires, tout en reconnaissant le rapport intime existant entre le pacifisme général et la liberté du commerce, elle émit le « vœu » que le protectionnisme fit place à la liberté de commerce pour que le principe de la solidarité contribuât à éviter les conflits politiques (1). La Conférence économique internationale n'aurait pas pu s'emparer de la liberté de ce problème du commerce et en faire comme elle l'a fait, l'idée conductrice de ses débats, si elle n'avait pu s'appuyér sur les travaux préparatoires des conférences précédentes, par lesquelles le problème de la politique commerciale avait été entamé non pas comme le sujet principal, mais comme sujet inhérent aux autres questions dont la solution s'imposait aux conférences en question.

Depuis la Conférence de Bruxelles, le problème était toujours resté à l'ordre du jour. La Conférence de Cannes (1922) s'occupait des facilités de l'exportation et de l'importation des marchandises. C'est d'ailleurs la Conférence de Cannes qui, à son tour, a éliminé les questions de la politique pour les mettre sur le programme de la Conférence de Gênes (1922) qui devait traiter ces questions d'une façon plus approfondie et plus spécialisée (2). Les résolutions de la Conférence économique de Gênes se présentent comme des compléments élargissant et déter-

---

1. Voir Société des Nations, Actes de la première Assemblée, séance plénière. *Journal officiel*, II, 1921, vol. I, annexe, *loc. cit.*

2. « Ordre du jour pour la Conférence de Gênes ». Documents diplomatiques. Conférence économique de Gênes, 9 avril-19 mai 1922 (Ministère des Affaires étrangères. Paris, 1922).

minant les résolutions de la Conférence financière de Bruxelles.

On pourrait considérer les « Recommandations » en matière économique (1) comme les précurseurs de la Conférence économique internationale. C'est dans ces recommandations que la Conférence de Gênes prend position dans le problème des tarifs industriels et de la liberté du commerce. Pour assurer le retour des rapports commerciaux en Europe, les Etats devraient donner des garanties que l'exportation et l'importation des marchandises s'affranchiraient-de toutes restrictions (2).

C'est à la solution du même problème que s'est vouée la *Conférence internationale sur les formalités douanières. Genève*, 1923. Bien qu'elle ne s'occupât que d'une question plutôt technique de la liberté du commerce, elle accentuait les difficultés qui s'opposaient au développement des échanges (3). L'évolution de cette pensée débute par l'interprétation de l'alinéa 1 de l'article 3 de la Convention en vue de la simplification des formalités douanières, dans lequel on suggère aux Etats de réduire le plus tôt possible les prohibitions et restrictions à l'importation et à l'exportation (4). Le comité économique de la Société des Nations a élaboré un rapport et un projet de résolution ayant pour sujet une convention des Etats qui aboutissait à l'abolition des prohibitions et restrictions à l'importation et l'exportation. Ce rapport a été traité par le Conseil et par l'Assemblée de la Société des Nations au

1. Conférence économique internationale de Gênes. Compte rendu sténographique de la 3e séance plénière, 19 mai 1922, p. 67.
2. *Loc. cit.*
3. Conférence sur les formalités douanières. Genève, octobre 1923, Société des Nations. *Journal. officiel*, IV (1923), vol. 1, p. 467 ss.
4. Convention et acte final de la Conférence internationale sur les formalités douanières, Société des Nations. *Journal officiel*, p. 1572 ss.

mois de septembre 1925 (1). Cette activité de la part de la Société des Nations s'entrecroise avec les travaux préparatoires de la Conférence économique internationale, en les appuyant. Mais tandis que la Conférence économique internationale n'aboutissait pas à une convention gouvernementale, la Conférence sur l'abolition des prohibitions devait finir par le moyen de conventions (2).

La cause immédiate de la convocation de la *Conférence diplomatique en faveur de l'abolition des prohibitions et restrictions à l'importation et à l'exportation* fut la Conférence économique internationale de Genève en 1927. En proclamant que le retour à la liberté du commerce est une des conditions essentielles de l'assainissement de l'économie nationale (3), elle démontra la nécessité d'une abolition radicale des entraves dont souffrait le commerce. Ces tendances furent encore renforcées par le Congrès de la Chambre de commerce internationale, siégeant à Stockholm en juin 1927. Ce Congrès décida d'accepter une invitation de la part de la Société des Nations pour la Conférence en vue.

Cette Conférence siégea à Genève du 17 octobre au 8 novembre 1927. Contrairement à la Conférence économique internationale, elle se composait de représentants des gouvernements, autorisés à signer une convention. Il y avait là non seulement les délégués des pays d'Europe, mais encore ceux des pays extra-européens, appartenant en tout à 39 Etats. La U. R. S. S. avait décliné l'invitation, en alléguant que son monopole de commerce extérieur

---

1. Société des Nations. *Journal officiel*, VI (1925), vol. II, p. 1503 ss. et *Journal officiel*, supplément spécial n° 33 (1925) : Acte de la VI⁰ Assemblée, Compte rendu, p. 398 ss. Annexe 12.

2. J. PENTMANN, *Die internationale diplomatische Konferenz sur Abschaffung der Ein-und Ausfuhrverbote und Beschränkungen, Weltwirtschaftliches Archiv*, XXVII (1928), I, p. 407 ss.

3. Rapport définitif de la Conférence économique internationale. Genève, 1927. C. E. I. 44. p 23.

l'obligeait à maintenir son système d'interdiction d'importations et d'exportations. M. Colijn (Hollande), président de la Conférence présida également les séances de la Commission du commerce de la Conférence économique internationale, ce qui prouve le rapport intime existant entre ces deux conférences.

Un projet de convention internationale formait la base des débats. Il avait été élaboré par le Comité économique de la Société des Nations à la fin de l'année 1925, au plus fort de la crise monétaire. Il en résulta que cette convention ne formait qu'un noyau autour duquel se cristallisèrent les débats qui y ajoutèrent des traits actuels importants. Ainsi, par exemple, les réserves touchant à la restriction avaient été formulées par le projet du Comité économique d'une manière trop vague et trop générale. Ce fut notamment le chef de la délégation allemande. M. Trendelenburg, secrétaire d'Etat, qui fit ressortir la position allemande à l'égard du projet, en énonçant la nécessité d'une rédaction plus précise dudit article du projet. Cette proposition allemande a eu comme conséquence une série de projets d'amendements ; il s'agissait dans ces débats non seulement d'une question formelle de rédaction, mais d'une lutte acharnée des intérêts. Les orateurs des différentes délégations réclamèrent, eux aussi, certaines réserves. Le représentant de la Chine, énonça que son pays, entravé par des accords dans sa politique douanière, ne pouvait renoncer à l'instrument efficace des prohibitions à l'exportation et à l'importation pour certaines marchandises. Il s'agit en première ligne de la prohibition d'importer du sel et de la prohibition d'exporter du riz, articles également importants au point de vue de l'approvisionnement du pays. Pour ces raisons, le représentant chinois se prononça en faveur du projet de convention du Comité économique de la Société des Nations. Autour de cet avis se groupèrent d'autres opinions : celles de la Grande-Bretagne, du Japon, de la Pologne, de la Roumanie, de la Tchéco-Slovaquie. Le chef de la délégation française, M. Serruys, tenait le milieu entre cette tendance et une autre, représentée par l'Allemagne, l'Italie, les Pays-Bas, la Suisse, les pays scandinaves, qui préconisaient un état de choses se rapprochant à celui d'avant-guerre, qui par conséquent ne devrait comporter qu'un minimum de réserves. Les représentants de la Chambre de commerce internationale formèrent le parti radical qui se prononça en faveur d'une abolition totale des prohibitions à l'exportation et à l'importation. M. Serruys a réussi, dans un discours admirable, à concilier les points de vue divergents. Les trois réserves classiques contenues dans le traité de commerce d'avant-guerre s'appliquèrent aux mesures tendant au maintien de l'ordre public, à la protection contre les maladies affectant le genre humain, les animaux et les plantes, et à assurer les monopoles d'Etat. Il désigna comme but de cette conférence la suppression de l'état actuel de la politique commerciale. Le traité de commerce entre l'Allemagne et la France s'en est inspiré et devait être considéré comme le début d'une ère nouvelle de la politique commerciale.

La *convention* constitue le résultat des débats acharnés de la conférence et se compose de trois parties : 1º la convention internationale ; 2º le protocole de la convention 3º l'acte final. La convention, consistant en 19 articles, précise la portée géographique de la Convention. L'article 2 contient les dispositions générales d'après lesquelles les Etats contractants s'engagent à abolir, dans le délai de six mois après la mise en vigueur de la convention, toutes les prohibitions à l'exportation et à l'importation et à s'abstenir d'en·édicter d'autres. L'article 4 traite des réserves susmentionnées, notamment celles que l'on peut qualifier de normales, parce qu'elles ont leur origine dans des considérations non économiques et ont trouvé leur application également dans les temps normaux. Parmi les 8 prohibitions, il convient de mentionner celles qui furent promulguées pour des raisons de sécurité publiques, pour des motifs humanitaires et sociaux, interdictions se rapportant au trafic d'armes, de munitions et de matériel de guerre, ainsi que d'autres articles servant à l'approvisionnement des belligérants ; des prohibitions édictées dans l'intérêt de la santé publique ; l'article 5 contient la clause de la protection des intérêts vitaux d'un pays. Il stipule que la convention actuelle ne touche pas au droit des parties contractantes de prendre des mesures concernant la prohibition de l'exportation et de l'importation. L'article 6 comprend les réserves qui découlent de la situation actuelle, anormale au point de vue de la situation commerciale.

Ces deux articles constituent le point faible de la convention, vu qu'ils sont susceptibles de violer et d'éliminer les autres stipulations de la convention.

Dans une annexe de la convention se trouvent les exceptions et réserves consenties aux différents Etats par l'article 6. On y distingue des réserves d'un caractère temporaire et permanent. Parmi les réserves de la première catégorie, on pourrait mentionner celles faites par l'Allemagne concernant l'importation et l'exportation du charbon, du coke, des briquettes, de la lignite ; par l'Angleterre au sujet de l'importation des matières colorantes ; par le Japon quant à l'importation de matières colorantes et à l'exportation du riz. Quant aux réserves d'un caractère permanent, nous mentionnons celle de la Roumanie concernant la prohibition de l'exportation de pétrole brut. Dans la suite, les Etats-Unis ont ajouté une réserve concernant la prohibition d'exporter le gaz hélium. La Pologne fait une réserve au sujet de l'importation de céréales, de farine et de matières colorantes, ainsi qu'au sujet de l'exportation de pétrole brut. De même d'autres

Etats tels que la Tchéco-Slovaquie, le Portugal, l'Estonie, la Bulgarie, y ont ajouté des réserves moins importantes.

Le protocole contient une interprétation de différents articles de la convention, notamment de l'article 6. L'acte final nous donne l'historique de la conférence et contient une déclaration concernant les tarifs douaniers.

La Conférence espère que la convention n'affectera ni les méthodes contractuelles des différents Etats ni leur système douanier ; toutefois elle est convaincue que l'abolition des prohibitions à l'exportation et à l'importation ne sera pas remplacée par des droits de douane exagérés ou par des entraves d'un autre caractère, susceptibles d'annuler le but immanent de cette conférence. En se rappelant les difficultés immenses contre lesquelles la conférence avait à lutter, et qui consistaient particulièrement dans une détermination scientifique des réserves normales et permanentes (art. 4) on ne manquera pas d'estimer à sa juste valeur le précieux travail accompli par cette conférence. Cette convention est intéressante du point de vue de la politique commerciale : elle est le *premier traité collectif* réglant les rapports de la politique commerciale entre les Etats (il faut tenir compte du fait que la Conférence économique internationale se bornait à donner des directives, mais qu'elle ne se proposait nullement d'aboutir à une convention). La convention désigna le 1er février 1928 comme étant le dernier délai pour la signature et la présentation de réserves. Le jour même de l'adoption de la Convention, le 8 novembre 1927, cette dernière fut signée par 28 Etats, savoir : l'Allemagne, l'Autriche, la Belgique, la Grande-Bretagne, la Bulgarie, le Danemark, l'Egypte, la Finlande, la France, la Hongrie, l'Italie, le Japon, le Luxembourg, les Pays-Bas, la Roumanie, le Siam, la Suisse et la Tchéco-Slovaquie. Jusqu'au 1er février, dernier délai, huit autres Etats adhérèrent à la Convention : les Etats-Unis, la Pologne, la Suède, le

Portugal, la Yougoslavie, la Norvège, l'Estonie et la Lettonie. Le 2 juillet 1928 marqua la deuxième et la plus importante étape de la conférence. Cette conférence des États signataires examina les réserves qui avaient été faites et détermina le nombre de pays requis pour la mise en vigueur de la convention, notamment en Europe.

La troisième conférence pour l'abolition des prohibitions et restrictions à l'importation et l'exportation, tenue à Paris du 5 au 20 décembre 1929, a eu pour résultat de montrer la volonté de 19 États de mettre en vigueur la convention du 8 novembre 1927, qui tend à abolir le régime des prohibitions douanières.

La Conférence s'est terminée par la signature d'un protocole au nom des pays suivants : Allemagne, Autriche, Belgique, Danemark, États-Unis, France, Grande-Bretagne et Irlande du Nord, Hongrie, Japon, Luxembourg, Norvège, Pays-Bas, Portugal, Suisse et Yougoslavie.

Les États signataires du protocole mettaient la convention en vigueur en ce qui les concerne à la date du 1er janvier 1930, ce qui revient à dire qu'ils s'engagent à supprimer dans un délai de six mois toutes les prohibitions ou restrictions à l'importation existant sur leur territoire, sauf les exceptions prévues dans la convention.

Ces possibilités pour les États contractants de se dégager des engagements que la convention comporte ont été jugés nécessaires parce que, à l'issue de la conférence, la Pologne n'avait pas pu annoncer qu'elle ratifierait la convention, et que la Tchécoslovaquie n'avait pu annoncer sa ratification qu'avec des réserves qui la rendent précaire.

Pour ce qui concerne la Tchécoslovaquie, le gouvernement de ce pays a fait savoir qu'il pourra ratifier la convention prochainement, mais qu'il met comme condition à cette adhésion que la convention soit mise en vigueur « dans les pays importants pour le commerce tchécoslovaque, notamment dans les pays successeurs et concessionnaires, y compris la Pologne », et que tous les avantages qui, dans les négociations relatives à la convention, seraient accordés à la Pologne seraient assurés également à la Tchécoslovaquie.

Quant à la Pologne, elle n'a pas cru pouvoir ratifier la convention ni promettre qu'elle la ratifierait à bref délai, et la raison principale que le représentant de ce pays a donnée pour expliquer cette abstention, est le fait que certaines négociations bilatérales pour la conclusion d'un traité de commerce poursuivies par la Pologne avec un pays voisin n'ont pas encore abouti.

A la séance de clôture de la Conférence, le président, M. Colijn, commentant le résultat obtenu, a déclaré que si celui-ci ne pouvait être considéré comme décisif, il n'était cependant pas absolument défavorable, puisque la convention subsiste et que le but visé peut encore être atteint complètement si la Pologne et la Tchécoslovaquie adhèrent à la convention.

Le représentant de France, M. Eibel, a ajouté que si le résultat acquis n'est pas l'abolition immédiate du système des prohibitions, on peut cependant estimer que les délibérations ont eu pour effet la condamnation absolue de ce système dont le maintien deviendra bientôt impossible pour tous les Etats.

3. Arrangements internationaux
relatifs a l'exportation des peaux et des os.

Les conséquences de la politique commerciale découlant de la Conférence économique internationale eurent une portée plus grande encore. De même que la convention dont nous venons de parler, était le résultat des décisions prises par la Conférence économique internationale, de même les arrangements internationaux aboutissant à la dérogation de l'interdiction d'exporter les peaux et les os, avaient leur origine, eux aussi, dans les résolutions énumérées dans la Convention du 8 novembre 1927. Le paragraphe 3 de l'acte final de la Convention oblige les Etats à adopter et à appliquer toutes·les mesures propres à réduire au minimum les prohibitions douanières. S'inspirant de ces idées, le conseil de la Société des Nations avait convoqué deux conférences diplomatiques, qui se tinrent à Genève du 14 au 16 mars 1928 et du 28 au 30 juin 1928. Les conférences furent présidées par M. Serruys, président du comité de la Société des Nations.

Les travaux du secrétariat étaient confiés à MM. Stoppani, Stencek et Smets, membres de la section économique et financière, assisté de M. Arcoleo, membre de la section juridique.

En ce qui concerne l'exportation des peaux, la conférence prit l'engagement qu'à partir du 1er octobre 1929 l'exportation des peaux fraîches ou préparées ne serait plus soumise à aucune prohibition ou restriction sous quelque forme ou désignation que ce fût. La conférence s'est d'ailleurs engagée qu'à partir de la même date il ne serait maintenu aucun droit d'exportation ni aucune taxe (1).

Quant à l'arrangement international relatif à l'exportation des os, les hautes parties contractantes prennent l'engagement qu'à partir du 1er octobre 1929 l'exportation des os bruts ou dégraissés, ainsi que leurs déchets, des cornes, ongles et sabots, ne sera soumise par elle à aucune prohibition ou restriction. On a d'ailleurs stipulé des limites maxima : les gouvernements qui actuellement n'appliquent aucun droit d'exportation aux produits visés à l'article 1, ou dont les droits d'exportation sur ces produits ne dépassent pas le taux de 1,50 fr. suisse

1. Arrangement international relatif à l'exportation des peaux. C. 348 (I). M. 104 (I), 1928 (II), Articles 1 et 2.

par 100 kg. s'engagent à ne pas instituer ni maintenir aucun droit d'exportation dépassant ce taux de 1,50 fr. suisse à partir du 1er octobre 1929. Les Etats qui appliquent en ce moment un droit d'exportation supérieur à 3 fr. suisses aux produits en question, s'engagent à le ramener à partir du 1er octobre 1929 à un taux ne dépassant pas ce chiffre. Les Etats qui actuellement appliquent aux produits en question un droit d'exportation supérieur à 1,50 fr. suisse, mais inférieur à 3 fr. suisses s'engagent à ne pas majorer les taux actuellement en vigueur.

La convention confère aux différents Etats la faculté de conclure des accords particuliers par le groupement d'un certain nombre d'entre eux. Le point de départ de ces accords conclus par groupes d'Etats est soit la suppression de tout droit de sortie, soit la limitation du droit d'exportation à un chiffre inférieur à celui autorisé par ledit arrangement.

Là également le traitement de la nation la plus favorisée a été mis au premier plan, ce qui ressort de la stipulation disant que ces accords ne pourraient porter atteinte aux droits qui résulteraient pour les tiers Etats, des conventions basées sur le traitement de la nation la plus favorisée (1).

Cet arrangement international relatif à l'exportation des os et des peaux, d'ailleurs très simple dans sa conception, porte l'empreinte des tendances inspirées par la Conférence économique internationale. Nous y trouvons l'idée libre-échangiste tendant à un abaissement échelonné des droits de douane ; nous y trouvons — et ceci nous paraît particulièrement caractéristique — la possibilité accordée aux Etats de former des groupes et, par voie d'accords particuliers, d'aller plus loin que ledit arrangement

____

1. Société des Nations. Arrangement international relatif à l'exportation des os. C. 349 (I). M. 105 (I), 1928. II, Articles 1, 2, 3, 4, 6.

en limitant le droit d'exportation à un chiffre inférieur à celui qui avait été fixé par l'arrangement. En outre, nous trouvons que le traitement de la nation la plus favorisée est considéré comme force agissante par excellence du mouvement libre-échangiste.

Les arrangements qui avaient été signés au mois de juillet 1928 sont entrés en vigueur le 1er octobre 1929, à la suite de l'accord conclu le 11 septembre 1929 entre 17 Etats signataires. Cet heureux résultat a pu être atteint grâce à l'engagement pris par 8 de ces Etats de ne faire usage des droits qui leur étaient acquis, au sujet du taux maximum des droits d'exportation sur les os, que dans une mesure inférieure au maximum qui leur avaient été consenti. Ces arrangements mettent fin aux entraves dans le commerce des peaux et des os, en éliminant les droits d'exportation sur les peaux et en fixant les taux maxima pour les droits d'exportation sur les os.

Voilà donc le *premier accord collectif* en matière tarifaire intervenu depuis la guerre. Quoique cet accord ne se rapporte qu'à un petit groupe de marchandises, il n'en revêt pas moins une grande importance, car il peut être envisagé comme un premier essai de réalisation d'un des buts principaux de la Conférence économique internationale de 1927, à savoir l'abaissement graduel des barrières douanières par action collective.

4. RÉDACTION DE LA CLAUSE DE LA NATION LA PLUS FAVORISÉE.

La 27e session du Comité économique tenue à Genève au 14 au 19 janvier 1929 a inscrit à son ordre du jour la politique commerciale et surtout la question de la *clause de la nation la plus favorisée* (1). En s'appuyant sur la

1. Voir le Rapport au conseil sur les travaux de la XXVIIe session. C. 20. M. 14.

résolution de la Conférence économique internationale,
déclarant qu'une application aussi étendue que possible de
la clause de la nation la plus favorisée était désirable, (1)
et en insistant sur le vœu du Comité consultatif économique, le Comité économique développa les principes
essentiels de ladite clause. Le Comité consultatif économique, dans sa session du mois de mai 1928, souligna
l'importance particulière qu'il attachait à l'élaboration
d'une doctrine précise, en ce qui concerne l'interprétation
et l'application de la clause de la nation la plus favorisée. Cette rédaction fut le résultat de la constatation
faite que les difficultés considérables entre Etats étaient
dues à la manière différente dont était conçue et interprétée la clause en question.

Comme *principe essentiel*, on énonça que la clause de
la nation la plus favorisée comportait l'obligation d'accorder toutes les réductions de droits et taxes et les concessions de tout genre, concédées à l'Etat le plus favorisé ;
en outre elle impliquait le droit de demander lesdites
réductions et concessions. Jusqu'ici cette définition ne
diffère pas de la formule usuelle en vigueur dans la politique commerciale. On a d'ailleurs prévu que la clause
devrait être inconditionnelle, que tous les avantages accordés à un tiers Etat quelconque devaient être concédés
par un Etat à son partenaire et cela immédiatement et
de plein droit et sans obligation pour l'autre partie d'accorder une compensation. Cela revient à une mise au ban
de la clause conditionnelle, qui possède un caractère dis-
criminatoire, tout en n'offrant aucun désavantage inhé-

1. La Conférence économique internationale de 1927 a formulé
les vœux suivants : « a) Que la portée et la forme de la clause
soient du caractère le plus large et le plus libéral et que cette
clause ne soit ni affaiblie ni restreinte, soit par des dispositions
expresses, soit par voie d'interprétation ; b) Que soient établis
des principes clairs et uniformes relatifs à l'interprétation et à la
portée de la clause, en ce qui concerne les droits de douane et
autres charges. »

rent à la clause proprement dite de la nation la plus favorisée. On insiste aussi sur le fait que la clause doit être non seulement inconditionnelle, mais encore illimitée, c'est-à-dire qu'elle s'applique à l'ensemble des Etats contractants. Dans d'autres, domaines, la clause de la nation la plus favorisée, bien qu'elle soit inconditionnelle et illimitée, ne comporte qu'un minimum des avantages et des garanties que deux pays peuvent s'accorder mutuellement, par exemple le traitement des ressortissants étrangers admis à exercer une activité économique dans un pays, le paiement des impôts directs et des taxes indirectes, des droits intérieurs qui frappent la fabrication, la circulation et la consommation des marchandises. Quant aux matières indiquées, le traitement national est indispensable pour que la collaboration entre les peuples puisse se développer librement ; la clause de la nation la plus favorisée ne devrait constituer dans ce cas qu'une garantie supplémentaire. Toutefois, en matière douanière, la clause représente le maximum d'avantages et de garanties.

On indiqua comme *champ d'application* les catégories usuelles de la politique commerciale. Cependant, il y a deux questions auxquelles il est nécessaire de s'arrêter, celles de savoir si la clause s'applique d'une part aux prohibitions d'importation et d'exportation, et d'autre part aux importations et exportations temporaires, y compris le trafic de perfectionnement.

Avant la guerre, le principe prédominant de la politique commerciale était celui de la liberté de commerce. Les prohibitions proprement dites n'existaient guère. Il n'y avait donc aucune raison pour que la clause de la nation la plus favorisée prît position dans cette question des prohibitions. Cette situation anormale de la politique commerciale, s'appuyant sur des prohibitions, continua après la guerre. L'application du traitement de la nation la plus favorisée a souvent été contestée à cet égard. Le principe de la réciprocité fut mis en vigueur, des accords spéciaux de compensation et de contingentement réduisirent de plus en plus le réseau d'application de la clause de la nation la plus favorisée.

Plus la situation économique redevenait normale, plus le principe de la nation la plus favorisée gagnait en vigueur. Elle a été même stipulée dans un grand nombre d'accords, dont certains tendent également à une politique de con. tingentement. Cependant la situation exigeait toujours davantage un éclaircissement au point de vue de la théorie et du principe. Il s'agissait de déterminer une fois pour toutes le point de vue du principe et de savoir si les prohibitions devaient être considérées comme tombant sous l'application de cette clause, en tant que partie intégrante de la politique commerciale en général, ou si elle devait être régie au contraire par le principe de la réciprocité.

En principe, on exprima l'opinion que la *clause-type* de la nation la plus favorisée ne s'étend pas aux prohibitions, sauf mention contraire faite dans les traités de commerce.

La convention signée à Genève le 8 novembre 1927 a affirmé à nouveau le principe de la liberté du commerce en matière d'importation et d'exportation. Après la mise en vigueur de cette convention, la question aura perdu toute signification pratique.

Le comité établit ensuite une *distinction entre les importations et exportations temporaires* proprement dites et le *trafic dit de perfectionnement* qui, à son tour, est divisé en *trafic de perfectionnement actif* et *trafic de perfectionnement passif*. Le trafic de perfectionnement passif est entièrement subordonné à l'intérêt du pays importateur, autorisant l'importation en franchise dans la mesure où il veut mettre à la disposition de son industrie les matières premières indispensables à la fabrication des produits ouvrés destinés à l'exportation. Les mesures en vertu desquelles la franchise est accordée, ont un caractère autonome et de ce fait, ne sauraient jamais former l'objet desdites conventions. Ainsi, vouloir limiter le bénéfice de l'exemption des droits douaniers, équivaudrait à établir une discrimination injuste aux dépens des pays exclus. Il faudrait donc combattre avec énergie une telle limitation qui se trouve, par ailleurs, en contradiction manifeste avec le principe de l'égalité du traitement, contenu dans la clause de la nation la plus favorisée.

« La clause de·la nation la plus favorisée doit donc être applicable au principe de perfectionnement actif, étant toutefois entendu que, lorsque la législation d'un pays fait dépendre ce trafic d'une décision administrative, le pouvoir de l'administration compétente de décider dans chaque cas particulier reste entier » (1).

En ce qui concerne le trafic du perfectionnement passif, le Comité est arrivé à une conclusion quelque peu différente. Le trafic de perfectionnement passif ayant en général pour objet des marchandises qui sont des produits mi-ouvrés, il n'est pas question de mesures autonomes comme c'est le cas pour le trafic de perfectionnement actif. Il y a deux volontés qui entrent en lutte : celle de l'Etat exportateur, qui garantit la réimportation en franchise du produit perfectionné, et celle de l'Etat importateur qui garantit l'admission en franchise du produit à perfectionner. Que ces deux volontés se manifestent sous la forme de mesures autonomes et indépendantes ou bien sous la forme d'un accord bilatéral, il ne faut jamais perdre de vue que le trafic de perfectionnement passif est solidement ancré dans la situation spéciale et réciproque de certains pays. Parmi les Etats qui prennent à titre autonome les mesures relatives à l'exportation tempo-

____

1. Société des Nations. Rapport au Conseil sur les travaux de la XXVIIe session tenue du 14-29 janvier 1929. Comité économique, C. 20. M. 14.

raire, il en est qui étendent également l'application de la clause au trafic passif. D'autres États, au contraire, n'admettent pas que le trafic de perfectionnement passif soit soumis à la clause de la nation la plus favorisée, et envisagent les concessions comme un objet soumis à un traitement individuel.

Au point de vue du trafic de perfectionnement passif, le comité économique n'a pas cru pouvoir se prononcer en faveur de l'application générale de la clause de la nation la plus favorisée. La discrimination devrait se baser sur des éléments neutres tels que la situation spéciale réciproque de certains pays, et non pas sur des appréciations arbitraires d'un caractère préférentiel.

Après avoir limité le champ d'application de la clause, il faut encore préciser les *caractéristiques essentielles* des marchandises bénéficiant de la clause. Il y a deux conditions essentielles : il faut que les marchandises soient originaires du pays qui jouit du traitement de la nation la plus favorisée ; d'autre part, il faut qu'elles soient de même nature, c'est-à-dire qu'elles possèdent des qualités permettant d'appliquer un traitement douanier déterminé à des marchandises déterminées. Le traitement de la nation la plus favorisée est réservé ou bien aux marchandises provenant du pays qui jouit de la clause, ou bien aux marchandises originaires de ce pays, ou encore aux marchandises qui sont à la fois originaires et provenant du pays admis au traitement de la nation la plus favorisée. La modalité de la provenance devrait être écartée comme utilisée rarement et comme favorisant le trafic direct, ce qui contribue à décourager le transit à travers les tiers pays. La condition essentielle devrait être l'origine, qui est identique avec la nationalité de la marchandise, étant donné qu'il est extrêmement difficile de déterminer si la part de l'élaboration qui s'effectue à l'étranger est plus considérable que celle qui s'opère dans le pays même. D'ailleurs, la marchandise originaire d'un pays déterminé — à supposer que l'on réussisse à définir d'une manière exacte la notion d'origine — peut perdre son caractère national, si elle n'est pas directement importée, mais arrive au pays de destination après avoir traversé d'autres pays pour y être emballée ou réemballée.

Quant aux caractéristiques essentielles des marchandises bénéficiant de la clause, c'est-à-dire à la définition « de même nature », il faudrait stipuler d'abord que ces critères soient appliqués d'une manière identique à tous les produits. Toutefois on doit considérer comme incompatible avec la clause le fait qu'un pays, ayant accordé à un autre Etat une réduction douanière pour un produit déterminé, à la condition « que ce produit soit accompagné d'un certificat d'analyse délivré par un organisme donné », refuse la même concession à un tiers Etat, lorsque ce dernier ne présente pas le certificat de l'organisation indiquée dans le traité.

Quant aux *exceptions à la clause*, il faut en exclure comme étant des situations particulières, l'union douanière et le trafic frontalier. Les facilités douanières, accordées au trafic frontalier, ont toujours été exclues du régime de la clause de la nation la plus favorisée. Le Conseil a déclaré cette exception comme légitime et admissible, puisqu'elle est basée sur une tradition historique. On a parfois appliqué la notion du petit trafic frontalier à une zone de 15 km., en élargissant celle-ci par ci par là, jusqu'à 25 km. Cependant il n'est pas aisé de définir une limite précise.

L'union douanière est en fait le dernier développement de ladite clause. Au sujet des rapports existant entre les unions douanières, et le champ d'application du traitement de la nation la plus favorisée, on peut se borner à la déclaration que les unions douanières constituent des dérogations admises au principe dudit traitement. Il faut encore envisager les concessions qu'en matière douanière certains États s'accordent réciproquement pour des motifs ethniques, historiques et géographiques, comme par exemple la clause baltique, la clause scandinave, ainsi que le régime douanier spécial existant entre la Suisse et certaines zones du territoire français, qui doivent être considérées comme étant des cas-limites. En ce qui concerne le trafic entre la métropole et les colonies, cette question du traitement préférentiel entre pour ainsi dire en conflit avec la clause de la nation la plus favorisée. Il s'agit de prendre position dans la question de la possibilité d'appliquer la clause aux produits originaires des colonies, et au problème de savoir si la clause se rapporte aux importations dans les colonies. En ce qui concerne cette question, on a observé que les clauses des traités de commerce sont généralement considérées comme étant applicables uniquement au territoire métropolitain.

Le comité s'est principalement occupé de la *rédaction de la clause*, par laquelle toutes les formules actuellement en vigueur, positive, négative, synthétique et analytique, ont été réunies. Dans ce but, on adopta un système qui cherche son point de gravité plutôt dans l'interprétation de la clause. Cette formule est conçue en termes généraux et possède l'avantage de pouvoir s'adapter à des circonstances particulières (1).

1. « Les Hautes Parties contractantes conviennent de s'accorder réciproquement le traitement inconditionnel et illimité de la nation la plus favorisée pour tout ce qui concerne les droits de douane et tous droits accessoires, le mode de perception des droits, ainsi que pour les règles, formalités et charges auxquelles les opérations de dédouanement pourraient être soumises.

« En conséquence, les produits naturels ou fabriqués, originaires de chacune des parties contractantes ne seront en aucun cas assujettis, sous les rapports susvisés, à des droits, taxes ou charges autres ou plus élevés ni à des règles et formalités autres ou plus onéreuses que ceux auxquels sont ou seront assujettis les produits de même nature originaires d'un pays tiers quelconque.

« De même, les produits naturels ou fabriqués exportés du territoire de chacune des parties contractantes à destination du

On doit à l'initiative des pays orientés dans un sens libéral en ce qui concerne les questions douanières, que les revendications de Genève furent réalisées. Vu les tendances protectionnistes qui vont toujours en augmentant, une réaction des peuples ne paraît que trop naturelle, ces derniers ne se sentant plus à l'aise dans un monde super-protectionniste. Ils commencent à se fatiguer de cet isolement libre-échangiste, qui constitue une île dans une mer protectionniste, qui la condamne au rôle d'un champ d'application du dumping. Est-ce que ces Etats aussi se décideraient à passer au camp protectionniste ? Ce serait un coup terrible porté au commerce mondial !

Il ne faut pourtant pas perdre de vue que tous les efforts tendant à un abaissement international des barrières douanières seront vains, aussi longtemps que le *protectionnisme administratif* est à même de rendre illusoires toutes les réductions des tarifs. Le commerce mondial souffre du protectionnisme administratif exagéré des différents Etats (Italie, Espagne), et il en souffre encore bien plus que sous l'effet protectionniste des droits d'impor-

territoire de l'autre partie ne seront en aucun cas assujettis, sous les mêmes rapports, à des droits, taxes ou charges autres ou plus élevés ni à des règles et formalités plus onéreuses que ceux auxquels sont ou seront assujettis les mêmes produits destinés au territoire d'un autre pays quelconque.

« Tous les avantages, faveurs, privilèges et immunités qui ont été ou seront accordés à l'avenir par l'une des deux parties contractantes dans la matière susdite aux produits naturels ou fabriqués originaires d'un autre pays quelconque ou destinés au territoire d'un autre pays quelconque, seront, immédiatement et sans compensation, appliqués aux produits de même nature originaires de l'autre partie contractante ou destinés au territoire de cette partie.

« Sont exceptées, toutefois, des engagements formulés au présent article, les faveurs actuellement accordées ou qui pourraient être accordées ultérieurement à d'autres Etats limitrophes pour faciliter le trafic frontière, ainsi que celles résultant d'une union douanière déjà conclue ou qui pourrait être conclue à l'avenir par l'une des parties contractantes. »

V. Le Rapport C. 20. M. 40, p. 12.

tation. Le « protectionnisme à froid », c'est-à-dire tout ce qui est destiné à protéger le marché national, sans être statué dans les tarifs loyaux, lui porte un coup bien plus grave que le protectionnisme le plus outrancier, paralyse non seulement le commerce, mais crée encore des tensions pénibles dans les relations politiques.

5. Traitement des étrangers.

La question du traitement des ressortissants étrangers et des sociétés étrangères a obtenu son orientation à la Conférence économique. C'est là où on a préconisé d'une manière saisissante la liberté du commerce comme principe régulateur des échanges. Les restrictions s'opposant à l'activité économique des ressortissants ou des sociétés d'autres pays, et entravant ainsi le commerce international devraient être supprimées.

La Conférence s'est appuyée à cet égard sur les inspirations formulées par la Chambre de commerce internationale. Le Comité économique, conformément à la résolution de la Conférence, a chargé M. Serruys d'élaborer d'accord avec M. Riedl un projet de convention internationale. Cet accord envisageait un engagement international qui devait prendre la place de conventions bilatérales (1). Le projet de convention, qui subit plusieurs changements au cours des négociations, s'est efforcé non seulement de substituer l'octroi du traitement national et de l'égalité avec les ressortissants du pays d'établissement au régime souvent différentiel du traitement de la nation la plus favorisée, mais il a souvent même préféré à ces garanties plu-

1. V. Société des Nations. Comité économique, rapport au Conseil sur la vingt-troisième session tenue à Genève, du 15 au 21 décembre 1927. C. 666. M. 224.1927.II.

tôt relatives des engagements positifs, auxquels les Etats conformeront leur législation et leur action. Ce projet de convention fut approuvé par le Conseil dans sa séance du 5 mars 1928 (1), qui décida d'en autoriser l'envoi aux Etats-membres de la Société des Nations. Dans sa session de juin, le Comité a désigné, trois de ses membres : MM. Serruys, Brunet et Stucki pour le représenter à la conférence diplomatique qui fut convoquée pour le 5 novembre 1929 à Genève (2).

Le Comité consultatif tenait à marquer son approbation du projet de convention. Il constatait, lui aussi, l'insuffisance de certaines négociations bilatérales en affirmant sa conviction qu'un règlement général ne pourrait être, accepté comme base (3).

6. Législation relative aux lettres de change et aux chèques.

Pour atténuer la divergence entre les différentes législations en matière de lettres de change et de chèques, divergences s'opposant aux transactions commerciales, un comité (4) de juristes s'est constitué pour élaborer des

1. V. Société des Nations. Comité Economique, rapport au Conseil sur les travaux de la vingt-sixième session tenue à Genève du 30 octobre 1928. C. 558. M. 177.1928.
2. V. Société des Nations. Comité économique, rapport au Conseil sur les travaux de la vingt-neuvième session tenue à Genève du 1er au 4 juillet 1929. C. 307. M. 106.1929.II. Au dernier moment on a désigné Paris comme siège de la conférence.
3. V. Société des Nations. Comité consultatif, rapport du Comité consultatif économique sur sa deuxième session tenue à Genève du 6 au 11 mai 1929, p. 8. V. Société des Nations, rapport sur l'œuvre accomplie par la Société depuis la dernière session de l'Assemblée. A. 6.1929, p. 68.
4. V. Société des Nations. Comité économique, rapport au Conseil sur la vingt-troisième session tenue à Genève du 15 au 21 décembre 1927. C. 666. M. 224.1927.II, p. 7.

textes pouvant servir de base à des accords internationaux concernant l'unification de la matière en question. Vu les différences essentielles existant entre le problème continental et le système anglo-saxon, il s'agissait en première ligne d'unifier les législations continentales.

Ce projet d'accord a trouvé l'approbation du Comité économique. Se basant sur l'autorisation donnée par le Conseil en sa séance du 6 mars 1928, le Comité a prié le secrétaire général de la Société des Nations de remettre le rapport des experts à tous les gouvernements des Etats-membres et non-membres de la Société des Nations pour qu'ils puissent ajouter des observations ou proposer des modifications (1).

Le Comité économique a examiné au cours de sa vingt-huitième session tenue à Genève du 8 au 12 avril 1929 les réponses qui lui sont parvenues de vingt-quatre Etats. Ces réponses se sont montrées presque unanimement favorables à la convocation d'une conférence sur la base des projets. Toutefois, vu le fait qu'un certain nombre de pays se sont abstenus de répondre à la lettre susmentionnée, le Comité ne croit pas pouvoir envisager la convocation de la Conférence dans un bref délai. Pour rendre plus solide la base de la future conférence, on s'est mis d'accord pour élaborer un avant-projet de documents préparatoires qui devront être annexés à la lettre d'invitation à la conférence et transmis aux divers gouvernements (2).

Dans sa vingt-neuvième session tenue à Genève du 1er au 4 juillet 1929, le Comité a pris connaissance du recueil de documents préparatoires élaborés par le comité d'experts.

1. V. Société des Nations. Comité économique. C. 357. M. 111. 1928.II.

2. V. Société des Nations, Comité économique, rapport au Conseil sur les travaux de la vingt-huitième session tenue à Genève du 8 au 12 avril 1929. C. 155. M. 61.1929.II.

Le nombre des réponses transmises par les gouvernements s'élevant à trente-deux, le comité estima la préparation technique comme achevée. On est tombé d'accord de pouvoir fixer comme date approximative de la Conférence le premier trimestre de l'année 1930 (1).

Le Comité consultatif saluant la tentative nouvelle faite dans un domaine important des affaires, tenait à affirmer que l'unification même partielle des règles de droit concernant la lettre de change et le chèque ou même la bifurcation de la matière en deux systèmes constituerait un très grand progrès dans la technique juridique des affaires (2).

7. Unification de la nomenclature douanière.

En traçant un progamme général pour améliorer les rapports économiques entre les peuples, la Conférence économique internationale s'est rendue compte que pour le réaliser il fallait d'abord préparer les conditions d'ordre surtout technique. L'unification de la nomenclature douanière a été considérée comme base essentielle pour la mise en œuvre d'une politique tarifaire uniforme.

Le Comité économique reconnaissant l'importance primordiale de cette question avait convoqué un comité d'experts spécialement qualifiés en matière douanière pour tracer le cadre d'une nomenclature commune, em-

1. V. Société des Nations. Comité consultatif, Application des recommandations de la Conférence économique internationale. Exposé relatif à la période mai 1927-mai 1928, préparé pour la première réunion du Comité consultatif (14 mai 1928), Genève, 1928. C. C. E. 7, p. 30.

2. V. Société des Nations. Rapport du Comité consultatif sur sa deuxième session, tenue à Genève du 6 au 11 mai 1929. C. 192. M. 73.1929.II, p. 16. Voir aussi : Société des Nations. Rapport sur l'œuvre accomplie par la Société depuis la dernière session de l'Assemblée. A. 6.1929, p. 68.

brassant toutes les catégories de la production agricole et industrielle, comité qui s'est réuni en session extraordinaire au mois de juillet 1927. Ce comité d'experts a pu, grâce à son activité, soumettre au Comité économique un cadre général d'unification basé sur une classification détaillée de tous les groupes de marchandises destinés à y entrer. Cette classification s'est inspirée de trois directives, soit : 1º la simplicité et la correspondance de la nomenclature douanière à créer avec les classifications en vigueur de l'industrie et du commerce; 2º l'équivalence des groupes de marchandises destinés à rentrer dans le cadre général de l'unification de la nomenclature douanière avec les groupes qui servent à établir les statistiques des exportations et des importations ; 3º l'identité de la terminologie douanière avec celle des techniciens et des praticiens (1).

Dans sa session du 2 au 13 mars 1928, le sus-dit sous-comité d'experts a examiné les observations qui lui sont parvenues de différents États, concernant le projet de cadre de nomenclature douanière.

Le comité d'experts, en rédigeant le projet de cadre, s'est inspiré du principe de donner à celui-ci un caractère vraiment international. Le Comité économique a jugé ce cadre digne d'être envoyé aux gouvernements pour leur servir de base de discussion (2).

La deuxième tâche qui reste à accomplir, l'établissement d'un projet de nomenclature-type, présenta des difficultés plus grandes. Au cours de la discussion on n'est pas tombé d'accord sur la question de savoir s'il fallait ranger les marchandises fabriquées des mêmes matières

1. V. Société des Nations. Comité économique, rapport au Conseil sur la vingt-troisième session tenue à Genève du 15 au 21 décembre 1927. C. 666. M. 224.1927.II, p. 3.

2. V. Société des Nations. Comité économique, rapport au Conseil sur les travaux de la vingt-quatrième session tenue à Genève du 26 au 30 mars 1928. C. 251. M. 78.1928.II, p. 2.

premières sous une même rubrique ou bien s'il fallait établir des subdivisions pour chaque objet provenant de matières premières diverses. Toutefois, le Comité économique a exprimé l'avis que, lorsque la matière première a été transformée en produit final ayant des rapports étroits avec d'autres produits fins, dès lors enchaînés par la même application industrielle, le classement d'après l'emploi ou d'après l'application serait préférable au classement d'après les matières premières.

Un autre problème qui a retenu l'attention du Comité économique consistait dans l'établissement d'une nomenclature dont les postes seraient considérés comme irréductibles. Pour tenir compte des besoins ultérieurs d'un développement industriel futur, on envisagea de compléter les positions par des positions annexes (1).

Au cours de la discussion qui s'est engagée sur ce problème dans la vingt-sixième session du Conseil (2), on a envisagé d'ajouter des notes explicatives qui devraient accompagner la classification des marchandises, notes limitées pour prévenir un classement arbitraire.

Le sous-comité d'experts pour l'unification de la nomenclature douanière a élaboré un projet détaillé. Pour pouvoir mieux appuyer les travaux préparatoires tendant à un abaissement des tarifs de douanes envisagés par le moyen d'une action collective, le Comité économique s'est spécialisé dans l'établissement de la nomenclature pour les marchandises pour lesquelles un abaissement douanier est prévu (3).

Le Comité consultatif a pris acte des travaux accomplis par le Comité économique et le comité d'experts. Le cadre

1. V. Société des Nations. Comité économique, rapport au Conseil sur les travaux de la vingt-cinquième session (25 au 28 juin 1928). C. 357. M. 111.1928.II, p. 5 et s.
2. V. C. 558. M. 177.1928.II, p. 5.
3. V. Société des Nations. Rapport au Conseil sur les travaux de la vingt-huitième session (8 au 12 avril 1929). C. 155. M.61.1929,II.

général accompagné de la classification détaillée (1) a trouvé l'approbation du Comité consultatif (2). Le nouveau projet de cadre élaboré par le sous-comité d'experts tenait compte de toutes les suggestions (3). Le projet de cadre établi par le sous-comité d'experts dans sa nouvelle forme fut envoyé aux divers gouvernements, accompagné d'une annexe dans laquelle les principes conducteurs de l'élaboration furent exposés. Tout en tenant compte de l'enchaînement intime existant entre l'unification de la nomenclature douanière et les autres tâches incombant à la Société des Nations dans le domaine de la politique commerciale, la partie la plus difficile de ce travail, la nomenclature de l'industrie chimique, de l'industrie textile, des industries de la métallurgie et de la mécanique, n'a pas été abordée jusqu'à présent, les sections élaborées jusqu'ici n'embrassant que des produits des industries alimentaires ou bien des produits végétaux. En tout cas les travaux dans leur phase actuelle n'ont pas été considérés comme assez avancés pour en soumettre les résultats acquis à l'examen des milieux intéressés (4).

8. Trêve douanière.

L'Assemblée de 1929 a tracé les contours d'une action concertée des États en matière économique, en vue de

1. V. Société des Nations. Documents E. 350 (I) : Projet de cadre de nomenclature douanière et C. C. E. 6 : Rapport de la Chambre de commerce internationale.
2. V. Société des Nations. Comité consultatif, exposé relatif à la période mai 1926 à mai 1928, p. 27 s.
3. V. documents : C. 346. M. 103.1928.II. (E. 350) : projet de cadre pour une nomenclature douanière.
4. V. Société des Nations. Comité consultatif, application des recommandations de la Conférence économique internationale, exposé relatif à la période mai 1928-mai 1929 (deuxième réunion, 6 mai 1928). C. 130. M. 45. Voir ensuite : Société des Nations. Rapport sur l'œuvre accomplie par la Société des Nations depuis la dernière session de l'Assemblée. A. 6.1929, p. 67.

l'abaissement graduel des tarifs douaniers. L'Assemblée recommande aux Etats qui se montrent disposés à y participer de s'abstenir pendant une période de 2 à 3 années de porter leur tarif protecteur à un niveau supérieur au niveau actuel. Ils s'abstiendront aussi d'imposer de nouveaux droits protecteurs ou de créer de nouvelles entraves au commerce. On insiste sur le fait que cet engagement ne devrait pas avoir pour résultat de ralentir les efforts des Etats pour réduire dans toute la mesure possible leur tarif par action autonome ou bilatérale. En conséquence, l'Assemblée invite les membres et les Etats non-membres de la Société des Nations à faire savoir au Secrétaire général de la Société des Nations, avant le 31 décembre 1929, s'ils sont disposés à participer à une conférence préliminaire des délégués des gouvernements.

Cette trêve douanière devait instituer un régime d'apaisement et de stabilité durant lequel on pourrait étudier les accords collectifs destinés à faciliter les relations économiques entre les peuples. Le Conseil, ayant chargé le Comité économique d'élaborer un projet de convention en vue de la trêve douanière (1), a recommandé l'adoption de dispositions, aux termes desquelles les Etats participant à la trêve s'engagent à maintenir en principe sans altération, le régime qu'ils s'accordent à l'heure actuelle. Dans les articles I-VII du projet, on a formulé des engagements précis en ce qui concerne la consolidation du régime actuel; mais étant donné les circonstances exceptionnelles, on a, dans les articles IX-XI envisagé la possibilité d'exceptions éventuelles, qui devraient être en partie soumises à une juridiction arbitrale dès qu'elles se présentent, et en partie à l'agrément préalable des parties contractantes lorsqu'elles auront été homologuées dés le début.

1. Société des Nations. Conférence internationale pour la trêve douanière. Avant-projet de convention établi par le Comité économique. C. 519. M. 177. 1929 II, p. 5 ss.

On a fait ressortir les effets différents que la consolidation des droits produisait sur les droits *ad valorem* et les droits spécifiques, les premiers s'ajustant automatiquement à la valeur changeante de la marchandise, les autres demeurant invariables, quelque soit le milieu de prix. Pour neutraliser cette inégalité, on a proposé au sein du Comité le rétablissement de l'incidence des droits en fonction de l'indice des prix de gros, si celui-ci marque une majoration d'au moins 20 %, mais on a fait valoir, en ce qui concerne cet argument, qu'une disposition de ce genre comporterait l'obligation de réduire les droits dans une proportion correspondante, en cas de diminution de l'indice. En dépit des grandes difficultés que rencontrerait cette action, cette trêve douanière constituerait néanmoins un progrès sensible vers l'abaissement généraldes tarifs (1).

1. Pour la trêve douanière voir encore chap. XI.

CHAPITRE X

LA RATIONALISATION DE L'ÉCONOMIE MONDIALE

1. L'idée et les buts de la rationalisation de l'économie mondiale.
2. La rationalisation du sucre.
3. La rationalisation du charbon.
4. La rationalisation de l'or.

1. L'IDÉE ET LES BUTS (1).

Les nations dirigeantes du monde vivent depuis la dernière guerre dans la crainte continuelle que la terre ne devienne trop étroite pour certaines nécessités économiques, et elles se disputent des territoires éloignés qu'elles supposent riches en matières premières avant même d'avoir tenté jusque dans ses dernières possibilités l'utilisation des sources déjà exploitées et des réserves encore existantes.

Le tableau des forces productives du monde entier que la Société des Nations a publié à l'occasion de la Conférence économique mondiale, était propre à dissiper les inquiétudes qu'avait fait naître le cri d'alarme au sujet de la pénurie des matières premières.

Les données statistiques relatives à la population, aux denrées alimentaires et aux matières premières ont prouvé selon toute évidence que les ressources naturelles appro-

1. Le problème de la rationalisation de l'économie mondiale est traité d'une manière plus approfondie dans notre ouvrage : *Die Rationalisierung der Weltwirtschaft*, Tübingen, Mohr édit. 1930.

visionnant l'économie mondiale existent encore en quantités inépuisables, que l'économie mondiale possède une main d'œuvre abondante et que le manque d'ouvriers dans certains pays est compensé par un excédent dans d'autres pays.

La marche souvent peu satisfaisante de l'économie mondiale ne doit donc pas être attribuée à la parcimonie de la nature, mais avant tout à *l'adaptation défectueuse* des forces disponibles. A cela vient s'ajouter encore le fait que l'humanité, au cours des années, s'est créé elle-même de nombreuses entraves artificielles dont souffre actuellement l'économie mondiale.

Il appert des données statistiques de la Société des Nations, que, grâce à de bonnes récoltes et grâce à un rétablissement progressif, la production de matières premières et de denrées alimentaires a augmenté dans presque toutes les parties du monde et que, dès 1925, la moyenne mondiale était de 17 % plus élevée que pendant la dernière année d'avant-guerre. L'indice européen de la production était, à vrai dire, plus bas, n'ayant atteint qu'un excédent de 4 à 5 %, mais il se produisit un fait aussi surprenant que rassurant, à savoir que la production de denrées alimentaires et de matières premières en Russie a déjà dépassé le niveau du temps de paix. Malheureusement, par suite des bouleversements qui, au cours des dix dernières années, ont supprimé la solidarité des marchés et entravé la circulation des capitaux et des marchandises, les résultats favorables de la production n'ont pu obtenir leur plein développement.

La reconstruction de l'édifice économique mondial détruit par la guerre et les suites de celle-ci, devait donc commencer par le rétablissement de la communauté économique mondiale, telle qu'elle avait existé avant la guerre. La suppression des prohibitions d'importation et d'exportation, l'adoucissement des formalités douanières follement exagérées, l'abaissement des barrières douanières, la lutte contre le dumping, autant de tâches auxquelles s'est consacrée, en partie avec succès déjà, la Société des Nations et qui ont pour but la suppression des maux économiques actuels.

Mais ces mesures ne sauraient à elles seules, bannir l'inquiétude économique qui règne dans le monde entier. Les formations nouvelles dans la structure de l'économie mondiale, l'agrandissement de toutes les dimensions économiques ont déplacé radicalement les conditions de la production et des marchés, qui s'imposent aux différentes économies nationales. Ce qu'il faut aujourd'hui, c'est que notre avenir économique soit organisé d'une façon plus consciente, que les matières premières soient sagement administrées, que la main d'œuvre soit organisée d'une manière rationnelle, toute la vie économique réglementée avec méthode, bref, nous avons besoin d'un ménagement de l'économie mondiale.

L'expérience en nous démontrant que le rationnel est aussi le mieux, a inauguré une certaine *entente économique entre les Etats*, bien avant que le mot d'ordre de rationalisation fut devenu le dernier cri. Les accords conclus dans le domaine des communications, l'Union postale, les conventions ferroviaires, les conventions relatives aux poids et mesures, ainsi que les accords en vue de la protection de la propriété industrielle et intellectuelle peuvent être considérés comme des mesures de rationalisation d'une origine plus ancienne.

Qu'il soit possible de résoudre aussi sur une *base privée* le problème de la rationalisation de l'économie mondiale c'est ce que prouvent le pool de navigation internationale, le cartel international des rails, l'accord international relatif aux lampes à incandescence, tous accords qui ont contribué à la rationalisation (normalisation) et influencé favorablement la politique des prix en faveur du consommateur. La dépréciation des cafés du Brésil et des raisins de Corinthe, la limitation de l'exportation des caoutchoucs bruts, les accords du pétrole et du cuivre : autant de manifestations de cette tendance dans le développement des économies privées. Les ententes de plus en plus nombreuses entre industriels, commerçants, banques, établissements de transport en vue de la réglementation des rapports économiques réciproques, peuvent aussi devenir des facteurs importants de la rationalisation internationale. Les cartels internationaux, trusts et autres formations de ce genre ne sauraient purement et simplement passer pour une économie rationalisée, attendu que leurs efforts, dans beaucoup de cas visent uniquement à un accroissement du bénéfice.

La rationalisation économique mondiale a des visées plus élevées. Elle constitue une notion collective dans laquelle il faut faire rentrer tout ce qui paraît de nature à accroître au moyen de la répartition de l'activité internationale la productivité du travail humain, à assurer davantage la stabilité du cours économique et à augmenter le rendement du travail. Ainsi comprise, la rationalisation de l'économie mondiale comporte non seulement une augmentation purement quantitative de la production, mais ce qui est bien plus encore, une élévation du niveau de la vie, moyennant une diminution des frais de production et une majoration du salaire réel.

La rationalisation de l'économie privée ainsi que celle de l'économie nationale poursuivent, en fin de compte, le même but. Mais l'adaptation de la production totale à la consommation totale, but de la rationalisation mondiale, présente sur la rationalisation privée et sur la rationalisation nationale cet avantage que, opérant sur un domaine économique plus étendu, à savoir le marché mondial, elle peut, bien plus facilement que les petites unités locales et nationales, régulariser les fluctuations économiques.

La rationalisation de l'économie mondiale représente

donc l'échelon le plus élevé du développement qui partant de l'économie privée, tend à l'accroissement conscient et méthodique de la capacité de production d'une exploitation ou d'une entreprise ; et qui, parvenu à la phase plus avancée de l'économie nationale, poursuit l'adaptation consciente et méthodique de la production nationale aux besoins du marché national. Mais en réalité, il n'est guère possible de délimiter avec précision ces différents degrés de la rationalisation qui se trouvent au contraire dans une interdépendance réciproque. Le succès de la rationalisation au degré le plus restreint exige aussi l'amélioration des relations économiques entre Etats ; on n'aboutirait à aucun résultat en voulant rationaliser les relations entre Etats dans le domaine économique, c'est-à-dire inaugurer une rationalisation de nature internationale avant que les diverses économies nationales ne se soient rationalisées elles-mêmes. Ce n'est qu'en commençant par le premier échelon que nous pouvons rationaliser l'économie mondiale, et pour assurer à l'économie son plein déploiement la concentration rationnelle de toutes les forces est à son tour indispensable. Un progrès graduel dans le processus de la rationalisation, partant des entreprises isolées et gagnant, après l'économie nationale, l'économie mondiale tout entière : telle est la meilleure garantie du succès.

La rationalisation au premier degré doit déjà abattre des difficultés qui s'aggravent encore davantage quand à tous les obstacles vient s'ajouter l'*aspect national*, quand il s'agit de triompher du funeste nationalisme économique. Plus le champ d'action de la rationalisation s'élargit, plus une réglementation rationnelle des divers rapports devient malaisée.

Mais la rationalisation du processus économique dans l'économie mondiale n'est pas seulement un chapitre difficile de la science économique : elle est aussi le but suprême de toute politique économique, elle est dans l'économie

politique l'idéal par excellence et l'idéal ne consiste ni
à éterniser une situation exceptionnellement favorable
ni à éliminer les fluctuations. Son but est uniquement de
*réaliser sur une base internationale l'organisation rationnelle
du processus économique afin d'accroître le rendement du
travail humain et d'atténuer les crises.*

*   *   *

Jamais on ne pourra voir dans la stagnation et le repos
l'idéal de la vie économique. Ici encore, comme en tant
d'autres domaines de la vie humaine, le salut ne peut venir
que du mouvement et du rythme. Ce n'est pas de supprimer les oscillations de la vie économique dont il peut être
question, mais seulement d'atténuer la rigidité des courbes
de l'économie, d'en aplanir les hauts et les bas.

Et c'est justement pourquoi la rationalisation de l'économie mondiale ne signifie pas la stabilisation des conjonctures favorables qui fait craindre à Werner Sombart (1).
qu'elle n'égalise et ne calme par trop la vie économique
et ne finisse par la pousser irrémédiablement dans le piège
de la réglementation et de la bureaucratisation. Car il
ne peut pas plus y avoir une stabilisation définitive des
conjonctures favorables qu'il ne saurait y avoir une rationalisation définitive, réalisée pour toujours. A la première
conquête de la technique, invention, changement de
méthode ou de production, l'économie déjà rationalisée
peut rétrograder. « Pas plus qu'il ne peut y avoir une fin
dans le développement économique, il ne peut y avoir
un état économique rationnel qui reste constamment le
même», dit E. H. Vogel (2). « La dynamique de l'économie

1. *Die Stabilisierung der Konjunktur.* Extrait (avant publication) du dernier volume du *Moderner Kapitalismus,* Revue d'économie mondiale, 24 mars 1927.
2. *Rationalisierung als Sanierungsmittel der modernen Volkswirtschaft,* dans la *Nationalwirtschafft,* 1928, n° 6.

renferme en elle le principe de l'évolution et celui-ci la rationalisation, laquelle redevient sans cesse nécessaire et doit s'adapter aux changements dans le processus économique, au cours de l'évolution ».

En substituant à la lutte de la concurrence économique la collaboration des peuples, la rationalisation de l'économie mondiale, bien loin d'avoir pour résultat la paralysie des énergies économiques, amènera dans ce domaine une nouvelle période de floraison et servira la cause de l'humanité.

C'est que, une fois réalisée dans l'économie mondiale, l'idée de la rationalisation pourra être considérée comme ayant pris fin ; ce ne sera pas le mouvement de fluctuation dans les conjonctures économiques mais la phase impérialiste de l'économie ultra-capitaliste dans laquelle nous vivons aujourd'hui. En pénétrant dans l'économie capitaliste privée, l'idée de l'économie rationnelle conduira à la collaboration sur la base coopérative et lui donnera des traits collectivistes. *L'unité de direction dans l'exploitation des matières premières, l'adaptation rationnelle de la production est de la consommation*, en tenant compte de la situation économique dans son ensemble, voilà ce qui caractérisera la nouvelle forme de l'économie capitaliste. Sans méconnaître les succès de la rationalisation dans les organisations économiques privées, on ne pourra pourtant pas laisser entièrement à l'initiative et au gré des entrepreneurs intéressés le soin de régler systématiquement l'économie mondiale. Outre les entrepreneurs, il faut que soient entendus les consommateurs et les ouvriers. D'ailleurs l'organisation systématique de l'économie mondiale doit être soumise au contrôle des nations sans le concours desquelles un programme international d'économie mondiale ne saurait être réalisé.

C'est la *Société des Nations* qui est appelée en premier lieu à préparer la voie à une organisation embrassant le monde. Occupée jusqu'ici à écarter les anomalies économiques des années de guerre, elle n'avait pas encore abordé le problème de la rationalisation en tant que principe et en tant que tâche positive de l'économie mondiale tout entière. Ni à la Conférence économique internationale, ni après, il n'a été question de la rationalisation de l'économie mondiale.

Par contre, on s'est déjà proposé résolument, dans plusieurs branches de la production la réalisation d'une entente économique universelle. La Société des Nations a décidé de soumettre la situation de l'industrie minière et de l'industrie sucrière à des investigations approfondies ; elle a abordé ainsi un important problème de la rationalisation de l'économie mondiale, *le problème des matières premières.*

C'est pour différentes raisons que l'on a commencé par le *charbon* et par le *sucre.* Ces deux industries se trouvent depuis des années dans une crise chronique des plus graves, et ne peuvent arriver à une amélioration des conditions existantes sur une base purement nationale : ce n'est que par des ententes sur la base de l'économie mondiale, qu'elles peuvent espérer le rétablissement de leurs appareils de production, qui souffrent d'une hypertrophie. Il existe d'ailleurs, pour l'industrie sucrière dont il s'agit de régler la production, un précédent des plus encourageants : la convention sucrière conclue à Bruxelles en 1903, laquelle représente déjà une tentative qui a réussi à régler la production sur une base internationale publique.

Sans aucun doute, après ces conférences, des voix s'élèveront au sein de la Société des Nations pour réclamer une *conférence internationale du pétrole,* afin de discuter la situation critique régnant sur le marché international de ce produit et provoquant des tensions fréquentes. Ce n'est que par la coopération des producteurs et des gouvernements dans les principaux pays pétrolifères que l'on arrivera à stabiliser la production mondiale en restreignant l'exploitation, en contingentant le débit et en réglant les prix.

C'est encore vers la rationalisation de l'économie mondiale que tend la résolution de la Sociétés des Nations visant, sur le terrain agricole, à une *coopération internationale entre les coopératives paysannes de production et de consommation.*

Tandis qu'il ne s'agit ici que d'un faible début et que pour l'instant, la Société des Nations ne se propose encore que l'élaboration d'un vaste programme d'économie mondiale, en dehors de la Société de Nations, certains organes de l'économie publique se sont déjà faits les promoteurs de l'idée d'une économie internationale rationalisée.

A l'heure qu'il est, l'idée de la rationalisation économique a gagné une importance accrue et un nouveau champ d'application grâce à la nouvelle théorie monétaire qui impose la *régularisation des prix* comme étant la tâche principale des banques d'émission. Etant donné qu'en procédant à cette régularisation par le moyen d'une politique appropriée de l'escompte et des devises, on devra se placer à des points de vue internationaux et homogènes, les instituts d'émission se sont entendus, en leur qualité de pionniers de la rationalisation économique par le moyen de la *coopération* pour établir des principes uniformes afin de dominer le marché financier et de régulariser les prix, qu'il s'agisse des prix des marchandises ou des prix de l'or (élimination de la concurrence dans l'achat de l'or destiné à compléter les stocks). La tendance qu'ont les banques d'émission de s'unir en vue d'ententes coopératives s'explique par la conception que l'on s'en fait depuis peu et selon laquelle lesoin de régler la formation des prix est confié en grandepartie à ces établissements.Les banques d'émission et les banques de crédit, qui entretiennent des rapports étroits avec elles ne sont plus des organes neutres auxquels l'économie publique s'adresse pour couvrir ses besoins d'argent, elles ne sont plus de simples réservoirs destinés à recueillir le trop plein du capital épargné. Les banques ont dans leur politique du taux d'escompte un moyen qui leur permet d'intervenir activement dans le mécanisme économique, de diriger dans un sens déterminé le courant des capitaux en élevant ou en abaissant les taux de prêts, d'empêcher les placements douteux, de stimuler l'épargne ou au cas échéant de la modérer. Le taux d'intérêt doit, en tant que régulateur des prix des marchandises, contribuer à l'amélioration des conditions d'existence, parer au danger des crises et apporter ainsi dans la vie économique une note politico-sociale. Cette extension des devoirs assignés aux banques a automatiquement pour effet de leur donner le rôle de représentants d'une nouvelle économie systématisée « qui tend à faire rentrer le sort des industries et la décision sur la direction, la méthode de la production, et sur la répartition des contrats de production dans la sphère d'influence des banques centrales dirigeant la politique des crédits » (1).

La rationalisation de la circulation fiduciaire, une homogénéité des principes régissant la politique de l'or, de l'escompte et de la théorie des crises de la part des banques centrales sont effectivement, à l'heure qu'il est, le but le plus raisonnable, parce qu'immédiatement réalisable en pratique des efforts de l'économie mondiale. Mais cette préparation consciente de l'avenir économique appelle aussi la fusion des forces dans d'autres domaines. Si nous ne voulons pas devenir le jouet d'une évolution accidentelle, si nous voulons parer au danger des crises, amélio-

---

1. Schumpeter, *Kreditkontrolle. Archiv f. Sozialwiss*, 1926, p. 372, faisant suite à Wicksell, *Geldzins und Güterpreise*, dont les idées forment la base de la théorie anglo-américaine moderne du crédit, d'où a é é tirée récemment la théorie « monétaire » des crises. Cf. en particulier : Mises, *Geldwertstabilisierung und Konjunkturpolitik*, Jena, 1928, p. 79.

rer les conditions d'existence de l'humanité, il nous faut substituer au chaos des rapports économiques une régularisation consciente par le moyen d'ententes économiques universelles. Par là, la rationalisation de l'économie mondiale n'acquiert pas seulement une importance économique capitale ; elle devient aussi le guide des nations sur le chemin de la paix. Et c'est pourquoi le problème de la rationalisation de l'économie mondiale rentre également dans le cadre d'une politique libérale de la part de la Société des Nations.

2. LA RATIONALISATION DU SUCRE.

La rationalisation de l'économie mondiale a pour but principal l'équilibre entre la production et la consommation. C'est pourquoi la Société des Nations se propose tout d'abord l'assainissement sur les points où le manque d'équilibre se fait le plus sentir. Ce manque d'équilibre peut être causé soit par des entraves artificielles, telles que les barrières douanières, empêchant le libre jeu de l'offre et de la demande, soit par un changement trop rapide et inattendu des habitudes de la consommation. Ce dernier cas se présentant dans l'industrie sucrière, le Comité économique de la Société des Nations décida une enquête afin de trouver les causes immanentes de la crise et d'y apporter les remèdes nécessaires.

La crise de l'industrie sucrière, en l'espèce le déclin de l'industrie du sucre de betterave, est le produit de nombreux phénomènes qui, par leurs effets, s'aggravent réciproquement. En tant qu'industrie agraire la production du sucre de betterave est soumise à l'influence de tous les facteurs qui ont provoqué la crise agraire en Europe. La production agraire en général ayant augmenté par tête d'habitant a eu pour effet une surproduction, avec ses conséquences néfastes pour la formation des produits. Pour assurer la vente des produits, il faut attirer des catégories d'acheteurs de plus en plus lointaines ; ainsi on arrive, aux couches marginales, ayant un pouvoir d'achat limité dont l'offre a une influence prépondérante sur la formation des prix. Outre ces éléments décisifs pour la crise agraire en général, la crise de l'industrie sucrière a été causée par des faits spéciaux : elle est une conséquence de la guerre présentant des aspects non pas de conjonctures, mais de structure.

Quant aux céréales, le recul de la consommation est soumis à l'influence de la consommation accrue d'autres articles de consommation. Partout on peut constater un défaut de consommation, surtout dans les pays pionniers au point de vue de la civilisation, tels que les Etats-Unis et l'Australie. On pourrait même formuler une loi d'après laquelle — si le bien-être augmente — à partir d'un point déterminé la consommation de céréales va en diminuant en faveur de la consommation d'autres produits alimentaires. Pendant l'époque 1904-1919, la consommation de farine a baissé de 10 %, de 1919-1923 de 12 % encore.

Il en est autrement pour le sucre. Pour ce produit, il ne s'agit pas d'un recul de la consommation sous l'influence de la consommation accrue d'autres produits alimentaires. Ici, nous nous trouvons en présence d'une surproduction caractérisée. Tandis que pour l'époque d'avant-guerre, dans la moyenne des années 1909-1913, la production mondiale en sucre était de 17,5 millions de tonnes, à laquelle participait la production du sucre de canne avec 55 %, celle du sucre de betterave avec 45 %, tandis que la production moyenne 1924-1927 doit être estimée à 24,6 millions de tonnes ce qui représente une augmentation de la production totale, comparée à l'époque d'avant-guerre, de 40 %. A cette quantité de sucre de canne participe avec 67 %, celui de betterave avec 33 %. Comparée à l'état d'avant-guerre, la production du sucre de betterave a augmenté de 4 %, celle du sucre de cannes de 71 % (1).

La production du sucre de betteraves sert en première ligne à satisfaire la consommation des pays producteurs eux-mêmes. Il n'y a que la Pologne et la Tchécosolvaquie qui ,dans une très forte mesure, dépendent de l'exportation de leur excédent. Parmi les pays importateurs de sucre de betterave, l'Angleterre occupe la première place. Son importation totale, y compris le sucre de canne, se chiffre par 18,5 millions qm. La répartition au point de vue géographique est caractérisée par le fait que le sucre de betteraves est absorbé presqu'intégralement par le commerce européen, tandis que le sucre de cannes constitue l'objet d'un commerce intercontinental. L'acheteur le plus important du sucre de Cuba est les Etats-Unis dont la consommation se chiffre par 51,3 qm. L'exportation de sucre de canne javanais est de 18,5 millions qm., dont la majeure partie, soit 17,5. s'exporte en Asie orientale. On tâche de placer le million restant dans les autres pays. Ainsi l'Europe est devenue l'arène de la lutte entre le sucre cubain et javanais. Java se trouve en tête, du fait que les frais de production sont inférieurs à ceux du sucre cubain. Le sucre javanais est meilleur marché à cause du moindre prix de revient, la livre anglaise de sucre étant produite à 1.77-1.95 cents américains, tandis que le prix de revient du sucre de Cuba s'élève à 2,5-3 cents américains, à cause de la main-d'œuvre élevée (2).

C'est dans sa 25e session en juillet 1928, précédant la 9e Assemblée que' le Comité économique avait décidé de s'adresser aux Gouvernements, notamment à ceux qui sont frappés par la crise de l'industrie sucrière pour

1. Kurt Kitter, Zeitscht. f. d. ges. Staatswissenschat, 1929, 87. Vol. II, H.
2. *Ibid.*

recueillir des données statistiques sur cette dernière (1).

Les investigations du Comité, des mémoranda préparés pour le Comité économique mettaient au premier plan la

1. Lors de sa 26e session tenue au mois d'octobre 1928, le Comité économique avait décidé de s'adresser à des spécialistes de renom mondial dans la question sucrière, et de leur demander des expertises visant certains aspects déterminés du problème. C'est ainsi que les travaux suivants ont été préparés :

a) Une note du Dr Prins en Geerligs, d'Amsterdam sur la production du sucre de canne ;

b) Une note de M. F. O. Licht, de Magdebourg, sur la production du sucre de betterave ;

c) Une note du Dr Gustav Mikusch, de Vienne, concernant l'influence de la législation sur la production, la consommation, l'importation et l'exportation du sucre, ainsi que sur le développement de la consommation et envisageant les moyens d'augmenter cette dernière.

Le Comité économique a pris connaissance de ces mémoires dans sa session de janvier 1929.

Dans son rapport de janvier 1929, le Comité a déclaré ce qui suit :

« Des travaux ainsi réunis, se dégage cette idée fondamentale que la situation faite actuellement à l'industrie sucrière dans le monde, repose essentiellement sur un manque d'équilibre entre la production et la consommation ; d'où la conclusion naturelle que, pour rétablir cet équilibre, il conviendrait, soit de chercher à augmenter la consommation, soit de réduire la production, soit d'agir à la fois dans les deux sens.

On peut se demander s'il serait conforme au rôle de la Société de Nations d'exercer une action dans le but d'enrayer le développement naturel de la production, c'est-à-dire de mettre obstacle à une extension qui serait la résultante du libre jeu des lois économiques.

Mais le développement de la production mondiale est en partie la conséquence de mesures artificielles prises sous diverses formes et qui dépendent notamment de l'action de ces Etats.

Sous cet aspect, l'étude du problème qui se présente serait nécessairement du plus haut intérêt ; de même, l'étude des possibilités d'augmentation de la consommation offrirait la plus grande utilité. »

Le Comité économique se trouvant maintenant en présence d'une documentation suffisante, a décidé de procéder à une consultation d'experts spécialement qualifiés dans les différents domaines de l'industrie sucrière.

Le Comité a choisi, pour se réunir avec ces experts, une délégation composée du Bureau du Comité, le Dr Trendelenburg et Sir Sidney Chapman, ainsi que de MM. Barboza-Carneiro, Brunet, Dvoracek, et Stucki (avec faculté, pour M. Brunet de se faire remplacer en cas d'empêchement par le Dr Nederbragt).

question des prix de revient de la production, celle-ci étant plus facile à résoudre dans l'industrie du sucre de canne que dans celle du sucre de betteraves. Nous trouvons donc des données exactes dans le mémorandum de M. Geerligs. La commission des tarifs au gouvernement des Etats-Unis a procédé à une enquête sur les conditions de production du sucre dans le territoire des Etats-Unis, ainsi que dans les dépendances insulaires du pays et à Cuba. Cette commission est arrivée à la conclusion qu'il existe des différences assez considérables dans les prix de revient. Ces fluctuations ont atteint jusqu'a 200 %. Cet écart énorme est dû tant à l'application de diverses méthodes d'application statistique qu'au fait que les périodes constituant la base des investigations ne sont pas assez étendues.

D'ailleurs, on n'a pas réussi à se mettre d'accord sur la base méthodique de l'investigation et à déterminer les éléments du prix de revient. Ainsi, la question de savoir s'il fallait comprendre dans le prix de revient l'intérêt du capital initial et du capital d'exploitation, l'amortissement de l'installation, n'est pas encore résolue. Est-ce que les droits et impôts doivent être compris dans le prix de revient ? Les bénéfices provenant de la vente des sous-produits, doivent-ils en être déduits ?

La statistique sur la production du sucre par unité de superficie nous montre que les exposés tels que celui de M. Grotkass, se basant sur les statistiques sucrières des pays cultivant la canne à sucre, laissent beaucoup à désirer. Une difficulté assez grave au point de vue statistique résulte du fait qu'on n'est pas tombé d'accord sur la base statistique des investigations. S'agit-il de superficie cultivée ou de superficie moissonnée ?

Concernant l'accroissement futur de la production du sucre de canne, le mémoire établit les évaluations suivantes :

De 1880 à 1902 la production du sucre de canne a doublé,

passant de 2.030.000 tonnes à 4.160.000 tonnes ; de 1902 à 1928, on peut constater un quadruplement, la production s'étant accrue jusqu'à 16.240.000 tonnes. La production du sucre de betteraves n'a passé pendant la même époque que de 5.209.000 tonnes à 9.300.000 tonnes. La production mondiale a passé de 9.372.000 tonnes à plus de 26,5 millions de tonnes.

Les prévisions qui ont été établies comme résultat des investigations sont favorables à l'industrie des betteraves. On arrive à constater que la possibilité virtuelle de l'augmentation illimitée pendant un certain temps encore devrait être envisagée comme menaçante pour l'industrie de la betterave. On dispose d'ailleurs à Cuba, en Argentine, dans les Indes, les Philippines, et dans d'autres pays nombreux, de vastes territoires, susceptibles d'être utilisés pour la culture de la canne. En outre, le rendement en sucre par unité de superficie étant encore inférieur à ce qu'il pourrait être grâce à une culture plus intense, l'application de méthodes plus subtiles pourrait contribuer à une augmentation considérable de la production. L'exemple de Java, où l'industrie du sucre de canne est déjà arrivée à un niveau assez élevé de développement, ce qui a eu pour conséquence un accroissement de 30 % du rendement en sucre d'une superficie donnée, devrait nous apprendre à estimer d'une façon plus large les possibilités du rendement dans les pays qui n'ont pas encore atteint le même niveau de développement.

La production du sucre de betterave dans le monde et ses perspectives ont formé le sujet d'un mémorandum de M. F. O. Licht (1).

La diminution progressive et constante de la part proportionnelle du sucre de betterave dans la production

1. Société des Nations « Le Sucre », Mémorandum préparé pour le Comité économique, p. 17 ss.

mondiale est mise en relief par un tableau très instructif.
La production du sucre de canne atteignit celle du sucre
de betterave, et se maintint à peu près au même niveau
qu'elle jusqu'aux années qui précédèrent immédiatement
la guerre mondiale. Ce phénomène s'explique par l'amélioration de la culture et la diminution du prix de revient
de la production du sucre de canne dans les pays d'outre-
mer. Cet accroissement de la production a eu comme effet
une chute des prix du marché mondial qui a frappé les
grands pays européens exportateurs de betteraves. Ceux-ci
tâchant de se défendre contre la concurrence des pays
extra-européens au moyen de fortes primes d'exportation, succombèrent graduellement. Le conflit flagrant
entre producteurs de betterave et producteurs de canne
amena les Etats de l'Europe à conclure la convention de
Bruxelles en 1902. Les profits plus réduits réalisés au
marchés mondial engagèrent les Etats à augmenter le
pouvoir d'achat des marchés intérieurs. La capacité d'absorption des marchés intérieurs pour le sucre de betterave
n'a pas été augmentée d'une manière définitive par la
Convention de Bruxelles. Cette dernière a, au contraire,
eu des conséquences néfastes sur le rapport entre le sucre
de betteraves et le sucre de cannes. Bien que la Convention de Bruxelles ait apporté une solution provisoire entre
les Etats européens exportateurs de sucre, il n'en est pas
moins vrai peu à peu l'inopportunité du contingentement
par des gouvernements parut évidente. D'ailleurs, la convention a eu pour effet de renchérir le sucre pour les
consommateurs. Elle a perdu sa raison d'être après la
défaite de la politique de Chamberlain. Le cabinet libéral
qui lui succéda a laissé le cri d'alarme : le sucre bon marché pour les consommateurs. Il a condamné des mesures
coercitives dirigées contre les Etats accordant les primes,
il a réintégré dans leurs droits les primes d'exportation.
Cette politique a radicalement modifié le sens immanent

de la convention de Bruxelles. Toutefois la signification primordiale de la convention de Bruxelles résidait dans la tendance à niveler les conditions de production de l'industrie et de la betterave et de celle de la canne. Cependant le but original de cette convention a été renversé de sorte que la convention a eu pour résultat de renforcer encore la position du sucre de canne. Cette situation a été aggravée par la guerre mondiale, qui assura la victoire à la dernière. La production européenne du sucre de betterave alla toujours en diminuant sous l'influence des bouleversements provoqués par la guerre, et atteignit en 1919-1920, la première année d'après-guerre, son niveau le plus bas avec 2.529.923 t. Une fois la guerre terminée, la production du sucre de betterave commença à se rétablir lentement. La surproduction a eu comme conséquence une baisse rapide des prix. Celle-ci troubla en première ligne les pays non protégés par des tarifs douaniers et produisant pour le marché mondial. Ainsi Cuba, souffrant de la baisse des prix, a fait un effort pour améliorer la situation au moyen d'une restriction volontaire de sa production, au cours des campagnes 1926, 1927, 1928. Ses efforts, telles que les conventions conclues en 1927-1928 entre Cuba, l'Allemagne, la Tchécoslovaquie et la Pologne, n'eurent que peu de succès.

La part prise par les différents pays d'Europe dans les variations accuse des divergences assez grandes. La superficie cultivée en betteraves était en 1919-1920 en Tchécolosvaquie de 182.653 ha., en 1928-1929, elle était de 250.475 ha. En Autriche, les chiffres correspondants étaient 3.990 et 27.836 ha. En Hongrie, la superficie cultivée est montée de 20.000 ha en 1919-1920 à 65.503 en 1928-1929. En Pologne, l'augmentation de la production a lieu par bords. En 1919-1920, 75.000 ha., en 1928-1929, 220.500 ha. De même que dans les Etats de l'Europe centrale une augmentation identique se fit sentir dans les autres pays d'Europe. En Italie, la superficie cultivée se monta en 1919-1920 à 51.700 ha., en 1928-1929 à 112.000 ha. En France, 1919-1920, 65.259 ha., en 1928-1929, 242.370 ha. En Belgique, 1919-1920, 34.000, en 1928-1929, 63.217. Il n'y a que le Danemark qui n'accuse presque aucune augmentation de superficie cultivée, En Hollande et en Suède il n'y a qu'une augmentation insignifiante.

Le rendement par hectare des principaux pays sucriers de l'Europe accuse la même tendance à l'augmentation. En Allemagne la production est montée de 186 quintaux métriques en 1919-1920 à 265 q. m. en 1927-1928. L'Autriche indique un triplement de sa production, en Tchécoslovaquie la production s'éleva en 1919-1920 à 97 q. m., en 1927-1928 à 295 q. m., en Pologne à 114 q. m. pour 1919-1920 et 178 q. m. pour 1927-1928 ; en France, l'augmentation est manifeste (167 q. m. à 251 q. m.), à peu près inchangé reste le rendement en Danemark ; en Hollande, Suède, Italie, on constate un léger recul, tandis que le rendement en Russie augmente de 142 à 144 q. m. en 1927-1928.

Un autre tableau très instructif nous informe sur la situation de la production du sucre de betterave des principaux pays d'Europe (valeur brute en tonnes métriques). Ainsi, en Allemagne la production sucrière est montée de 716.627 (1919-1920) à 1.830.000 t. (1928-1929), en Tchécoslovaquie de 504.700 à 1.050.000, en Autriche, de 5.210 à 110.000 t. en Hongrie de 11.430 à 220.000, en France de 171.630 t. à 890.000 t,. en Pologne de 93.600 t. à 740.000 t.

Le point principal de l'investigation était d'essayer de déterminer les *prix de revient*. Les difficultés qui s'opposent à la réalisation de ce programme pour l'industrie des betteraves surpassent encore considérablement celles que rencontrent les investigations concernant l'industrie du sucre de canne. Ces difficultés sont encore aggravées par le fractionnement de la production en 3 phases : production de la betterave, du sucre brut et du sucre raffiné. De plus, les données statistiques en général laissent beaucoup à désirer. Pour ses raisons, l'auteur du mémoire est obligé de renoncer entièrement à l'établissement des données comparatives sur les prix de revient de sucre de betterave en Europe. Même, cette documentation incomplète permet de constater que les frais de production accusent une augmentation très considérable par rapport à la période d'avant-guerre. Ces augmentations sont causées par l'accroissement des impôts, les diminutions des heures de travail, les charges sociales et les charges au titre des réparations, là où elles entrent en ligne de compte, par exemple en Allemagne. Cette augmentation , ut être évaluée en moyenne à 170 % en ce qui concerne l'agriculture et à 150 % en ce qui concerne la fabrication.

Par rapport aux perspectives en matière de production du sucre de betterave au cours des années à venir, on arrive aux conclusions suivantes :

La production par hectare du sucre de canne étant d'à peu près 100 % supérieure à celle du sucre de betterave, et la main-d'œuvre étant beaucoup plus élevée en Europe, la canne à sucre tend à prédominer considérablement sur le marché mondial. D'un point de vue purement économique, il faudrait donner la préférence à la production de sucre de canne. Cependant, des considérations orientées spécialement vers la politique des prix, et le fait que les prix de revient sont peu élevés, ne sauraient être décisifs. Il y a des points de vue très importants et des raisons vitales qui militent en faveur d'un maintien et même d'un développement de la culture des betteraves. Ces raisons ne doivent pas être cherchées dans des considérations de politique financière. Ces motifs fiscaux qui favorisent la culture de la betterave appartiennent au passé. Mais de nos jours, il y a des raisons d'ordre agricole et social qui donnent à la betterave une importance essentielle et primordiale. Toute agriculture intensive dépend de la culture de la betterave. Le rendement supérieur des produits champêtres cultivés après la betterave et l'amélioration générale du sol, causée par la culture de celle-ci, sont des faits bien connus.

En outre, il faut y ajouter de grandes possibilités d'utilisation des déchets et sous-produits de la betterave, tels que les feuilles et la mélasse, qui permettent à l'agriculture d'élever des quantités plus importantes de bétail et d'augmenter ainsi la production de la viande, du beurre, du lait et du fromage. La mélasse trouve de plus en plus un emploi rémunérateur dans de nombreuses préparations chimiques. La culture de la betterave à sucre accuse, en y comprenant ces utilisations accessoires, un rendement moyen par hectare qui surpasse celui de tous les produits des champs, avec 76,70 q. m. de fécule, et 3, 51 q. m. d'albumine.

Il va de soi que les perspectives de l'industrie des betteraves ne sont pas les mêmes dans les différents pays. La disproportion existant entre la production et la consommation est très grande en Tchécoslovaquie, les mesures prises par ce pays à titre de représailles étant trop récentes pour permettre d'en juger les conséquences. L'augmentation des droits de douane en Autriche et en Italie qui ont fermé les marchés au sucre tchécoslovaque, a contribué à aggraver la situation. La Hongrie se trouve dans une situation analogue, la production sucrière y dépassant également la consommation intérieure. Il en est autrement en France et en Autriche, où la consommation continue à dépasser fortement la production. Vu la situation dans les différents pays d'Europe, il convient plutôt de prévoir un recul qu'une augmentation de la production sucrière, le sucre de betterave n'étant pas en mesure de lutter avec succès contre le sucre de canne.

Y a-t-il des remèdes à la dépression de l'industrie su-

crière ? Une convention comme celle de Bruxelles ne constituerait pas un remède dans ce cas. Il faudrait, par contre,
trouver une solution au problème, en la cherchant du côté
de la consommation. Un de ces moyens consisterait dans
l'institution d'une commission internationale pour le
développement de la consommation du sucre, qui aurait
pour mission d'étudier les moyens de stimuler la consommation. Bien que la consommation mondiale se soit développée d'une manière entièrement satisfaisante et plus
rapidement qu'à l'époque d'avant-guerre, il faudrait encore
l'augmenter pour contrebalancer l'augmentation de la
production mondiale de sucre. Le tableau ci-dessous en
donne l'illustration :

Production mondiale du sucre (betterave et canne)
(tonne métrique, valeur du sucre brut)

1923-1924	21.390.000
1924-1925	24.883.000
1925-1926	26.021.000
1926-1927	24.701.000
1827-1928	26.676.000

Consommation mondiale du sucre

1923-1924	21.245.000
1924-1925	23.058.000
1925-1926	24.542.000
1926-1927	24.553.000
1927-1928	25.742.000

La consommation par tête dans les différents pays accuse
une divergence marquée selon le niveau de civilisation.
Tandis que l'U. R. S. S. pendant les années 1925-1926
n'indiquait qu'une consommation de 7,1 kg. par tête et
année, l'Italie, l'Espagne, la Hongrie, la Pologne, une consommation à peu près égale, se chiffrant par 10 kg. par
tête et par an, la Suisse a une consommation de 39,7 kg., la

Grande-Bretagne de 41,2 kg., et que le Danemark marche à la tête de tous les pays consommateurs de sucre avec un chiffre de 53,8 kg. Pour l'époque 1927-1928 la consommation par tête et kilo se chiffrait à 8,9 kg. pour l'U. R. S. S., la Hongrie consommera 13,5 kg., la Pologne 12,7 kg., la Suisse 42,5 kg., la Grande-Bretagne 44,8 kg. Il n'y a que le Danemark qui accuse une petite réduction à 51,7 kg. et la Tchécoslovaquie qui recule de 28,6 à 27 kg. par tête.

Malgré l'accroissement presque général de ce taux de progression, la consommation (1927-1928) est à peu près au niveau de celle de 1924-1925. Si elle continuait à progresser au prorata des dernières années (de 4,5 % environ), elle dépasserait en 1934-1935 le chiffre qu'on obtiendrait en prenant pour base la consommation en 1913-1914 (18.793.000 tonnes métriques, valeur brute), soit un accroissement annuel de 3 %. Le point saillant est de savoir si la consommation après avoir atteint le niveau auquel elle serait parvenue dans un développement normal, sans être interrompu par la guerre. Comme remède à la crise sucrière il n'y a que la foi dans l'accroissement normal des besoins résultant de la vie civilisée.

Sur la base de ces rapports, une consultation d'experts de l'industrie sucrière a eu lieu à Genève du 4 au 6 avril 1929 (1). Des experts venant de 15 pays ont pris part à la Conférence Cette assemblée a fourni à la délégation du Comité économique des éléments essentiels comme base d'une exposé compréhensif sur la situation de l'industrie sucrière et sur l'étendue de la crise. Deux idées principales se sont dégagées de la discussion des experts, à savoir, d'une part, celle de la stabilisation éventuelle de la production pendant une période de quelques années, et d'autre part, l'adoption de mesures visant à une augmentation de la

____

1. Société des Nations Comité économique, rapport au Conseil sur les travaux de la vingt-huitième session, tenue à Genève du 8-12 avril 1929. C. 155. M. 1, p. 3.

consommation. Finalement on exprima l'avis qu'un accord entre les producteurs serait un moyen susceptible de réduire la production, mais la délégation du Comité économique a fait ressortir à cette occasion que ce serait là l'exemple caractéristique d'une entente entre producteurs, pour laquelle les directives ont été tracées par la Conférence économique internationale. Le Comité économique de la Société des Nations, décline toute responsabilité et initiative en cette matière. Il se borne donc à suivre en spectateur le développement de l'évolution d'une entente éventuelle et se réserve de tenir compte de l'évolution éventuelle des événements dans son rapport définitif au Conseil de la Société des Nations. Le Comité s'appuya sur la collaboration de l'Institut International d'Agriculture de Rome. Cette conférence a largement atteint son but, en fournissant à la délégation les éléments essentiels d'investigation. Étant donné les relations intimes existant entre la culture de la betterave à sucre et l'ensemble de l'économie rurale, le Comité à décidé de spécialiser l'enquête, en procédant à une consultation d'experts au sujet de la production de la betterave. Cette réunion a eu lieu le 13 mai 1929 sous les auspices de la Société des Nations et du Secrétariat général de l'Institut International d'Agriculture de Rome.

Le Comité économique espère que le résultat de ces deux conférences le mettra en mesure de présenter au Conseil un rapport détaillé sur l'ensemble de la question sucrière (1).

3. LA RATIONALISATION DU CHARBON.

La rationalisation du charbon n'est pas au même degré que celle du sucre, un problème mondial. En effet, tandis que la

1. Société des Nations. Rapport sur l'œuvre accomplie par la Société depuis la dernière session de l'Assemblée. A. 6. 1929, Genève, le 1er juin 1929, p. 66 ss.

crise sucrière frappe tous les pays producteurs de betteraves, la crise houillère est plutôt concentrée dans un petit nombre de pays. C'est surtout la Grande-Bretagne qui en est profondément atteinte, de sorte que l'on peut parler de la crise charbonnière comme d'une question en premier lieu britannique. La production du charbon en Grande-Bretagne est arrivée à son point culminant en 1914 par une extraction et vente de près de 300 millions de tonnes. C'est elle qui avait assuré à l'Angleterre sa suprématie industrielle et commerciale ; mais, pendant la guerre tous les pays concurrents firent des efforts surhumains pour élever leur production. Une surproduction ne correspondant guère à la consommation en fut la conséquence ; elle provoqua une lutte économique entre l'Angleterre, l'Allemagne et la Pologne. L'avance prise spécialement par la Pologne devint encore plus considérable par l'occupation de la Ruhr et la grève des mineurs anglais en 1926.

Préoccupés de la crise de l'industrie charbonnière et de l'importance internationale de ce problème, la Société des Nations, a, pour la première fois, entamé cette question au sein du Comité consultatif, dans sa première session tenue à Genève du 14 au 19 mai 1928 (1). S'inspirant des directives données par la Conférence économique internationale, qui avait mis à son ordre du jour le problème des crises économiques en général, résultat d'un déséquilibre entre production et consommation, le Comité consultatif a spécialisé ce problème en entrant dans les détails de la crise charbonnière et sucrière. Il recommande au Conseil de la Société des Nations d'inviter l'organisation économique de la Société des Nations à étudier à fond la question du charbon (2).

1. C. 217. M. 73. 1928. II, p. 17.
2. Le Conseil prit acte du rapport établi par le Comité consultatif dans sa 50ᵉ session du 9 juin 1928.
Après avoir obtenu l'approbation de l'Assemblée du 21 septem-

Le Comité économique a élaboré les points de vue principaux du problème sur lesquels devait se diriger en premier lieu l'attention du comité des experts, à savoir :

1° La relation à déterminer entre l'industrie charbonnière et les autres sources d'énergie en général, pour évaluer la quote-part revenant dans cette lutte à d'autres combustibles (lignites, huiles minérales, charbon de bois, etc.).

2° L'examen du caractère général de la crise pour élucider si celui-ci est passager ou permanent.

3° L'effet de l'intervention des Etats sur la production, la circulation et la répartition du charbon (Régime douanier, réglementation d'entrée et de sortie, susbides directs ou indirects, contingentement).

4° L'effet de la politique des prix sur la consommation et la vente du charbon.

Le Comité économique a complété la délégation conformément aux instructions données dans sa dernière session, par l'adjonction de 11 experts, appartenant aussi bien à des pays consommateurs qu'à des pays producteurs. Ce comité d'experts s'est réuni à Genève du 8-12 janvier 1929. A la suite de cette réunion, le Comité économique continua l'enquête en faisant appel à des experts ouvriers qui,

bre 1928, le Comité économique traita la question charbonnière dans sa 25° session du 14 juillet 1928, et dans sa 28° session du 5 novembre 1928. En procédant à l'enquête qui lui avait été confiée par le Conseil, le Comité économique a nommé une délégation, composée des fonctionnaires du Comité et Sir Sidney Chapman, MM. di Nola, et Dolezal. Cette délégation fut chargée de vérifier la documentation élaborée jusqu'ici, en s'inspirant des points de vue internationaux. La main-d'œuvre jouant un rôle prédominant dans les prix de revient du charbon, on attacha une grande importance à ce que les fonctionnaires du Bureau international du travail y prissent une part active. Cette délégation devrait s'adjoindre des experts venant des pays producteurs et consommateurs principaux : Allemagne, Autriche, Belgique, Espagne, France, Grande-Bretagne, Italie, Pologne, Suède, Tchéco-Slovaquie.

toutefois, ne devaient pas y représenter les intérêts ouvriers proprement dits, mais y participer en leur qualité d'experts techniques. Ils devaient appartenir aux mêmes pays que les experts patronaux.

Dans son Rapport préliminaire, résultant de ses études approfondies, le Comité économique (1) essaya de caractériser la structure spéciale de l'industrie houillère en temps normal, les traits particuliers de l'industrie houillère après la guerre et au cours des dernières années. Il envisagea ensuite les remèdes éventuels en les classifiant en remèdes naturels, nationaux et internationaux. Il prit en considération les intérêts des consommateurs et esquissa les conséquences d'une intervention éventuelle de la Société des Nations.

En ce qui concerne la *structure spéciale de l'industrie houillère* en temps normal, la production mondiale est restée constante pendant une longue série d'années. Elle atteignit en moyenne environ 1.200 millions de tonnes. Cette quantité de production se répartissait à peu près en proportions égales sur les États-Unis et sur l'Europe. L'extraction européenne est assurée pour 40-50 % par le Royaume-Uni et pour environ 25 % par l'Allemagne. Les gisements houillers étant très concentrés au point de vue géographique, il n'y a que 4 grands États exportateurs de houille : les États-Unis, le Royaume-Uni, l'Allemagne et la Pologne.

Les États-Unis d'Amérique n'entrant pas, aujourd'hui au moins, en ligne de compte pour les exportations en Europe, il s'ensuit que la crise charbonnière est maintenant un problème limité à l'Europe. Malgré les progrès techniques faisant entrer le machinisme dans la produc-

1. Société des Nations. Organisation économique, Le Problème du Charbon, ses aspects internationaux. Rapport préliminaire du Comité économique de la Société des Nations. D. 150 M. 58 1929, II.

tion houillère, la main-d'œuvre y joue un rôle prépondérant, et les salaires y constituent une porportion très élevée du montant total des frais de production.

La production houillère revêt un caractère rigide de sorte qu'une augmentation de la demande ne saurait être mise en parallèle avec une augmentation de l'offre, toute nouvelle exploitation de mines comportant des investissements considérables de capitaux. Dans la formation des prix, la production houillère accuse des fluctuations énormes, les bénéfices et, à un moindre degré, les salaires tendant à varier dans des proportions assez fortes. Les salaires constituant la partie intégrante des frais de production, les fluctuations de prix et notamment toute dépression dans l'industrie houillère ont tendance à se répercuter sur les salaires. D'autre part, les statistiques de la consommation pendant les dernières années montrent que la demande de charbon est à peu près constante et n'a nullement une tendance ascendante parallèle aux progrès techniques. Tandis qu'à l'époque d'avant-guerre, la consommation mondiale progressait de 4 % environ par an, et correspondait ainsi au développement de la production industrielle en général, la consommation d'après-guerre est restée la même. Ce taux d'accroissement de 4 % environ a été dépassé en dehors de toute proportion par l'Allemagne, la Grande-Bretagne et les Etats-Unis, l'Allemagne ayant triplé sa production au cours des années de 1886-1913, les Etats-Unis ayant quintuplé la leur pendant la même époque, tandis que celle du Royaume-Uni s'était accrue de 80 %. Les exportations du Royaume-Uni représentaient près des 2/3 du total net des exportations de ces 3 pays producteurs. En 1913, ces exportations atteignaient environ 100 millions de tonnes, soit plus d'un tiers de la production nationale et près d'un sixième de l'extraction européenne en général. En 1928, ces exportations sont tombées à 68 millions de tonnes. Ce déficit de

32 millions de tonnes explique le caractère de la crise minière en Grande-Bretagne.

En ce qui concerne la *formation des prix*, on peut constater que la production houillère était accompagnée partout, sauf aux Etats-Unis, d'une hausse constante des prix. Cet accroissement de bénéfices provoqua la constitution de nouvelles entreprises. Mais comme l'exploitation houillère est une industrie qui peu à peu épuise la matière première, on était obligé d'exploiter des couches de plus en plus profondes, rénchérissant ainsi le coût du transport et partant le prix du produit lui-même.

Ayant caractérisé l'industrie houillère dans ses spécialités techniques et dans les tendances de sa politique des prix, le Rapport du Comité économique met en lumière le *caractère particulier* de l'industrie houillère après la guerre et au cours des dernières années. En 1913, l'extraction du charbon se chiffrait à 600 millions de tonnes, et plus d'un sixième de ce tonnage figurait dans la statistique du commerce international. Pendant la guerre, de nombreuses mines furent l'objet d'une exploitation spoliatrice. Une hausse jusqu'alors inconnue des prix du charbon se fit sentir. Les consommateurs se virent engagés à recourir à d'autres sources d'énergie pour économiser le charbon. Aussi des progrès scientifiques permirent-ils de tirer du processus de combustion du charbon le maximum d'énergie possible. Il faut y ajouter l'exploitation des forces hydrauliques et l'utilisation des qualités inférieures de charbon, comme la lignite.

Cette *révolution dans la production de l'énergie* est démontrée par le fait que 38 % des navires marchands du monde sont construits en vue de l'utilisation du pétrole comme combustible, tandis qu'en 1914 cette proportion ne dépassait pas 3,4 %. En 1913, l'énergie employée aux Etats-Unis d'Amérique était tirée de la houille et de l'anthracite pour plus de 84 %. Cette proportion est tombée à moins de 64 % en 1927. On peut constater le même processus en Italie, l'accroissement de l'énergie hydro-électrique produite en Italie, correspond à une consommation de charbon d'environ 9 millions de tonnes. En Allemagne, les effets de la rationalisation se font sentir en réalisant une économie de 10 % dans la consommation industrielle du charbon.

Une disproportion marquée peut se constater entre le rythme de l'évolution industrielle en général et la consommation mondiale de houille. Ainsi, celle-ci ne dépassait guère, en 1928, que de 4 % la consommation de 1913. L'importance de l'extraction houillère est restée à peu près la même en 1928 qu'en 1913. Mais pendant la même période la production de matières premières et de denrées alimentaires, ainsi que le volume du commerce mondial se sont accrus de plus de 20 %. La lenteur du développement de la consommation houillère est donc manifeste.

On constatera avec intérêt que les fluctuations de prix très marquées dans le commerce de charbon ont perdu leur effet naturel sur le marché et ne sont plus à même d'une part, de stimuler la demande, et d'autre part, d'intensifier l'exploitation.

Les prix élevés atteints par la houille en 1923 sont en grande partie dus à la suspension des livraisons de la Ruhr, et en 1926 à celle du Royaume-Uni, causée par la grève des mineurs. La production allemande de houille s'éleva en 1922 à 160 millions de tonnes et tomba en 1923 à 88 1/2 de tonnes. Celle de la Grande-Bretagne se chiffra en 1925 à 247 millions de tonnes et se réduisit en 1926 à 182 millions de tonnes. Il en découle que la production mondiale ne fut atteinte que dans une mesure presque négligeante par l'arrêt ou la suspension de la production de ces deux pays. En l'espèce, il s'agit d'une modification de structure de l'industrie houillère. La Société des Nations est d'avis que le caractère essentiel, la base même du problème charbonnier, est représenté « par la marge importante de l'excédent de capacité productrice » (1). Malgré une demande presque stationnaire, la capacité de production a augmenté. Cette augmentation était due à l'exploitation de gisements par les Etats qui avaient été empêchés pendant la guerre de compléter leurs stocks, étant séparés de leurs pays fournisseurs. En outre, cette augmentation a été amenée par les progrès normaux de l'industrie appliquant de plus en plus des méthodes scientifiques. Pour mettre en lumière la première de ces causes, il convient de mentionner les Pays-Bas, dont l'extraction a passé de 1.900.000 tonnes en 1913 à 10.7000.000 en 1928. De même la production de l'Espagne s'est accrue de 50 %, celle de l'Inde de 30 %, celle du Japon de 46 %. L'Allemagne a doublé sa production de lignite, elle extrait aujourd'hui en Haute Silésie allemande des quantités qui dépassent de plus de 8 millions de tonnes celles d'avant-guerre.

Nous avons déjà exposé que c'est le Royaume-Uni qui a été le plus gravement frappé par la crise houillère. Tandis qu'en 1913 l'extraction de ses mines atteignait 292 millions de tonnes, en 1928 elle ne dépassait guère 244 millions de tonnes. L'armée des chômeurs va en aug-mentant.

La marge de capacité productrice en excédent fut éva-luée à 1/4 environ en Allemagne, 1/4 à 1/3 dans le Royaume-Uni, 1/2 en Pologne. Cet excédent de production augmenta encore par le conflit minier de 1926 en Grande-Bretagne. Pour combler le déficit de la production bri-

1. Le Rapport tend à préciser la signification du terme : Excé-dent de capacité productrice. « Par capacité productrice, le rap-port entend les possibilités d'extraction houillère pour les mines existantes, sans investissement de nouveaux capitaux. L'excé-dent de capacités productrices corresponc à la différence existant entre la production actuelle et le tonnage que pourraient fournir, sans investissement, les mines en état d'exploitation, p. 9.

tannique, laquelle a baissé de 119 millions de tonnes (l'abaissement du chiffre net des ses exportations se montait à 64 millions de tonnes), les autres pays d'Europe ont pu accroître leur production de 21 millions de tonnes. Le montant principal de ce déficit a été presque entièrement couvert par les Etats-Unis d'Amérique dont la capacité de production latente n'est pas encore mise en valeur intégralement. Le fait que les Etats-Unis peuvent jeter sur les marchés d'Europe des quantités illimitées de charbon constitue pour l'industrie houillère d'Europe un danger permanent.

Le *déséquilibre profond entre la demande et la capacité productrice* immédiatement disponible, est susceptible de provoquer une crise beaucoup plus grave qu'une perturbation dans la proportion entre la demande et la production. Jamais un écart constitué par l'excédent de la production effective sur la demande ne pourra provoquer des crises aussi sérieuses, et abaisser les prix au moyen d'un accroissement proportionnellement faible des tonnages. Tout excédent de production se rétablirait de lui-même en provoquant une augmentation de la demande. Toutefois, la capacité potentielle de production qui se cache au fond de la capacité utilisée constitue actuellement le point faible de l'industrie houillère. La marge normale formée par les stocks et même par la capacité de production, l'élasticité nécessaire à l'industrie pour pouvoir répondre aux besoins inattendus et subits des marchés, a été élargie et exagérée d'une manière extraordinaire dans l'industrie houillère.

Le déséquilibre entre la capacité de production et de consommation a causé une lutte acharnée des pays exportateurs qui tiennent à s'assurer de nouveaux marchés sans vouloir renoncer à leurs anciens débouchés. Bien que l'effet complet de ces forces agissantes eût été neutralisé par des crises nationales et par les réactions économiques évoquées par certains événements politiques il ne faut pas perdre de vue qu'il s'agit en ce qui concerne la crise houillère de causes purement économiques qui prennent leurs racines dans des modifications structurales de l'économie mondiale.

Les *remèdes* préconisés par le Rapport se divisent en trois groupes différents : en remèdes *naturels, nationaux et internationaux*. Pour les remèdes naturels, les conditions anormales des dernières années ne permettent pas de s'en exagérer la valeur. Quant aux éléments d'ordre national, il faut constater qu'un grand nombre de pays ont adopté des mesures spéciales afin de stimuler la production nationale et de protéger les mines nationales contre la concurrence étrangère. On a eu recours à tout le répertoire de la politique étrangère mercantiliste. Les pays de moindre production, tels que la Roumanie, la Bulgarie, la Grèce, ont établi des droits. C'est surtout l'Espagne qui pratique des droits allant de 4,50 à 22,50 pesetas-or. Un autre moyen pratiqué par cette politique mercantiliste consistait dans l'application de subventions directes et indirectes qui ont eu plus d'importance encore que les mesures douanières. En outre, la France, l'Allemagne, la Pologne ont établi les tarifs ferroviaires préférentiels. Toutes ces mesures formaient un ensemble systématique et contribuaient à nationaliser la consommation houillère. Dans les pays protégés de cette manière on finissait par acheter exclusivement du combustible national. Cette aide indirecte a coûté au Royaume-Uni 23 millions de livres sterling pendant une période relativement courte, soit du mois de juillet 1925 au mois de mai 1926. L'Espagne a même établi un fonds gouvernemental spécial réservé au combustible.

Outre ces mesures gouvernementales il faut faire mention des mesures autonomes adoptées par l'industrie charbonnière, lesquelles se répartissent en trois catégories :

celles prises par les propriétaires de mines, par les producteurs qui, d'une part, l'attaquent au problème de la rationalisation industrielle, et de l'autre tentent l'expérience périlleuse de réduire les salaires et d'augmenter les heures de travail. Les tentatives des propriétaires de mines s'orientent vers un règlement de prix. Cette politique de prix, appuyée par le système mercantiliste précité, à savoir par des droits protecteurs de prohibition, des tarifs ferroviaires préférentiels, contribue en effet à maintenir élevés les prix du charbon à l'intérieur du pays, et à permettre l'exportation de charbon à des prix de dumping. Ce dualisme dans la formation des prix porte préjudice aux pays qui sont à la fois producteurs et importateurs, la rémunération de leur production nationale risquant d'être dépréciée jusqu'au niveau de l'offre étrangère.

Toutes ces mesures gouvernementales ou autonomes de caractère artificiel ou local ont été rejetées par les experts consultés par la Société des Nations. Les difficultés de l'industrie houillère étant de nature internationale ne sauraient être résolues par des mesures d'ordre national. Ces mesures de protection et de subvention troublent au contraire le libre jeu des forces, en retardant le processus d'adaptation qui consisterait à diminuer la capacité de production. C'est spécialement la politique de prix aboutissant à un dumping qui a stimulé le développement de l'industrie en la mettant à même d'acquérir des marchés d'un pays au dépens d'un autre. L'application de méthodes plus scientifiques n'a eu, elle aussi, que des effets provisoires. Quant à la troisième catégorie, l'abaissement des salaires et la prolongation des heures de travail, ces mesures, eu égard au caractère international du mouvement pour diminuer les charges sociales, ne peuvent contribuer à une mitigation de la crise. D'ailleurs, il s'agit d'influencer un élément du prix de revient et l'expérience démontre que les fluctuations de prix ne sont pas à même de stimuler la demande dans une mesure appréciable.

Cette question revêt un caractère bien plus international que tout autre problème et ne saurait donc être résolue par des mesures d'ordre national. On est arrivé à considérer la question houillère comme champ d'application par excellence des *ententes internationales*. Ces ententes internationales entre producteurs devraient s'appliquer tant à la réglementation de la production qu'à celle des prix de l'exportation et des marchés en général. Le nombre des pays qui devraient participer à cette entente est assez restreint. Elle ne devrait embrasser que le Royaume-Uni, l'Allemagne, la Pologne, la France, la Belgique et les Pays-Bas, qui, étant donné la situation géographique des gisements houillers, représentent environ 90 % du total de la production européenne. Prenant en considération le caractère indépendant de l'industrie houillère des Etats-Unis d'Amérique, le projet ne prévoit pas la participation des Etats-Unis à cette entente. Cependant, une telle entente internationale doit s'appuyer sur la base constituée par les associations nationales des différents pays. La difficulté réside dans le fait qu'il y a certaines divergences dans le mécanisme et dans la mentalité des cartels existant dans les différents pays ; il s'agit donc en première ligne de rapprocher les différentes organisations nationales.

Les experts ouvriers ont particulièrement insisté sur la constitution d'un *Comité international* du charbon afin de protéger les intérêts des mineurs et des consommateurs. Cette organisation internationale devrait réunir les représentants des gouvernements, des producteurs, des mineurs, des négociants et des consommateurs, bref de tous les milieux intéressés. Pour égaliser les *heures de travail*, les *salaires* et les *conditions sociales*, on a estimé qu'il était désirable d'arriver à un entente internationale.

L'abolition ou la *restriction* des *entraves artificielles à la libre concurrence* fut préconisée parce que l'on a constaté que ces mesures se trouvaient en opposition manifeste avec les idées dirigeantes du rapport de la Conférence économique internationale, notamment avec le vœu exprimé par le Rapport d'abaisser les barrières douanières et de réduire au minimum le dumping, ainsi que d'éviter toute discrimination préjudiciable des services de transport. Et c'est surtout sur ce point que s'engagea une discussion très nourie. Les experts ouvriers ont fait valoir un certain scepticisme quant à la possibilité de résoudre les difficultés uniquement par l'action négative empruntée au système libéral du laisser-faire. On émit la crainte de voir ses mesures déplacer la crise et la transporter dans certains pays où ces dispositions autonomes, ces remèdes automatiques exercent une influence décisive. L'élimination des mines les moins rémunératrices détruirait ainsi l'excédent actuel de la capacité de production, mais ces mesures de réadaptation comporteraient des conséquences sociales fâcheuses. Finalement on s'est mis d'accord pour adopter la convention visant la suppression progressive des mesures artificielles simultanément avec un accord relatif à la limitation de la production aux marchés et aux prix. Dans tous les cas on considère comme un fait que la base d'une entente quelconque pourrait être sapée par l'octroi de nouvelles subventions ou autres privilèges spéciaux accordés par un gouvernement à son industrie nationale, mais il n'y a pas de doute que l'intervention éventuelle de la Société des Nations puisse remédier jusqu'à un certain point, aux difficultés incontestables de ce problème.

4. LA RATIONALISATION DE L'OR.

En des circonstances normales, l'égale répartition des stocks de monnaies d'or entre tous les pays à étalon d'or

est à proprement parler le résultat de l'*automatisme d.
l'étalon d'or*. Mais comme ce processus naturel est fauss
dans une grande mesure par les dettes contractées exclusivement par l'Europe, par le caractère extrêmement
restreint du territoire où l'étalon d'or pur et simple est
en vigueur, ainsi que par les goûts thésauriseurs des pays
qui, depuis les dernières années, aspirent à un rôle prépondérant dans la vie économique, il ne semble pas probable
que les fluctuations de l'or puissent être réglées par les
moyens traditionnels.

La stabilisation de la valeur du métal précieux n'exige
pas seulement une nouvelle répartition des réserves d'or.
De tout temps la valeur de l'or a éprouvé des fluctuations,
causées en premier lieu par un excédent relatif ou par une
pénurie. Ces variations, relativement lentes, dans la valeur
de l'or s'expliquaient principalement par le fait que *la
production de l'or ne marchait pas de pair avec l'accroissement du commerce et du trafic.* mais était tantôt énorme
et tantôt complètement insuffisante. La grande altération
de la valeur de l'or à laquelle on assista pendant la guerre
n'était pas la conséquence de l'offre, mais de la diminution
subite de la demande. Sans les États-Unis, où du moins
l'or continuait à être demandé, ce métal se serait encore
plus déprécié.

Aujourd'hui plus que jamais, le rapport entre la production et la consommation mondiales de l'or influe sur le
niveau du prix des marchandises. Ce n'est que lorsque la
production de l'or marche de pair avec la demande que,
du côté de l'or, tout changement dans le prix des marchandises est éliminé. Mais le rapport mutuel entre la
production et la consommation de l'or est déterminé par
une série de facteurs qui échappent encore à l'appréciation. En temps normal, l'offre ayant son point de départ
dans la production variable de l'or, elle se manifeste par
des fluctuations parallèles dans les prix. L'automatisme

de l'étalon or n'exclut pas ces fluctuations progressives, réparties sur un long espace de temps. Nous sommes en droit de considérer comme un mal pur et simple les variations du niveau des prix qui peuvent être ramenées à cette cause, tandis que les autres changements dans le niveau des prix remplissent quelque fonction dans l'organisme de l'économie universelle. La dépendance où la production monétaire se trouvent par rapport à l'or est incalculable en raison des vicissitudes de la production de l'or et de la découverte des gisements.

La nécessité d'éviter les fluctuations de la valeur de l'or, qui sont dues au hasard de la production de l'or et qui fournissent un des principaux arguments contre l'étalon or, a, dès avant la guerre, fait concevoir à un profond connaisseur du problème de l'or l'idée de régler l'*offre* de métal précieux (ou la demande, ou bien encore toutes les deux) de manière telle que la stabilité de sa valeur soit assurée (1).

Le point de départ de ce projet est le fait que, l'or étant tiré de territoires nettement délimités, il ne serait pas difficile de régler de quelque manière l'exploitation générale des gisements. La chose pourrait être réalisée, au profit du monde entier, par un *syndicat des États*. Il ne serait pas nécessaire que ce syndicat contînt un très grand nombre de pays, car l'Empire britannique et les États-Unis d'Amérique livrent plus des quatre cinquièmes de la production aurifère et s'ils s'associent pour régler quantitativement les livraisons, il seraient aussi peu gênés par l'autre cinquième que le syndicat du diamant peut l'être par les prospecteurs de fortune. Naturellement, il serait beaucoup plus avantageux encore d'englober dans le syndicat tous les producteurs d'or ; une organisation véritablement internationale serait plus efficace, car tous les

1. Lehfeldt, Gold, Prices and the Witwatersrand, London, 1919.

pays participent au commerce entre Etats et tous doivent prendre leur part de travail nécessité par une telle entreprise.

Le professeur Lehfeldt a remanié dernièrement et exposé plus en détails son projet d'organisation internationale de la production aurifère (1). Suivant son projet ainsi modifié, serait constituée, sur l'initiative et en quelque sorte sous l'égide de la Société des Nations, une commission dans laquelle seraient représentés tous les peuples commerçants qui ont intérêt au maintien de monnaies saines. La composition de cette commission serait semblable à celle du conseil de la Société des Nations, dans lequel les Etats qui jouent un rôle dominant ont des sièges permanents et les autres des représentants élus. La commission formerait une société commerciale (Trading Corporation) qui devrait être pourvue d'un capital de 100 à 200 millions de livres sterling. Afin de faciliter le plus possible la réunion de capitaux, les divers Etats pourraient garantir les intérêts des parts à fournir et donner les actions elles-mêmes à souscrire à leurs nationaux. Le nombre de voix au sein de la commission serait proportionné à la masse des actions souscrites. La commission ne pourrait atteindre le but proposé : le monopole du contrôle de la production qu'en s'assurant le concours amical des Etats producteurs d'or. C'est pourquoi une partie intégrante de la convention constitutive serait un article stipulant l'appui le plus entier de la part des Etats. La tâche de la commission consisterait à étendre ou restreindre suivant les besoins la production de l'or. L'épuisement des gisements d'or n'est pas du domaine des probabilités pratiques. Il est possible que la production minière atteigne quelque

<hr>

1. Controlling the output of Gold, *The Economist*, London, 27 novembre 1926. La série des articles de Lehfeldt dans *The Economist* a été aussi éditée séparément avec une préface du D\u02b3 Schacht.

jour sa limite, mais les besoins mondiaux doivent aussi arriver un jour à la leur, et d'ailleurs notre génération n'a pas à se préoccuper de telles éventualités.

Les considérations que nous venons de reproduire tendent à la fondation d'une organisation internationale dans laquelle les gouvernements obtiendraient le droit de libre disposition sur la production et la distribution de l'or. Il est vrai qu'il pourrait en résulter des pressions de nature politique qui deviendraient facilement la source de troubles économiques. Mais, et cette constatation doit être considérée comme le plus précieux résultat des tristes enseignements des années d'inflation, la valeur de l'or peut être rendue indépendante des influences des pouvoirs politiques dans une plus grande mesure que ce n'était le cas jusqu'ici. Cette constatation est formulée expressément dans les statuts des banques d'émission nouvellement fondées. Si, par l'étatisation de la production aurifères, les digues élevées contre la puissance de l'Etat devaient être rompues sur un point aussi délicat, il y aurait là une rechute vers l'Etatisme dans la vie financière.

C'est pourquoi le plan d'une *régularisation internationale de la production de l'or et partant d'une régularisation du prix de l'or nous semble devoir être réalisé d'une façon plus adéquate par la coopération des banques d'émission.* De nos jours, des réserves d'or comme en possèdent les principales banques d'émission constituent déjà en elles mêmes une partie si importante dans le mécanisme de la monnaie d'or que leurs variations sont suivies attentivement par le monde entier comme des indices de la situation économique. Une coopération méthodique dans le développement, le transfert et la manipulation de ces réserves auraient une influence décisive sur l'établissement du prix de l'or.

La restriction de la demande de métal précieux par

l'élargissement du système de la devise or, ainsi qu'*une action réfléchie et coordonnée de la part des véritables preneurs de stocks* se traduiraient par des effets étonnants dans la régularisation du prix de l'or.

Il serait possible d'aller plus loin en soumettant *l'offre de l'or au contrôle des banques centrales d'émission.* La direction centrale des banques d'émission devrait s'intéresser *à la production aurifère par l'achat des gisements et l'acquisition d'entreprises de ce genre*; toutes les questions touchant la production, la distribution et la mise en valeur seraient d'ailleurs plus faciles à résoudre que dans une association commerciale des États.

La machine à monnaie, qui, à la fin du siècle dernier, fut arrachée aux mains des producteurs d'argent et tout récemment encore aux mains des producteurs de papier, pourrait maintenant être rendue indépendante des spéculations des *producteurs d'or.*

Des tentatives heureuses en vue de régler la production métallique au moyen de syndicats et de trusts ne sont pas quelque chose d'inconnu dans l'histoire économique. Le syndicat londonien du diamant, qui contrôle les neuf dixièmes de l'exploitation mondiale, envoie les pierres brutes aux marchands d'Amsterdam et d'Anvers, où les diamants sont taillés et polis. Les envois sont réglés strictement d'après la demande, de sorte qu'ils ne l'excèdent jamais.

Pour ce qui est de l'importance, la demande de diamants, qui dépend par trop de la mode et de l'aisance plus ou moins grande régnant dans le monde, ne saurait être comparée à la demande dont est l'objet le métal universellement employé comme monnaie. Mais elle donne des indications utiles au sujet de la monopolisation d'une production qui, bien que pratiquée dans une mesure très restreinte, peut ménager de brusques surprises.

Nous ne prétendons pas non plus que le prix de l'or

soit exposé à l'arbitraire de la production dans la même mesure que le diamant ou que d'autres produits minéraux. L'étendue de la production aurifère est déterminée par la hauteur du niveau des prix. Si les prix sont bas, la valeur de l'or monnayé étant élevée, la production aurifère peut être abondante, la quantité d'or s'accroît ; les prix montent. Si le niveau des prix s'est élevé, la valeur de l'or monnayé étant basse, la production aurifère cesse en partie d'être rémunératrice, puisque les frais augmentent tandis que par suite des prescriptions légales le prix de l'or reste le même (1). Les variations dans la quantité produite ont donc aussi, jusqu'à un certain degré, un pouvoir régulateur, bien que dans la plupart des cas cette tendance à la compensation intervienne tardivement. La restriction de la production aurifère ne suivra qu'après un intervalle de temps considérable la dépréciation de l'or, qui a sur elle une avance énorme. D'autre part il peut arriver qu'une véritable surproduction se prolonge pendant des années avant que l'effet ne s'en fasse ressentir sur les prix.

La coopération des banques centrales d'émission aurait donc pour but de *substituer à l'action des forces naturelles celle de la raison, qui tend à la stabilisation de la valeur de l'or*, et de prévenir par une intervention raisonnée les fluctuations de valeur avant qu'elles n'aient eu le temps de causer des dommages. Ce but peut être atteint, dans les périodes d'élévation des prix commerciaux, en cessant l'exploitation minière là où elle est peu rémunératrice et en empêchant la mise en exploitation de mines nou-

---

1. En ce qui concerne la quantité de la production aurifère, le maximum annuel est évalué à 95 millions de livres sterling. La production est tombée temporairement à 70 millions de livres sterling, par suite de la hausse dans le niveau des prix, beaucoup de mines cessant alors d'être rémunératrices. Plus tard survint une amélioration et la production remonta à 80 millions de livres sterling, dont la moitié environ revenait à la production sud-africaine.

velles. Si, par contre, il arrivait que la production aurifère ne suffise plus aux besoins du commerce, on pourrait y remédier en mettant en exploitation des gisements nouveaux ou abandonnés. Un facteur fortuit, et susceptible d'influencer sensiblement la valeur de l'or, pourrait être éliminé grâce à une coopération méthodique des banques d'émission.

La crainte de voir la monopolisation de la production aurifère succédant à la libre concurrence, se traduire par une hausse de prix de l'or ne semble pas justifiée. Les stocks qui dorment se réveilleraient et se changeraient en stocks effectifs, une grande quantité de bijoux et de métal précieux détenu par l'industrie irait à la fonte si le prix de l'or était maintenu artificiellement au-dessus d'un niveau raisonnable. D'ailleurs il ne faut pas oublier que le bas prix qui résulte du jeu de la concurrence n'est pas toujours le plus opportun du point de vue économique. La vie économique n'a intérêt qu'à la stabilité des prix, parce que tous les calculs s'en trouvent facilités.

Mais l'établissement du prix de l'or n'est pas influencé seulement comme sembleraient l'indiquer les considérations précédentes par la demande réelle et par l'offre effective. De *brusques écarts*, qui, dans la circulation naturelle de l'or ne représentent que des phases transitoires, provoquent souvent les perturbations désagréables. Contre ces mouvements malencontreux, des mesures défensives ont été réclamées à différentes occasions, mais faute d'une organisation adéquate elles n'ont jamais pu être prises.

C'est ainsi que Luzatti, l'ancien président du Conseil italien, a préconisé une Conférence internationale pour la paix monétaire (1) et fait ressortir la nécessité qu'il y a

1. Discours du 18 janvier 1908 à l'Académie des Sciences morales et politiques de l'Institut de France. *L'Économiste français,* janvier 1908.

pour les banques centrales à se soutenir *directement* les unes les autres en une place déterminée, quand il y a pénurie d'or, et à se prêter mutuellement de l'or, à l'avenir, encore plus que par le passé, « en raison de l'évidente solidarité de tous les marchés dans les crises de circulation (1) ».

De même le secrétaire d'Etat des Etats-Unis s'occupa sérieusement de cette question dans son rapport annuel de 1908 ; il exprima l'opinion que l'on pourrait restreindre le transfert effectif de l'or d'un pays dans l'autre, et proposa pour cette raison l'introduction d'un *certificat-or international* « which would represent for all practical purpose the transfer of gold coin on bullion without the necessity of transfering the metal itself ». Les certificats pourraient être changés contre de l'or dans tous les pays intéressés, sauf les pays d'émission, mais les banques et gouvernements responsables de la valeur monétaire devraient se prononcer sur la nécessité d'un transfert effectif de l'or d'un pays à l'autre. Ce transfert devrait avoir lieu quand il s'agit d'un déplacement monétaire *prolongé*, résultant de la balance des paiements tandis que l'on pourrait y renoncer dans les occasions passagères, « where it seemed probable that the metal would be recal-

1. Dans la pratique, des arrangements de ce genre ont eu lieu à diverses reprises. C'est ainsi qu'en 1890, pendant la crise Baring, la Banque de France est venue en aide à la Banque d'Angleterre avec 75 millions de francs, la mettant ainsi à même d'éviter une élévation du taux de l'escompte. La Banque de France atteignit le même résultat en escomptant, ainsi qu'elle le fit à plusieurs reprises depuis 1906 et notamment dans les mois d'automne, des effets anglais en sterling en se réservant le droit de les revendre au cours d'achat. L'or ainsi sorti de la Banque de France fut, par l'intermédiaire de grands instituts financiers, amené sur le marché monétaire anglais au moment des besoins monétaires automnaux et facilita alors indirectement à la Banque d'Angleterre sa politique d'escompte. Ce ne fut pas seulement pour réaliser un gain que la Banque de France vint ainsi en aide au marché monétaire anglais, mais parce qu'elle craignait qu'un enchérissement du loyer de l'argent en Angleterre ne la contraignît elle-même à élever l'escompte. Voir Lumm, *Diskontpolitik*, 1926, p. 60.

led by normal movement of trade within the espace of a few months » (1).

De même que l'on n'a pas recours à la vie de l'escompte lorsque la circulation fiduciaire s'élève en certaines raisons ou à certains termes, parce que l'on s'attend à ce que le reflux se produise au bout d'un certain espace de temps, on ne devrait pas non plus recourir à des envois d'argent lorsqu'il ne s'agit que de besoins saisonniers. « Chez des peuples grands commerçants — écrit Schwarz (2) — on trouvera bien le moyen d'empêcher que les besoins monétaires, besoins qui finissent toujours par se compenser, bien qu'au bout de périodes assez longues, ne deviennent dans la même mesure que jusqu'à présent la cause d'un fort va-et-vient du métal précieux entre le marché intérieur et l'étranger, ce qui dans le pays même se traduit pour le commerce probe et licite, par une incertitude et un rajustement continuels. »

Les efforts tendent à instituer une circulation internationale de gold clearing ou des certificats-or internationaux ont échoué jusqu'à présent en raison des difficultés que présenterait le paiement des bons ainsi émis dans le cas où les États auxquels appartiennent les banques coopérantes seraient entraînés dans des conflits armés. De même que dans la vie privée la solidité du débiteur se mesure aux sûretés qu'il offre en cas de faillite, dans un arrangement économique international, c'est le cas de guerre qui est considéré comme la pierre de touche pour juger la situation. Lorsqu'on aura réussi à créer pour le prompt règlement des engagements assumés des garanties qui suffisent même en cas de guerre ce sera dans un domaine considérable, la fin de la lutte pour l'or.

Une fois que l'on aura reconnu que tous les pays ont un

1. Cité par Schwarz, *Diskontpolitik*, p. 231.
2. *Ibid.*, p. 236.

intérêt commun à la stabilisation de la valeur de l'or et que, tenant compte de cet intérêt on se sera décidé à une coopération des banques centrales en vue de la régularisation de la demande et de la production de l'or, il restera encore à décider sur *quel niveau* il serait opportun que la stabilisation eût lieu.

Nous retrouvons au sujet de la stabilisation de la valeur de l'or les divergences d'opinion que nous avons rencontrées au cours des discussions sur la stabilisation des monnaies européennes bouleversées par la guerre. Tandis que d'un côté c'est la valeur d'avant-guerre qui est considérée comme la valeur normale de l'or, le but que l'on se propose de l'autre côté, en matière politique monétaire, est la stabilisation de la valeur de l'or à peu près au niveau où elle se trouve actuellement. Au nombre de ceux qui ne jugent pas rationnelle la stabilisation de la valeur de l'or au niveau actuel et qui visent à une hausse de cette valeur, appartiennent naturellement en premier lieu les producteurs d'or ainsi que les politiciens financiers des Etats qui ont sur l'étranger des grosses créances en or. Par contre, les Etats débiteurs sont partisans d'une dépréciation de l'or et souhaitent une hausse des prix, afin de pouvoir s'acquitter de leurs dettes d'or au moyen d'une quantité de marchandises modique.

Etant donné que pour la valeur de l'or la politique monétaire du Federal Reserve Board n'a pas cessé d'être décisive, que la politique officielle des Etats-Unis vise au maintien du niveau actuel des prix, l'index étant de 150 (contre 100 en 1913), et que, d'autre part, le niveau anglais des prix tend aussi à suivre une direction analogue et doit être maintenu à cette hauteur, on ne doit s'attendre pour un avenir prochain à aucune perturbation dans la valeur de l'or.

Cependant depuis une dizaine d'années, la production de l'or a faibli, tandis que la demande monétaire s'éten-

dait à des territoires nouvellement entrés dans la vie économique mondiale. Le danger d'une pénurie d'or entraînant avec l'enchérissement du métal précieux un fort
abaissement du niveau général des prix, n'est donc pas une
éventualité improbable. Si l'on veut éviter un processus
général de déflation, stabiliser la valeur de l'or à son
niveau actuel et l'y maintenir par la suite, aucun moyen
n'est plus propre pour atteindre ce but que la coopération
internationale des banques d'émission. Nous voyons donc
que, pareille à d'autres objets dont dépend l'avenir de la
vie financière, la stabilisation de la valeur de l'or appelle
la même solution : la coopération des banques centrales
par le moyen de leur coordination en un organisme supérieur.

CHAPITRE XI

LA RATIONALISATION DE L'ÉCONOMIE EUROPÉENNE

1. Union douanière européenne.
2. Union européenne des transports.
3. Union européenne de la production.
4. La première étape : la trève douanière.

1. Union douanière européenne.

Si l'on essaie de mettre en pratique l'idéal théorique des Etats-Unis d'Europe et d'en faire l'objet des exigences d'une politique réelle, l'esprit familiarisé avec les disciplines économiques voit s'ouvrir devant lui trois moyens de réalisation : Union douanière européenne, communauté européenne des transports et organisation des différentes branches de la production de cartels, en syndicats et autres ententes européens. Que, lors de sa récente initiative, le président du Conseil des ministres français ait eu en vue non l'idée littéraire de Pan-Europe, mais bien un problème de politique pratique, il l'a montré en acceptant tout dernièrement la présidence d'honneur de l'organisation créée dès 1925 en vue de l'Union douanière européenne (1). C'est l'idée de l'unité économique de l'Europe et non pas celle d'une Pan-Europe politique qui ressort des discours de Briand, de Herriot, de Jouvenel et

1. Sur cette organisation voir l'étude de l'auteur : Europäischer Zollverein und mitteleuropäische Wirtschaftsgemeinschaft. Berlin, Organisation-Verlag, 1929.

d'autres hommes politiques réalistes de notre temps. Ce n'est pas une formation de puissance politique, ce n'est pas un imperium agrandi que l'on cherche ici ; ce que l'on veut, c'est la création d'une association des États de l'Europe poursuivant des buts de politique économique.

Comme l'idée d'une Europe politiquement unie, l'idée du continent économiquement uni n'est point nouvelle. La structure politique de l'Europe, changée par la guerre mondiale, et la transformation économique du globe ne pouvaient manquer d'exercer une influence non seulement sur la conception plus ancienne de Pan-Europe, mais encore sur l'idée d'une Union douanière européenne. L'idée de l'Union douanière européenne a pris une *autre signification*, elle subsiste actuellement *sous d'autres conditions préalables* que précédemment.

La liberté du trafic des marchandises et de l'or a assuré, dans l'Europe d'avant-guerre, un état de l'approvisionnement de la vie économique dans lequel les différentes économies nationales se sont, en dépit des frontières douanières existantes, entrelacées, au grand avantage de tous. en une économie continentale uniforme. Dans cette Europe, l'idée d'une association douanière était uniquement un moyen de défense de l'agriculture contre l'Amérique du sud et le Canada, qui étaient avant tout des pays protecteurs de céréales et de bétail disposant de grands excédents en froment, en maïs, ainsi qu'en produits de viande et en produits animaux. La concurrence industrielle des Etats-Unis d'Amérique n'était point une menace et, encore que dans l'action de la fondation des associations économiques centre-européennes au début de ce siècle, la pensée d'une défense commune contre la prépondérance des Etats-Unis se présente en première ligne, on ne tarde point à s'apercevoir que l'actualité de cette question a été exagérée.

Partout où surgit l'idée d'une Europe unie au point de

vue douanier pendant la période d'avant-guerre, elle se présente constamment *en relation avec un autre territoire économique*, et cet autre territoire doit être cherché alternativement dans l'Amérique du sud ou dans l'Amérique du nord. En jetant sur les événements un coup d'œil rétrospectif, l'on peut constater que si l'idée d'une Union douanière a surgi à plusieurs reprises dans l'Europe d'avant-guerre, il faut l'attribuer à une peur pusillanime de la concurrence d'outre-mer, pour non fondée puisque le progrès du nouveau monde était compensé par un accroissement d'énergies correspondant, dans la vieille Europe.

La guerre mondiale a rompu subitement le parallélisme de ce développement harmonieux. Le centre de gravité économique et politique s'est déplacé et a passé du vieux monde au nouveau monde. La « déseuropéanisation de l'économie mondiale », le « détrônement de l'Europe » sont des faits accomplis. Et cet état de choses n'est ni fortuit ni passager. La vie économique de l'Union est depuis des années marquée du signe de la production normale du temps de paix et montre clairement comment production et consommation s'équilibrent en deçà de son territoire économique. A la puissance économique a succédé la puissance politique, et l'on peut dire que si jamais peuple a réalisé le mot de la Bible : « Croissez et peuplez la terre et régnez sur elle », ce fut le peuple américain au cours des dix dernières années.

L'image contraire de cet état d'équilibre est brutalement offerte par l'état chaotique de la vie économique européenne. Dans un temps où l'étendue et l'importance des territoires économiques ont été considérablement déplacées, où les proportions sont devenues autres et où des Etats qui jadis ont joué un rôle considérable, ne comptent plus, en raison de leur force matérielle, que parmi les Etats secondaires, il s'est formé sur l'étroitesse du continent européen onze Etats nouveaux et cinq formations ressemblant à des Etats, ayant leur propre vie économique, leur propre système monétaire et leur propre service de transports. La décadence continue de toute l'économie européenne, en regard de la situation des Etats-Unis, doit être attribuée moins à la force économique prédominante de ces derniers qu'à la désunion de l'Europe.

Mais même la mise en pièces des vieilles unités économiques n'est presque qu'un phénomène extérieur auprès du *changement intérieur* qui s'est produit dans les relations économiques entre les Etats européens. Les nouveaux Etats se sont constitués sur la base d'une politique nationale et cherchent à réaliser cette tendance au moyen de la fermeture mécanique de leurs frontières par les droits de douane, et à atteindre ainsi l'« idéal » de la vie économique propre de la nation, l'autarchie. Il parut plus commode de garantir le marché intérieur et de protéger le travail national par des tarifs douaniers. Une décadence progressive de la vie économique, une prospérité sans cesse décroissante, une culture amoindrie, tels furent les résultats.

C'est l'*Union douanière européenne* qui doit montrer le chemin permettant de sortir de cette détresse. Par l'abolition des frontières douanières, une répartition et une unification du travail, édifiées sur la coopération des différentes nations, verront le jour ; l'unité économique de l'Europe sera rétablie. En même temps qu'aux tarifs de douane, les Etats auraient à renoncer à l'emploi des armes inaccoutumées de la politique commerciale d'après-guerre et à réaliser le désarmement économique de l'Europe. Ainsi l'Union douanière européenne poursuit *la consolidation de l'Europe sur la base économique.* Sous cette nouvelle formule, l'idée de l'Union douanière a perdu sa pointe aggressive contre d'autres continents. Et, encore que la revivification des tendances ayant pour objet l'unité européenne ait pour point de départ l'hyperprotectionnisme américain, la raison plus profonde du mouvement se trouve dans l'absurdité économique de la structure de la politique douanière actuelle de l'Europe, qui maintient artificiellement le niveau des prix en Europe à une hauteur qui ne correspond point aux frais réels de la production. Une Europe formant une seule unité douanière et économiquement consolidée, avec un pouvoir d'achat croissant, serait aussi pour les autres territoires économiques d'un plus grand prix que l'Europe déchiquetée d'aujourd'hui, dont les parties s'affaiblissent mutuellement dans leur pouvoir d'achat et leur capacité d'absorption. Avec le temps, sans doute, une nouvelle concurrence, de nouvelles rivalités surgiraient, mais qui ne seraient que la conséquence naturelle de la répartition du travail économique mondial et qui, par suite, loin d'avoir un effet destructeur, constitueraient un progrès. De plus, l'esprit libéral, qui seul serait capable de créer une unité douanière, donnerait la garantie que l'union du continent ne deviendrait pas un moyen de combat contre le monde extra-européen.

Si l'on réclame l'Union douanière européenne, c'est que l'on a reconnu que la détresse économique ne saurait être combattue à l'aide des ressources dont disposent les différents États et que la technique et l'économie puissamment développées du temps présent exigent une étendue économique correspondant au territoire économique de l'Europe.

Sur la délimitation géographique de ce territoire économique pan-européen, les avis diffèrent assez sensiblement. Les uns sont pour l'Europe proprement dite, les autres veulent à l'Europe joindre encore les colonies, tandis que la conception prédominante de Pan-Europe exclut de la sphère de l'Europe unifiée l'Angleterre et la Russie.

Mais de quelque manière que se fasse l'accord au sujet des frontières et si convaincu que l'on soit de la justesse du but de l'Union douanière européenne, les difficultés de la réalisation, le passage du déchirement d'aujourd'hui à un État économique unifié restent à résoudre. Mêmes les plus chauds partisant de l'idée reculent devant le saut de l'état actuel dans l'état désiré et réclament des mesures qui vont très loin pour la période de transition. La suppression subite des frontières douanières ruinerait une partie des fabriques européennes et aboutirait à un chômage de grandes dimensions. Un nombre considérable d'entreprises qui ne sont restées visibles que grâce aux droits protecteurs de leurs pays, en seraient les premières victimes. Mais aussi les fabriques qui exportent à des prix de dumping, sur la base des prix élevés de leur marché intérieur défendu par la protection douanière, seraient vouées à la ruine. Dans la réorganisation économique, des duretés ne pourront guère être évitées ; mais elles peuvent être mitigées par un plan d'élimination qui fixerait pour chaque branche d'industrie et pour chacun des anciens territoires douaniers un terme à l'expiration duquel les droits pour ces branches et entre ces territoires devraient être complètement abolis. Une résistance par trop forte des milieux agraires à cause de la suppression des droits n'est pas à craindre, à supposer toutefois que le tarif douanier pan-européen fixe des droits qui garantissent les prix du marché mondial.

L'exécution de cette idée ne peut avoir lieu que peu à peu, elle n'est réalisable que progressivement. Dans l'exécution par étapes de l'unification économique de l'Europe, le moyen qui promet le plus sûrement de conduire au succès serait que les États qui, économiquement, géographiquement et politiquement, sont plus dépendants les uns des autres et sont destinés à s'unir, s'unissent auparavant en grands territoires économiques. C'est des groupes et des peuples qui doivent s'entendre, parce que leur collaboration est une nécessité, que devrait procéder la construction organique de la Pan-Europe économique. Un organisme économique mondial de l'importance de Pan-Europe ne peut-être construit que d'organes. De nombreuses unités économiques dans l'Europe actuelle ne sont que des germes qui, sous leur forme présente, ne sont économiquement même pas organisables. Cela est vrai pour presque tous les nouveaux Etats de l'Europe, mais aussi pour un certain nombre d'anciens, la guerre ayant complètement déplacé les proportions de l'économie mondiale.

Le pivot pour la réalisation de l'unité économique de l'Europe est la solution de la question franco-allemande. Aucune organisation de l'Europe n'est réalisable sans le règlement préalable de ce vieux différend. A côté d'une entente économique franco-allemande, l'union économique des Etats successeurs de l'Autriche-Hongrie serait le premier degré, le plus important, d'une union économique européenne. La petite Europe centrale des Etats successeurs pourrait. avec le temps, devenir par l'adjonction de l'Allemagne la grande Europe centrale.

Le système politique des accords régionaux, fondé à Locarno, pourrait être employé pour édifier l'Union douanière européenne par régions. La tâche de construire le toit commun serait réservée pour une époque ultérieure. Les accords régionaux ne formeraient que le stade de transition vers la réalisation du but ; les mêmes tendances qui les auront créés, pousseront après leur élargissement dans la voie de l'Union douanière européenne.

De l'union économique de territoires économiques interdépendants d'abord de l'Europe centrale, puis, par degrés, de l'Europe entière, sortira une nouvelle organisation politique. L'union économique ouvrira la voie à la confédération politique des Etats. Ainsi la pensée va des Etat-Unis économiques de l'Europe aux Etats-Unis politiques de l'Europe, parce que de l'Europe unité douanière pourrait sortir la transformation de notre continent.

2. Union européenne des transports.

La Fédération européenne, transportée dans le domaine économique, trouve sa première expression dans une union douanière européenne. Pour édifier une Europe économiquement unie, la première condition est d'abaisser les barrières douanières, mais l'accord économique ne saurait s'arrêter là.

S'il est des mesures que des manœuvres contraires peuvent rendre illusoires, ce sont en effet les conventions douanières, même si elles tendent à l'entière suppression des barrières de douane. C'est pourquoi, si l'on peut sérieusement créer une Europe économiquement unie, il faut abolir aussi le système protectionniste dont s'inspirent les tarifs des transports et les autres entraves opposées aux échanges.

En raison du développement parallèle et souvent concordant pris jusqu'ici par les moyens de transport, les conditions d'une Europe économiquement unie pas souvent données dans le domaine des transports dans une beaucoup plus grande mesure que ce n'est le cas dans l'unification du régime douanier. Aussi est-il tout indiqué de chercher dans le domaine des transports la réalisation de cette intime communauté économique qui, dans la question de l'union douanière, rencontre de si multiples difficultés.

Cependant, jusque dans le domaine des transports, on ne saurait arriver à l'unification autrement que par transitions et par étapes. Comme l'économie terrestre en général, l'économie des transports en particulier tend à réunir les territoires économiques de la terre en une économie mondiale embrassant tout dans son sein. Mais de même que la création de l'économie mondiale et même la création d'une économie européenne, américaine, etc., ne sauraient sauter certaines étapes, ainsi, dans le domaine des transports, l'union mondiale ne saurait s'accomplir sans transitions.

Il y a des moyens de transport dont l'importance n'est pas universelle et qui ne se prêtent qu'à des communications locales ou régionales, tandis que d'autres sont déjà internationalement réglés à tel point qu'ils forment déjà un système d'échanges universels. Mais entre ce qui doit constituer l'objet d'une union obligatoire pour le trafic mondial, ou pour le trafic européen, et ce qui doit être laissé à l'organisation autonome de certains territoires, l'Europe centrale par exemple, il n'est pas toujours aisé de tracer la ligne de démarcation.

Le champ d'activité de la *navigation maritime* s'étend au monde entier, d'où l'urgente nécessité de la *régler universellement*, nécessité qui s'exprime dans des vœux comme celui de « la liberté des mers » et de « l'égalité des pavillons dans tous les ports ». Dans le domaine des *postes et télégraphes* est créée également une union universelle fondée sur le droit international et telle qu'on n'en a atteint jusqu'ici dans aucune autre branche de la vie internationale. Unification des territoires desservis, pleine liberté et meilleur marché possible du transit, unification des taxes, ces idéals de toute organisation de transports sont réalisés à la satisfaction générale dans l'Union Postale Universelle. La navigation maritime et les échanges postaux étant déjà l'objet d'un règlement homogène qui dépasse de beaucoup les limites de l'Europe, une réorganisation pan-européenne de ce genre de trafic n'entre pas en considération. Par contre, la navigation aérienne, les communications téléphoniques et les communications ferroviaires attendent encore une solution générale pour l'Europe entière.

Le réseau serré d'unités politiques que constitue l'Europe exclut toute navigation aérienne de quelque importance à *l'intérieur même des Etats*. D'autre part, au point où en est encore la navigation aérienne internationale, l'heure est encore éloignée pour songer à un trafic mondial aérien. C'est ce qui explique les efforts qui tendent à faire de la navigation aérienne européenne, encore à ses débuts, une navigation aérienne pan-européenne. Il serait temps, en effet, d'organiser en Europe la navigation aérienne, car on peut dire que celle-ci a pris naissance en Europe, et sa future extension aux autres continents ne pourra que raffermir la situation de l'Europe comme centre d'expansion de la navigation aérienne mondiale.

Ce n'est qu'à la fin de l'année 1925 que le développement de la navigation aérienne européenne parvint à un tournant, comme on reconnut la nécessité de renoncer à l'esprit qui inspira les traités de paix si l'on veut arriver à l'unité dans les transports pan-européens.

La cartellisation de compagnies de navigation aérienne indépendantes, appartenant à différents pays, et leur coopération au sein d'une union internationale de transports, eurent pour premier résultat l'*Union Transeuropa*, souche dont le rejeton est l'*Europa-Union*, qui représente dans la technique de l'exploitation l'unité indispensable à l'œuvre future. A la conférence pour la navigation aérienne réunie à Stockholm en 1925, il fut convenu que l'on érigerait un bureau permanent pour faciliter la coopération des peuples européens s'adonnant à la navigation aérienne. La situation générale de la navigation aérienne européenne explique la tendance à la suppression des barrières aériennes en Europe. La politique d'inhibition adoptée jusqu'à présent a porté préjudice non seulement aux vaincus mais encore aux autres nations, qu'elle a exclues de parties considérables de la navigation aérienne, la plus grande partie des lignes aériennes européennes passant par l'Europe centrale. Une coopération européenne n'est possible que si l'on se rend compte que *le but principal n'est pas la guerre aérienne, mais bien le trafic aérien.* Devant la communauté d'intérêt sen matière de transports les différences d'intérêts politiques doivent passer à l'arrière-plan.

La création d'un *réseau téléphonique pan-européen* est considérée comme une des tâches capitales en vue de l'assainissement économique de notre partie du monde. Le réseau de câbles interurbains de l'Europe devrait, par le développement des installations actuelles, mettre en relation les uns avec les autres tous les territoires de l'Europe. Le but ne saurait être atteint, en Europe, avec un réseau de lignes aériennes, en raison des nombreux dérangements auxquels sont exposées des lignes de ce genre, sans parler de l'impossibilité qu'il y a , en des territoires déjà surchargés, à installer de nouvelles lignes en quantité voulue. Le seul moyen d'assurer un bon fonctionnement du service est d'agrandir le réseau de câbles interurbains de manière à garantir la rapidité et la sûreté des communications en les mettant à l'abri des influences atmosphériques et de tous les dérangements inhérents aux lignes aériennes.

L'étendue totale des lignes de câbles qu'exigerait l'achèvement du réseau européen est évaluée à 24.000 kilomètres pour les câbles interurbains ; sur ce nombre, 16.000 environ étaient créés à la fin de l'année 1928. Rationnellement utilisés, les moyens techniques dont on dispose seraient suffisants pour établir, en dix ans au plus, les parties encore manquantes du réseau européen de câbles téléphoniques interurbains. Mais en dehors des nécessités techniques, on se trouve ici en présence de questions non moins importantes : celle de l'exploitation, celle de l'organisation et — last not least — celle des crédits, laquelle est d'une importance décisive pour venir à bout de cette tâche.

Si l'on considère comment le plus important, aujourd'hui encore, des moyens de transports, — nous voulons parler de la *circulation ferroviaire* — a été réglé depuis la guerre, on ne peut s'empêcher, en présence d'un si grand nombre de centrales et d'institutions, de songer qu'entre tant de médecins le malade est en grand péril. A côté de l'ancien Bureau central de Berne pour le trafic ferroviaire international, a été créé au sein de la Société des Nations le Comité pour les transports et le transit, et parallèlement à l'Union des administrations ferroviaires allemandes (Verein Deutscher Eisenbahnverwaltungen), vieille déjà de quatre-vingts ans, fonctionne l'Union Internationale des Chemins de Fer, nouvellement fondée. Le résultat est que le char du trafic européen est tiré à hue et à dia, et qu'assez souvent ce ne sont pas les intérêts européens qui en font le seul chargement. Tantôt les organes internationaux embrassent d'autres continents et tantôt ils n'étreignent qu'une partie de l'Europe. Il serait à souhaiter que les grandes institutions internationales, comme la Société des Nations et l'Union Internationale des Chemins de Fer, entretinssent, à l'intérieur des cadres existants, des sections spéciales pour les intérêts européens, lesquels ne concordent pas toujours avec ceux des autres parties du monde.

Le développement du trafic ferroviaire européen ne peut rester enfermé plus longtemps entre les limites actuelles. On doit envisager la possibilité et la nécessité d'englober la Russie soviétique dans les échanges commerciaux. Il est établi dès à présent que la différence de largeur entre les voies normales et les voies russes — entre lesquelles la frontière s'étend aujourd'hui le long de la Duna, en territoire letton — n'exige pas l'emploi de wagons différents et qu'au moyen d'un simple échange d'essieux on peut faire passer sur une voie normale tous les wagons sans freins construits pour voies larges. De même, il est démontré en principe que la construction de wagons pour voie normale susceptibles d'être en quelques minutes montés sur essieux à voies larges ne présente pas de grandes difficultés techniques. Une autre circonstance constitue encore une possibilité d'élargissement pour le territoire ferroviaire européen ; nous voulons parler du service de ferry-boats qui fonctionne depuis 1924 entre l'Angleterre et la Belgique, de Harwich à Zeebrügge, pour le transport des wagons de marchandises. L'entrée de l'Angleterre et de la Russie soviétique dans les conventions ferroviaires internationales renforcerait par de nouveaux intérêts économiques l'union des peuples européens.

En considérant dans leur ensemble les tendances qui se manifestent dans la politique européenne des transports, on arrive à la conclusion que le régime des transports, comme tous les facteurs d'où sortira l'avenir, nous ramène au problème fondamental : la fusion économique des Etats européens en une vaste unité. A mesure que nous nous rapprocherons de ce but, nous verrons disparaître une foule de charges et de sacrifices dont nous sommes encore accablés. Quant aux moyens d'atteindre le but, ils nous sont donnés par des institutions communes et des conventions réciproques pour lesquelles, dans le domaine des transports, le terrain est préparé depuis longtemps.

L'Europe est trop pauvre en territoires et en hommes pour servir d'arène à une mêlée internationale des divers moyens de transports. Mais elle est aussi trop riche en savoir technique et en forces organisatrices pour laisser paralyser ces énergies par la politique d'entraves actuellement pratiquée.

3. UNION EUROPÉENNE DE LA PRODUCTION.

Lorsque Briand présenta à Genève son idéal quelque peu vague et lointain des Etats-Unis d'Europe, Mussolini crut devoir préciser son point de vue en face de l'idée pan-européenne. En un article lancé dans la presse mondiale, il considère « la tendance générale vers la formation de trusts et cartels dans les différentes industries » comme étant la seule voie praticable de l'union économique en Europe. Il remplace les contours indécis de l'idéal paneuropéen par des lignes très accusées, qui, par suite de leur tracé trop étroit, simplifient outre mesure ce problème.

Comparée à l'union douanière et à l'union des transports de l'Europe, l'organisation de l'économie européenne sous forme d'une coopération des différentes branches de production est le moyen le plus facile d'accord. Car, tandis que les possibilités d'un rapprochement dans le cadre d'une union douanière et des transports ont pour prémisse une entente entre les différents gouvernements et s'orientent par conséquent plus ou moins dans un sens politique, la coopération dans le domaine de la production est une *méthode apolitique d'accord*.

En effet, l'économie européenne a créé d'elle-même certaines ébauches encourageantes d'organisations supernationales. Bien que, depuis quelque temps il faille constater une certaine stagnation dans le mouvement européen des cartels, l'organisation des différentes branches de la production peut enregistrer des progrès considérables depuis la stabilisation des monnaies, d'une part pour favoriser la production rationnelle et méthodique, et d'autre part pour sauver l'écoulement facile des produits.

A une époque où la politique commerciale cherchait encore sa voie à tâtons, cette tendance fut fortement stimulée par la réalisation continentale du cartel de l'acier qui montra un chemin praticable entre les Etats naguère ennemis. L'exemple de l'entente de l'acier brut fut suivi de près par l'entente internationale du cuivre, de l'industrie de la potasse et d'autres ententes d'importance secondaire. Il n'est guère possible de mesurer par des données statistiques l'importance matérielle de ces cartels dans la vie économique de l'Europe. Toutefois, l'importance des cartels nationaux est illustrée par le fait qu'à la fin de 1928, environ 75 % du capital-actions en Allemagne était immobilisé dans les cartels et les ententes industrielles.

C'est dans le domaine de la production que les avantages de la cartellisation européenne se manifestent en premier lieu. La production est rendue plus économique et plus intense par le moyen d'une division du travail réalisée dans plusieurs entreprises et pays, la rationalisation de la production, les échanges des expériences, la communication réciproque de secrets industriels jalousement gardés. Les cartels internationaux d'aujourd'hui ne sont plus les formations offensives de jadis, créées dans le but de restreindre l'offre, d'éliminer la concurrence, de hausser les prix, d'imposer des monopoles. Les ententes d'après-guerre aspirent plutôt à un abaissement des frais de production, à un bénéfice assuré par la rationalisation, qu'à l'augmentation des prix de vente.

On commence à se rendre compte que le chiffre d'affaires diminue sous l'effet des augmentations de prix et que, pour assurer le profit, les progrès de la rationalisation assurant le bon rendement de l'entreprise sont des moyens plus efficaces que le niveau élevé des prix. Pour la même raison il faut caractériser comme étant arriérée au point de vue économique une attitude hostile aux cartels. De nos jours, ce sont souvent les cartels qui offrent la possibilité d'une rationalisation et partant d'un abaissement des prix de vente. Les bases économiques des cartels diffèrent donc de celles de l'époque d'avant-guerre. Les cartels européens pourraient et devraient comporter une stabilité des prix en éliminant les luttes irrationnelles, spécialement le dumping. La stabilisation des prix de la production et des possibilités de travail, assurée par une organisation de l'industrie embrassant plusieurs pays, est une prémisse notable de l'unification économique de la famille des peuples européens.

Si, en dépit de ces avantages manifestes, on ne peut envisager une solution radicale du problème économique de l'Europe par la voie des trusts et cartels, il faut attribuer cet état de choses à des causes variées.

L'organisation économique des producteurs par les ententes internationales se borne avant tout au domaine de l'industrie. Dans l'agriculture, qui joue un rôle prédominant dans bien des pays de l'Europe, la collaboration au moyen de cartels ne peut guère se faire. Mais même dans le domaine de l'industrie nous trouvons de nombreuses branches qui ne se prêtent pas à la cartellisation Ce ne sont que les entreprises exploitant des matières premières et fabriquant des articles semi-ouvrés qui sont susceptibles de se grouper en trusts et cartels. L'industrie des textiles, du verre, de la porcelaine, des meubles et tant d'autres branches de production sont des entreprises individuelles, qui ne présentent pas une emprise facile aux efforts d'une collaboration permanente. M. Mussolini fait fausse route en établissant une comparaison avec les exploitations en grand des Etats-Unis d'Amérique, l'abondance des matières premières de ce continent présentant un terrain idéal pour la formation de trusts, tandis que la production européenne a atteint depuis le plus haut point en ce qui concerne les produits finis. L'Europe achète les matières premières et fabrique les produits finis. Les ententes réalisées dans le domaine de l'industrie des produits finis n'avaient qu'une envergure modeste se limitant dans la plupart des cas à déterminer les conditions de crédit des vendeurs, mais n'exerçaient aucune influence sur le niveau des prix.

Les difficultés précitées d'une cartellisation radicale de l'industrie européenne sont aggravées par la crainte que toute entente puisse stabiliser le dynamisme actuel de la vie économique. Par suite des pertes causées par la guerre, des révolutions et de l'inflation, le volume économique de

quelques pays européens est inférieur à celui qui devrait
exister et qui existerait, s'ils n'avaient pas été éprouvés
par ces secousses. En procédant à la stabilisation dans de
telles conditions, on coupe court aux possibilités d'évolution d'une nation, à moins que les autres nations formant
partie de cette entente économique internationale ne
soient disposées à accorder à cet Etat une quote-part
correspondant à ses perspectives. Cependant, les autres
contractants d'une entente économique internationale ne
se prêtent guère dans la règle, ou seulement dans une
mesure inadéquate, à ce mode de répartition.   C'est ainsi
que lors de la conclusion du premier accord important
international, soit l'accord du fer, l'Allemagne fit des
récriminations en exposant qu'elle figurait parmi tous les
contractants à l'arrière-plan, parce qu'on ne voulait pas
lui accorder une quote-part correspondant à ses chiffres
de production et de vente des dernières années.

Malgré ces entraves nombreuses, les ententes des protecteurs sont en train de dépasser le cadre des frontières
douanières, qui se sont multipliées. C'est là le phénomène
le plus saillant de l'économie contemporaine de l'Europe.
Des branches industrielles puissantes se sont apparentées
de cette manière. Des milliers de ressortissants des différents pays ont trouvé au delà des frontières nationales
des possibilités adéquates de travail et d'existence. La
nouvelle forme de solidarité internationale n'est cependant
pas suffisante pour mettre sur pied une Europe solidaire
au point de vue économique. Les ententes industrielles
peuvent dépasser les frontières douanières, mais ne sauraient les effacer. Dans bien des cas même, elles mettront
en relief des frontières, car l'effet des cartels internationaux, désiré au point de vue de la politique commerciale,
ne s'est pas fait sentir jusqu'à présent. Les industries
cartellisées n'ont pas renoncé à la protection douanière.
Contrairement à ce que l'on en attendait, elles n'ont pas

remplacé les droits de douane mais insistent plutôt pour qu'ils soient maintenus.

Pour ce motif, une entente européenne de la production sous forme de cartels internationaux n'est, en dépit de la portée considérable, qu'une méthode d'unification économique du continent. De même, le système d'unions douanières partielles, préconisées par la Société des Nations, lequel aurait pour but d'amener le trafic en franchise de droits de certaines catégories de marchandises (aluminium, ciment, papier, etc.) et de mettre les cartels internationaux en vigueur au point de vue commercial, n'est qu'un des moyens pour atteindre le but envisagé. Une collaboration digne d'être nommée Union économique d'Europe ne saurait naître que d'une combinaison rationnelle de toutes les méthodes, de l'application adéquate de tous les moyens de rapprochement économique, de la mise sur pied simultanée et de la réalisation parallèle d'une union douanière européenne, d'une entente européenne du trafic et de la production.

4. LA PREMIÈRE ÉTAPE : LA TRÊVE DOUANIÈRE.

L'antagonisme entre l'orientation universelle de la Société des Nations et les nécessités économiques particulières de l'Europe est apparu clairement à la Xe Assemblée (1929) de la Société des Nations. D'un côté les Etats européens qui envisageaient la possibilité d'une étroite coopération économique, et de l'autre les Etats extra-européens avec leur industrie encore peu développée, et leurs intérêts principalement agricoles. Cet antagonisme latent entre la mission économique universelle de la Société des Nations et les intérêts du bloc européen a été caractérisé par la remarque du délégué de l'Australie, qui souleva la question de savoir si, en effet, il serait encore admissible de confier à la Société des Nations la solution des problèmes centre-européens et si la composition universaliste de la Société des Nations ne serait pas en opposition avec le mandat de résoudre des problèmes d'un caractère continental ou régional. Par les discours de M. Briand et Stresemann, cette orientation européenne a constitué pour la X⁰ Assemblée de la Société des Nations le point saillant des délibérations et trouva dans la presse un écho retentissant.

Tandis qu'il y a peu de temps encore on parlait d'une tendance à la déseuropéanisation de l'économie mondiale (1) en tendant par là que l'industrialisation croissante et les velléités d'indépendance des Etats extra-européens étaient responsables du dépérissement économique, aujourd'hui des voix très autorisées préconisent une limitation au Continent européen et prônent le retour à l'Europe comme un moyen d'assainissement économique. Ainsi, Delaisi a tenté de séparer l'Europe même en deux groupes d'Etats parfaitement distincts : la réforme agraire réalisée dans les Etats de l'Est lui fournit la base d'une classification nouvelle. Une classe agricole réceptive et indépendante au point de vue économique dans les Etats de l'Est, à laquelle le morcellement des grandes propriétés foncières a donné naissance, faciliterait l'écoulement pour les Etats occidentaux surindustrialisés (2).

Les suggestions d'une alliance européenne qui caractérisaient les mémoranda, rédigés par Sir Arthur Salter et M. Pietro Stoppani, ont pour point culminant l'idée de rallier et de grouper les Etats de l'Europe. Voici les idées maîtresses du mémorandum Salter (3). L'idée

1. Voir H. Lévy, *Der Weltmarkt*, 1913 une heute, Leipzig et Berlin, 1926 p. 75 et ss.

2. François Delaisi. *Les deux Europes*. Bibliothèque politique et économique Payot, Paris, 1929, p. 195.

3. L'idée des Etats-Unis d'Europe.

d'un rapprochement des Etats européens par une action individuelle, bilatérale ou collective, préconisée par la Conférence économique internationale, comme on le sait, n'a pas remporté un succès particulier. Le besoin de supprimer les barrières douanières qui entravent l'économie européenne, se fait sentir de plus en plus. La revendication d'un groupement des Etats européens est censée avoir pour prémisse une définition précise du terme«Etats-Unis de l'Europe ». Le terme d'union douanière ne dissimulerait-il pas le risque de rompre le cadre purement économique qui lui a été assigné et d'empiéter sur le domaine politique ? La politique commerciale ne constitue-t-elle pas une partie intégrante très essentielle de la politique en général ? Les revenus douaniers des Etats européens ne forment-ils pas un élément indispensable des revenus de l'État en général, dont la répartition est subordonnée à l'autorité de l'Etat ? La répartition de ces recettes douanières qui, par un tarif commun extérieur de douane, affluent dans une caisse commune de cetteinstitution super-gouvernementale, ne constitue-t-elle pas un problème sur lequel tous les Etats groupés dans l'union douanière auront à statuer ? Où y aurait-il donc un organe compétent pour statuer sur la répartition des recettes douanières et pour attribuer aux différents Etats, membres de l'union douanière, leur quote-part de ces revenus ? L'histoire nous apprend qu'en dernier ressort l'Union douanière économique a toujours tenu lieu de phase préliminaire à des engagements politiques et qu'il ne faut pas trancher la question de savoir si cette abdication de la souveraineté de l'Etat est toujours conforme aux intérêts des Etats-membres de l'Europe.

Il faudrait examiner avec soin la possibilité de grouper les Etats de l'Europe par *un système préférentiel*; toutefois cette possibilité entre sérieusement en conflit avec le principe de la clause de la Nation la plus favorisée qui constitue le pilier même du système de politique commerciale actuellement en vigueur. Or, le principe de la Nation la plus favorisée a plutôt gagné du terrain dans la période d'après-guerre et encore récemment, sous l'influence du rapport final de la Conférence économique. Il s'agit donc de passer les avantages et les inconvénients du système de la nation la plus favorisée et ceux du traitement préférentiel.

En dépit de tout ce que l'on pourrait alléguer en faveur du système de la nation la plus favorisée, il faut cependant reconnaitre que les différentes manières de le tourner, ainsi que cela s'est fait de tout temps par une classification exagérée, des distinctions dans la nomenclature douanière et des restrictions multiples de toute nature, constituent désormais un système et une méthode bien caractérisée. En outre, il faudrait prendre en considération que l'application absolue du principe de la nation la plus favorisée sape à la base la conclusion des conventions multilatérales. En effet, pour quelle raison un Etat se soumettrait-il aux résolutions d'une conférence et prendrait-il des engagements réciproques, si comme « outsider » il peut, sur la base du principe de la nation la plus favorisée, parvenir à la pleine jouissance de toutes les concessions accordées à un tiers Etat. De plus, le principe de la nation la plus favorisée présenterait un obstacle à la réduction des tarifs douaniers en ce qui concerne les conventions bilatérales.

Or, deux années se sont écoulées depuis la fin de la Conférence Economique sans que les méthodes préconisées par elle pour la réduction des tarifs douaniers aient conduit à un résultat perceptible. De plus en plus il faut reconnaitre que l'abaissement des droits d'entrée, sans discernement, n'est guère réalisable. La seule possibilité de parvenir au but d'une réduction tarifaire générale consisterait en un abaissement progressif des droits d'entrée, bien délimité au point de vue géographique, réalisé par la voie d'actions locales et forcément lié à un système préférentiel qui ne serait que provisoire.

Il est regrettable que l'essai d'un groupement temporaire de certains Etats successeurs, préconisé par les traités de paix, soit resté lettre morte. C'est pourquoi la Société des Nations se verrait dans l'obligation d'appuyer de son autorité certains grouvements d'Etats dans leurs efforts tendant à un rapprochement sur la base du rejet de la clause de la nation la plus favorisée. *Ce n'est que par étapes que cette organisation pan-européenne des Etats pourrait se réaliser.*

Le mémorandum Stoppani (1) est pénétré de la conviction que l'éparpillement territorial de l'Europe est la cause initiale de la crise économique. Le moyen le plus efficace pour remédier à cette dernière serait la conclusion d'un *pacte de solidarité économique* auquel chaque nation serait libre d'adhérer. Ce pacte aurait pour objet l'établissement d'une solidarité économique et comme idéal un marché libre, qui seraient réalisés par étapes successives s'étendant sur plusieurs décades et dont la pierre angulaire serait des traités de commerce collectifs. La durée de ce pacte de solidarité pourrait provisoirement être fixée à trois ans. Les Etats, pendant cette période, s'engageraient à ne pas élever les tarifs douaniers en vigueur et à ne pas ériger de nouvelles barrières douanières. Quant à la clause de la nation la plus favorisée, il est entendu que les Etats adhérant au pacte pourront insérer, lors de la conclusion de traités collectifs sous les auspices de la Société des Nations, une clause qui les autorise à revendiquer des exceptions relatives au système de la nation la plus favorisée.

Sous l'influence de ces suggestions, la Xe Assemblée de

---

1. Memorandum relatif à l'idée d'un accord collectif pour une meilleure organisation des relations économiques internationales en Europe.

la Société des Nations détermina le programme d'action pour la période suivante. La trêve douanière devient de plus en plus le principal objet des travaux du Comité économique de la Société des Nations.

La session du Conseil qui a eu lieu en janvier 1930 a fixé au 17 février 1930 la Conférence pour la trêve douanière. Les délibérations de cette conférence seront basées sur un projet préliminaire élaboré et présenté par le Comité économique de la Société des Nations. A la lettre du secrétaire général de la Société des Nations invitant tous les Etats membres et non membres à lui faire savoir avant le 31 décembre 1929, s'ils étaient disposés à prendre part à une conférence préliminaire diplomatique ayant pour objet la conclusion d'une conférence de trêve douanière, il fut répondu dans un sens affirmatif par tous les Etats membre d'Europe. Parmi les Etats extra-européens, Cuba et le Japon seront représentés à cette conférence préliminaire. L'Afrique du Sud, l'Australie, les Indes, la Nouvelle-Zélande ont formellement décliné d'y participer. L'importance de cette conférence en tant que conférence de désarmement économique réside dans le fait que les délégués officiels des gouvernements y siègeront. C'est à bon droit que le secrétaire d'Etat M. de Schubert fit ressortir dans la séance du Conseil du 13 janvier 1930, qu'il recommanderait que les ministres compétents des différents gouvernements se familiarisent intimement avec les travaux économiques de la Société des Nations, de même que les ministres des Affaires étrangères des différents pays ont depuis longtemps pris l'habitude de s'initier aux travaux politiques de la Société des Nations. Dans cet ordre d'idées, le ministre des Affaires étrangères de Belgique, ainsi que les ministres du Commerce de la Grande-Bretagne, de l'Espagne et de la Pologne ont annoncé qu'ils s'associeraient en personne aux travaux de la dite conférence.

Cette conférence est donc caractérisée par une orientation purement européenne ; elle a pour objet une entente réciproque des Etats pour ne plus augmenter les tarifs douaniers.

Sous prétexte que la stabilisation projetée des droits douaniers porterait préjudice à certains Etats qui n'ont pas poussé leur tarif au niveau des autres, on a préconisé le *nivellement douanier* qui précéderait la trêve douanière. Le dit nivellement contiendrait une concession faite à tous les Etats contractants, soit de pouvoir augmenter les tarifs jusqu'au taux maximum qui serait en vigueur pour une marchandise quelconque au moment de la conclusion du traité. Effectivement, les Etats contractants rivalisent pour augmenter les tarifs dans l'idée que ces relèvements tarifaires constituent une condition préalable qui les met en bonne posture pour participer à la conférence de trêve douanière.

C'est ainsi que l'idée de la trêve douanière, en amenant une surenchère dans les droits douaniers, s'est manifestée pour le moment dans un sens contraire à la pensée de ses initiateurs. La discussion devenant de plus en plus générale au sujet de la trêve douanière a fait ressortir nettement que l'établissement d'un tarif douanier uniforme en Europe dépend de deux conditions : de l'*unification de la nomenclature douanière* et de la *comparabilité internationale des douanes*.

En ce qui concerne l'unification de la nomenclature douanière les suggestions faites à ce sujet à la Conférence économique internationale ont été suivies par le Comité économique de la Société des Nations, qui a donné à ses travaux les directives suivantes : La nomenclature douanière serait simplifiée sur une base scientifique, suivrait les grandes classifications naturelles des marchandises et ne perdrait pas de vue la quantité de travail incorporée dans la marchandise, de façon à la subdiviser en matières premières, produits semi-ouvrés et finaux. Des marchandises du même genre seraient classées dans un groupe. Se basant sur les suggestions de ses membres, surtout de MM. Trendelenburg, di Nola et Paci, le comité économique a élaboré un projet de cadre (1) qui prend en considération tous les desiderata.

Quant au problème de *jauger le niveau des tarifs douaniers*, le comité économique a également continué ses travaux dont les résultats remarquables se sont condensés tout d'abord dans un document présenté à la Conférence économique (2). Actuellement M. Alexandre Loveday, membre dirigeant de la section économique de la Société des Nations, a donné à ces travaux la profondeur théorique et les a incorporés dans les derniers résultats de la théorie du commerce international (3).

Il arrive à la conclusion qu'il serait erroné de croire que des indices douaniers identiques de deux pays différents soient aussi l'expression d'une protection analogue accordée par les douanes. En s'appuyant sur la théorie marginale et son application à la théorie du commerce international, M. Loveday a représenté les taux sous forme d'une courbe démontrant que les taux douaniers nécessaires pour protéger efficacement dans un pays certains groupes de marchandises constituent une série dont les chaînons correspondent à la différence entre le profit réalisable dans la branche protégée et le profit du rendement d'une marchandise dont la production nationale donne un rendement marginal comparé au prix de la marchandise importée (production marginale). La configuration de la

1. Société des Nations Comité économique. Projet de cadre pour une nomenclature douanière et projet de répartition des marchandises dans les divers chapitres du cadre avec notes explicatives. C. 346, M. 103, 1928, II.

2. Société des Nations. Conférence économique internationale. Genève, mai 1927. « Taux indices des tarifs ». C. E. I. 37. Genève, 1927.

3. *The measurement of tariff levels*. Royal statistical Society, vol. XCII, part. VI, 1929.

courbe représentant les taux douaniers dépend des conditions naturelles et de l'organisation économique du pays en question. C'est ainsi que les Etats-Unis d'Amérique s'assurent des marchés nationaux indépendants par des tarifs qui sont moins élevés que par exemple ceux de l'Italie. Les différences du rendement des agents de la production étant plus élevés en Italie qu'aux Etats-Unis, il en découle que les taux douaniers sont plus hauts en Italie qu'aux Etats-Unis pour arriver à la même efficacité protectrice. Par conséquent les taux douaniers ont le même effet protecteur quoique le niveau des droits soit différent. Cet ordre d'idées selon lequel l'index douanier ne saurait exprimer que de façon inadéquate le degré relatif de la protection, parce que l'efficience de la protection douanière dépend de la structure spéciale de l'économie nationale, a amené M. Loveday à faire abstraction, dans ses investigations, de l'effet douanier sur le pays protégé par les douanes et à concentrer toute son attention à l'effet des douanes sur le *pays exportateur.*

A son avis, l'index douanier serait bien mieux indiqué pour mesurer à quel point le pays exportateur est entravé par les droits d'entrée imposés ; car lors même que ces derniers ne seraient pas suffisamment élevés pour évincer complètement la concurrence des marchandises importées, ils produiraient néanmoins leur effet en limitant la demande et en rétrécissant le mouvement du commerce par la hausse de prix qui en résulterait. En ce qui concerne les *prix* qui formeraient la base de l'index on a hésité longtemps entre les prix d'importation et ceux d'exportation. Or, en son temps, on a déjà fait valoir qu'en se basant sur les prix d'importation on ne pouvait pas suffisamment tenir compte du fait que les droits d'entrée, lorsqu'ils sont très élevés, peuvent au cas échéant empêcher complètement l'importation. Ainsi ces importations n'entreront naturellement plus en ligne de compte. D'autre part, les prix d'importation eux-mêmes subissent l'influence des droits d'entrée, car l'exportateur, en calculant ses prix, sera guidé par la hauteur de la barrière douanière à franchir ; pour obtenir de sa production le meilleur rendement, il sera peut-être disposé à la céder sur tel marché à des prix plus bas que tel autre.

M. Loveday consacre également beaucoup d'attention au problème si délicat de l'appréciation alternative des indices. Là aussi on se serait laissé guider uniquement par l'idée de mesurer le degré de la protection douanière. Ce serait mieux et plus correct de peser l'importance des droits d'entrée par rapport à la portée qu'ont les différents groupes de marchandises pour le commerce international.

Cette thèse de Loveday, qui n'est pas encore mise au point définitivement, mais qui est des plus saisissantes par la façon dont elle pose le problème, a fait avancer à pas de géant les investigations relatives au nivellement des tarifs douaniers. Quoi qu'il en soit, il est clair dès à présent que la difficulté n'est absolument pas résolue par une organisation douanière schématique, adoptée dans tous les Etats de la même façon, ni en fixant le niveau douanier applicable. Néanmoins, même s'il était possible de trouver, sur la base des investigations de M. Loveday, une méthode irréprochable au point de vue technique pour le nivellement des tarifs douaniers, et d'instituer une classification de ces derniers répondant à toutes les exigences, bien des qusetions resteraient encore en suspens car ce n'est pas seulement ce qui est évident dans les tarifs douaniers qui fonctionne comme agent du protectionnisme : il existe une foule de sujets à chicanes plus ou moins dissimulés, à savoir tout l'échafaudage du protectionnisme administratif; des dispositions d'ordre fiscal, de l'application des lois sur les étrangers (1), qui a pour but d'agir

1. La Conférence du Droit des Etrangers qui a lieu à Paris en nov. 1929, sous les auspices de la Société des Nations tenta de

dans le sens de la protection du marché national. Pour cette raison, il serait utile, que dans le cadre de la Société des Nations une Commission neutre ou un office permanent soit institué sur la demande des Etats intéressés pour examiner de façon objective le niveau et la raison d'être des droits d'entrée.

En tous cas, le problème de la trêve douanière a considérablement élargi le champ d'activité du Comité économique de la Société des Nations. Partant de la Conférence économique internationale, qui la toute première a vaguement tracé l'idée du libre échange, une ligne droite mène à ce problème du nivellement tarifaire placé dès à présent sur des bases exactes et scientifiques, lequel est une phase préliminaire de la trêve douanière. D'autre part, cette trêve douanière ne doit pas être considérée comme un but définitif, mais seulement comme un état transitoire entre la guerre et la paix. La paix proprement dite a pour nom : Union douanière de l'Europe et sa première étape : Union économique de l'Europe Centrale.

mettre en train un ajustement des dispositions réglant les droits des étrangers et l'élimination des entraves rencontrées dans les affaires par les étrangers.

CHAPITRE XII

LA RATIONALISATION DE L'ÉCONOMIE CENTRE-EUROPÉENNE

L'Europe centrale est le territoire où la Société des Nations a remporté ses plus beaux succès, mais c'est aussi le domaine où se sont manifestés ses côtés les plus faibles. La restauration financière en Autriche et en Hongrie, le règlement du statut de Danzig, ainsi que d'autres actions portant sur des points particuliers, comptent au nombre de ses indiscutables succès. Il est avéré maintenant que cette institution dispose de forces morales et politiques suffisantes tant qu'il s'agit de tâches susceptibles d'être résolues isolément, dans l'intérêt de l'un ou l'autre de ses membres, mais qu'un achoppement se produit dès qu'il faut régler des rapports intéressant également plusieurs pays. Le tracé des frontières en Haute-Silésie, l'échec de l'expertise économique en Autriche, les lenteurs dans le règlement du problème danubien sont autant d'effets de cette impuissance de la politique de la Société des Nations. Plus regrettable encore est l'attitude passive de cette dernière en face des maux dont souffre l'économie générale de l'Europe centrale. Cette passivité a sa cause principale dans une conception fausse selon laquelle *aborder la question de l'Europe centrale équivaudrait à remettre en question les traités de Paix*. Et cependant il serait possible de corriger sur nombre de points importants, et avant tout dans ses conséquences économiques, la balkanisation déjà accomplie de l'Europe centrale sans compromettre les bases du nouvel ordre de choses. Avec un peu de bonne volonté de la part de toutes les parties, il serait possible d'entreprendre et d'exécuter la consolidation économique de l'Europe centrale même sur la base juridique des traités en vigueur. Il est vrai que pour cela il est nécessaire tout d'abord de remplacer la formule de la « consolidation économique de l'Europe centrale » dont tout ce qui est certain jusqu'ici est qu'elle représente pour chacun quelque chose de différent — par un programme bien délimité auquel tous les intéressés aient avantage à se rallier. C'est un programme de ce genre qu'en dépit des espérances déçues de Porto-Rose, de Gênes, de Locarno et de Thoiry le monde attendait avec assurance de la Conférence économique internationale, et c'est justement sur ce point capital que la Conférence a totalement échoué.

Plus d'une voix s'est élevée, cependant, pour inviter la Conférence à prendre position au sujet du problème de l'Europe centrale. Dès le début de la session, l'ancien commissaire général de la Société des Nations pour l'Autriche, le Dr Zimmerman, signalait la destruction de l'unité économique constituée par l'ancienne monarchie austro-hongroise comme le grand mal affectant l'économie européenne. « Je n'hésite pas à déclarer — concluait-il — que le rétablissement d'une coopération économique entre les pays de l'Europe centrale, dans une mesure plus ou moins grande, est évidemment indispensable pour la restauration du continent européen » et il ajoutait qu'en marquant un jalon dans cette évolution, la Conférence aurait droit à la reconnaissance générale. Le délégué anglais M. T.-W. Layton, s'exprime tout aussi nettement soulignant le « fait que l'Europe centrale a été divisée en un certain nombre de petites unités, d'où il résulte que l'Europe a aujourd'hui 11.000 kilomètres de barrières tarifaires de plus qu'avant la guerre. De là proviennent des pertes de capitaux, en raison d'installations dont une grande partie ne peut être économiquement utilisée. La conséquence en a été aussi une grande diminution du volume du commerce entre les divers éléments de l'ancienne monarchie austro-hongroise, ainsi qu'entre ces pays et les pays voisins. On a été amené à créer des exploitations afin d'approvisionner séparément un certain nombre de marchés petits et indépendants, ce qui a été à l'encontre de la tendance qui a peut-être le plus contribué à la prospérité croissante du monde, c'est-à-dire l'augmentation de la production ainsi que de la spécialisation et de la standardisation des grandes industries. » Outre les délégués hollandais et anglais, d'autres orateurs ont aussi exprimé l'opinion que le morcellement de territoires économiques traditionnellement unis et formant un tout harmonieux était la cause des funestes modifications survenues dans la structure de l'économie européenne. Mais les représentants des Etats centre-européens les plus directement intéressés ont observé un silence prudent au sujet de ce problème capital. Seul le délégué tchécoslovaque déclara, sous une forme très élastique, que son pays saluait tout rapprochement qui ne portât pas atteinte à ses droits de souveraineté, et le délégué autrichien exprima le vœu qu'il se formât un plus vaste domaine économique, mais s'abstint de se prononcer au sujet du rattachement à l'Allemagne ou de l'union avec les autres Etats successeurs.

La session de Genève atteignit son point culminant lorsque le ministre des Affaires étrangères de la Tchécoslovaquie, en une série d'articles destinés à servir de prélude à la conférence de la Petite Entente, à Joachimstal, appela de ses vœux un « Locarno économique » de l'Europe centrale. « La tendance de la vie économique européenne, telle qu'elle se manifeste à la Conférence économique internationale siégeant actuellement » exige, — de l'avis du Dr Benes, — l'établissement de la Petite Entente sur une base centre-européenne plus large. Il s'agit en effet d'Etats auxquels leur position géographique permet de vivre en grande partie de leur propre force et dont les intérêts économiques se complètent même si l'on ne tient pas compte du fait que leurs parties essentielles formaient déjà autrefois les éléments d'une seule et même unité économique, et qu'il en résulte, par cela même, une tendance à éliminer du sein de l'Europe centrale, par une coopération économique réciproque, toutes les difficultés qui permettraient de conclure à une décomposition. » On ne saurait qu'adhérer à l'aveu contenu dans ces déclarations que l'ordre, la tranquillité et l'évolution au sein de l'Europe centrale nouvelle ne paraissent assurés que si la base en est fournie par une coopération économique réciproque des éléments de l'ancienne communauté économique. Si le mot d'ordre d'un « domaine économique uni de l'Erzgebirge au Balkan » est resté sans écho et n'a pas fait non plus d'impression sur la Conférence économique internationale, la faute n'en est pas tant dans une absence de justesse intrinsèque, mais dans son allure politique. On soupçonne que ce n'est pas tant dans l'intérêt vital commun des Etats envisagés qu'il s'agit ici, mais bien plutôt d'une monarchie danubienne sur un plan plus vaste et dont la Tchécoslovaquie serait appelée à être le foyer économique et peut-être même politique. Cette conjecture ne semble guère fondée, car ni Bucarest, ni Belgrade ne se prêteraient à ce rôle et d'autre part ni Vienne ni Budapest ne sauraient s'imaginer comme dépendances de Prague. Mais il semble que l'on soit bien fondé à douter que la Petite Entente puisse changer en une féconde activité en faveur de l'idée nouvelle le caractère défensif et négatif qu'elle a eu jusqu'ici, en tant qu'organe de contrôle vis-à-vis de la Hongrie et des aspirations autrichiennes au rattachement à l'Allemagne. Le système

actuel d'alliance de la Petite Entente n'est pas propre à
servir d'ébauche pour une évolution de ce genre.

Dans les conjectures présentes, ce rôle ne pourrait
échoir qu'à la Société des Nations et, si informé que l'on
soit des entraves extérieures et intérieures qui gênent
dans son travail cette institution, on a peine à concevoir
que la Conférence économique internationale ait pu négliger
ce problème, le plus grave des problèmes d'après-guerre.

Avec la Conférence économique internationale on a
laissé échapper une occasion favorable pour les tendances
à la consolidation dans l'Europe centrale. Il est vrai que
la plupart des résolutions de la Conférence sont applicables
au centre de l'Europe et que nombre d'entre elles semblent
même avoir été inspirées par la situation centre-européenne, mais les maux dont souffre cette partie de l'Europe sont si nombreux et si particuliers qu'ils auraient
mérité une considération spéciale. C'est ce qui n'a pas eu
lieu. Au contraire, les questions spécifiquement centre-
européennes ont été évitées avec le plus grand soin. Le
gouvernement allemand était forcé de s'abstenir de faire,
à l'exemple des autres pays, un rapport sur sa situation
économique, ce qui n'aurait pu avoir lieu sans mentionner
les charges imposées par les réparations, or la question des
dettes internationales avait été écartée de prime abord.
Un autre problème et des plus brûlants, de l'Europe centrale aurait été celui de l'intenable situation sur le Danube, dont la nouvelle réglementation devenait possible le
1ᵉʳ septembre 1927. La Chambre internationale de commerce avait soumis à la Conférence une étude approfondie, accompagnée de projets de résolutions, mais qui ne
fut même pas le sujet d'un débat, ni, à plus forte raison,
l'occasion de décisions. De même, mon rapport « sur la
situation économique de l'Europe centrale », (1) que le

1. Voir, Mémorandum sur les problèmes économiques de l'Europe
centrale rédigé sur mandat du Congrès économique de l'Europe

Congrès économique de l'Europe centrale .n'avait chargé d'élaborer, ne put être discuté qu'en « séances privées », toutes sortes de considérations s'y opposant dans la salle de la Conférence et dans les couloirs. Cependant la question de l'Europe centrale n'a perdu ni en importance, ni en urgence. Les déclarations politiques et les études publiées à ce sujet ont de plus en plus de retentissement, et le projet d'union centre-européenne ne disparaîtra de l'ordre du jour que lorsqu'il aura été réalisé ou qu'il aura fait place à des tendances, d'une portée encore plus vastes et visant à une association pan-européenne.

Les évènements en Autriche ont donné à ce projet une actualité immédiate. Si étroitement lié à la grande politique que ce problème apparaisse, il se réduit en dernière analyse à un problème économique qui ne peut être résolu sur la base de la *seule politique nationale*. Mais pour les autres Etats du centre de l'Europe la question n'a rien perdu non plus de son actualité. Car ils sont tous trop petits et trop peuplés pour être économiquement indépendants de leurs voisins. Si l'Allemagne a sauvé son unité politique et économique elle n'en est pas moins devenue, mesurée aux grands domaines de l'économie mondiale, une petite puissance économique. Les bases de la production sont encore plus affaiblies dans les divers Etats successeurs, où l'on cherche à remédier par de hautes barrières douanières et par l'érection de fabriques au manque de possibilités de travail et de débit. On a invoqué, en faveur de la viabilité des petites économies nationales et de l'indépendance qu'elles ont acquises, l'exemple de la Suisse, de la Belgique et de la Hollande. On a oublié qu'il s'agit là de pays dont l'évolution historique a marché de pair avec la naissance et le développement de l'écono-

centrale pour la Conférence économique internationale. Vienne, 1927. Editions du Congrès économique de l'Europe centrale.

mie universelle, et que, de part et d'autre de leurs frontières, la production et le débit ont eu le temps de s'adapter l'un à l'autre. Par contre, dans le domaine économique de l'Europe centrale nouvelle, les modifications survenues dans la structure ont complètement détruit l'équilibre naturellement établi. Au point de vue économique, la vie propre des petits et moyens États est unilatérale et déséquilibrée. Hommes, travail et produits gravitent sans cesse au delà des frontières, le centre de gravité des diverses économies nationales s'est déplacé du centre à la périphérie et dans certains cas il se trouve entièrement à l'extérieur. La Tchécoslovaquie est un grand port industriel, avec un hinterland insuffisant. La Hongrie, la Roumanie, la Yougoslavie sont de grands hinterlands agraires, sans ports suffisants pour leur exportation. L'Europe centrale entière ressemble à un immense magasin où seraient accumulés non pas des produits manufacturés mais une main-d'œuvre sans emploi. Cette gestion se solde par un passif qui s'exprime par des mouvements communistes, par une misère générale et par la statistique des suicides dans l'Europe centrale.

En présence de ces faits, il est permis de prétendre qu'à l'intérieur du domaine économique nouvellement créé ce n'est pas avec les méthodes appliquées jusqu'ici que l'on pourra rétablir l'équilibre. Il faut trouver des modes appropriés pour pouvoir faire régner ici les bienfaits de l'union et de la coopération économiques tout en sauvegardant l'indépendance politique la plus complète. Confédération danubienne, union douanière ; ce sont là des mots d'ordre destinés à exprimer la nécessité de la cohésion. Mais la comme plupart des formules, elles ne sont propres qu'à dispenser ceux qui les proclament de les motiver d'une façon approfondie et en fait elles ont causé plus de mal que de bien. Car l'idée d'une confédération danubienne rencontre politiquement beaucoup d'objec tions, et d'ailleurs elle manque de précision, puisqu'elle prétend englober la Pologne et exclure par contre un Etat danubien, la Bulgarie. Quant à l'idée d'une union douanière, c'est au point de vue économique qu'elle soulève des objections. D'ailleurs aucun économiste sérieux ne s'est encore risqué à préconiser un système aussi vaste. Les formes du nouveau rapprochement doivent être cherchées non pas dans l'histoire, qui n'offre rien d'analogue, mais dans la situation telle qu'elle se présente. Etant donnée la façon dont est répartie aujourd'hui la puissance politique, il n'est pas sans importance pour la réalisation d'une idée qu'elle puisse être fondée sur les traités de paix. Et c'est pourquoi il y aurait lieu de préconiser le système préférentiel prévu par ces traités, mais sous la forme élargie d'un régime douanier particulier à tous les Etats de l'Europe centrale. Ceux-ci pourraient conclure entre eux des conventions par lesquelles ils s'assureraient l'un à l'autre des avantages spéciaux auxquels les autres Etats ne pourraient prétendre également en vertu de la clause de la nation la plus favorisée. A cette conception, que j'ai exposée et motivée d'une manière détaillée dans une étude intitulée : « Handelspolitik in Mitteleuropa » (Jena, 1925), on oppose principalement les deux objections suivantes : La première est que la Grande-Bretagne (ou encore l'Italie, ou toutes les deux ensemble) pourrait voir dans le régime préférentiel réciproque la violation de la clause de la nation la plus favorisée ; la seconde est que sans la coopération de l'Allemagne il serait impossible de réaliser dans l'Europe centrale la cohésion en matière politique commerciale. La crainte que divers Etats ne puissent voir dans l'exécution de ce plan une violation de la clause de la nation la plus favorisée est sans fondement, car l'association des Etats successeurs ne signifierait pour aucun pays un préjudice à la situation occupée par lui en matière de politique commerciale ; au contraire, en raison du meilleur déploiement des forces économiques sur ces territoires morcelés, le marché centre-européen verrait croître au profit de tous sa capacité d'absorption. D'ailleurs, le traitement spécial entre Etats successeurs, sous réserve de la clause de la nation la plus favorisée, a reçu la sanction de la Conférence économique internationale, laquelle s'est bien prononcée en faveur de « la clause de la nation la plus favorisée au sens le plus large et le moins restreint », mais en ajoutant que cette interprétation n'empêchait pas que des dispositions spéciales puissent être admises dans les divers traités en tenant compte des exigences locales. Quant aux craintes inspirées par la non adhésion de l'Allemagne, elles ne sont pas plus fondées. Le plan n'exclut pas en principe un rapprochement avec l'Allemagne en matière de politique commerciale, mais voit dans l'union économique des territoires anciennement unis la première étape de la consolidation centre-européenne. L'adhésion de l'Allemagne à ce bloc centre-européen est à coup sûr désirable. Mais déjà, pendant la guerre, les projets d'union douanière centre-européenne émanant de l'Allemagne provoquaient chez les petits Etats la crainte d'une prépondérance économique par trop considérable, ce qui était un grand obstacle à leur réalisation. Par rapport aux Etats fragmentaires de l'Europe centrale nouvelle, la disproportion serait encore plus grande, tandis que dans le bloc des Etats successeurs l'Empire allemand trouverait un partenaire à sa taille. Mais ici ce n'est pas en présence d'une alternative que nous nous trouvons, car il y a plusieurs solutions possibles. Les voies conduisant au rapprochement économique des Etats de l'Europe centrale sont loin de se réduire à un système de douane préférentiel, et des moyens plus efficaces encore nous sont peut-être fournis dans le domaine de la politique en matière de communications, de monnaie et de production.

Un système ferroviaire centre-européen, une union postale centre-européenne, un trafic danubien unifié, une coopération des banques d'émission centre-européennes, une organisation des facteurs de la production par le moyen de conventions industrielles, tout cela offre pour l'économie de l'Europe centrale des possibilités de rapprochement qui ne peuvent et ne doivent être réalisées qu'avec le concours de l'Allemagne. Ce n'est pas ici le lieu d'entrer dans les détails de ces projets, que j'ai exposés tout au long dans plusieurs écrits, sans rencontrer d'opposition.

Ce n'est pas à la « raison pure », pas plus qu'à la science de l'économie politique, et ce n'est pas non plus aux publicistes qu'il appartient de décider à l'égard de tous ces projets. Cette décision est une affaire de volonté et dans laquelle doivent intervenir non pas les seuls points de vue scientifiques, mais encore la politique générale. Car la pacification économique de l'Europe centrale n'est pas un problème isolé, elle ne peut exercer un effet durable et persistant que si elle va de pair avec la pacification politique. Cependant c'est dans le domaine économique qu'il convient de commencer, car c'est là que les hommes se convainquent le plus vite de l'intérêt qu'ils ont tous à rester unis.

Et c'est justement pourquoi, en sa qualité de gardienne de la paix, la Société des Nations devrait renoncer au fatalisme dont elle a fait preuve à l'égard de l'Europe centrale, à la Conférence économique internationale, prendre l'initiative d'une action dans l'intérêt de cet important groupe d'Etats, et les unir sur un même plan économique. La *convocation d'une conférence des Etats de l'Europe centrale*, à laquelle participeraient les grandes puissances européennes, porterait plus de fruits que les conférences tenues jusqu'à ce jour par les Etats successeurs à l'écart de Genève et avec plus ou moins de bonne volonté. Des pourparlers économiques une autre attitude économique sortira, l'économie servira de sauvegarde à la politique. Le scepticisme à l'écart d'une solution pacifique des problèmes centre-européens — scepticisme enraciné dans les couches les plus larges — ne constitue pas un argument contre la tentative préconisée ici. Il faut devoir se contenter de ce qui ne peut être atteint qu'avec le temps, et ne pas oublier que l'on a devant soi un très long chemin (1).

1. Pour les détails de la rationalisation de l'économie de l'Europe centrale, voir les ouvrages suivants du même auteur : *La monnaie, ses systèmes et ses phénomènes en Europe centrale*, Paris, 1927, Marcel Giard, édit., *Mémorandum sur les problèmes économiques de l'Europe centrale*. Vienne, 1927.
Das Geldproblem in Mitteleuropa, Jena 1925, Die Handelspolitik in Mitteleuropa, Jena 1925, Das Kulturproblem in Mitteleuropa, Stuttgart 1926, Die Wirtschaftspolitik in Mittel-europa, Denkschrift über die wirtschaftlichen Probleme in Mitteleuropa, Vienne 1927, Das Donauproblem in der mitteleuropäischen Wirtschaft, Wien 1928, Die Weltwirtschaftskonferenz mit besonderer Berücksichtigung Mitteleuropas, Leipzig 1928. Europäischer Zollverein und Mitteleuropäischen Wirtschaftsgemeinschaft, Berlin 1928, Mitteleuropäische Eisenbahnpolitik, Vienne 1929, Mitteleuropäische Wasserstrassenpolitik, 1929, Mitteleuropäischer Postverein, Vienne 1929.

CHAPITRE XIII

LA DOCUMENTATION ÉCONOMIQUE DE LA SOCIÉTÉ DES NATIONS

1. La documentation sur la situation générale de la production et du commerce.
2. La documentation sur les problèmes de population. — Le mouvement naturel et les migrations.
3. La documentation concernant la politique commerciale. — La lutte contre le protectionnisme. — Le rapprochement économique entre les Etats. — La technique douanière.
4. La documentation concernant la situation industrielle. — Les problèmes généraux. — La politique industrielle.
5. La documentation concernant la situation et la politique agricoles.

La documentation économique de la Société des Nations.

L'activité économique de la Société des nations se manifeste sous deux formes différentes. D'une part, elle consiste dans le support donné aux nations qui ont été frappées par les conséquences économiques de la guerre, et dont la situation économique a été rendue précaire par les traités de paix. Il s'agit ici surtout des assainissements monétaires accomplis par les soins de la Société des Nations. L'exemple le plus frappant est la réforme monétaire de l'Autriche. Outre cette activité visible, tombant sous les sens d'une manière immédiate et efficace, l'effort de la Société des Nations s'étend au domaine économique d'une manière plutôt indirecte, mais non pas moins im-

portante. C'est qu'elle tend à réformer cette partie de la
vie économique qui n'a pas été réglée par les clauses des
traités de paix, ceux-ci s'étant bornés à montrer la voie,
la directive pour un règlement ultérieur, les lignes vagues
menant au but final, la paix éternelle. Car ces efforts dans
le domaine économique de la Société des Nations sont
tous inspirés par l'article 23 (*e*) du Pacte, qui nous semble
de la plus haute importance pour le maintien d'une atmosphère pacifique, en imposant à la Société des Nations
comme première tâche le traitement équitable du commerce, clause qui, elle aussi, est inspirée par la considération que les inégalités du traitement économique et les
frictions dans le jeu normal du commerce, sont le point
de départ de perturbations guerrières (1).

I. — Documentation relative a la situation économique mondiale.

1. Mémorandum sur la production et le commerce (C. E. 13.
    Genève, 1926.II.52.)
    Ce mémoire a été élaboré par M. A. Loveday, membre de
    la section économique et financière de la Société des Nations
    avec la collaboration d'un comité d'experts, se composant
    de M. Hodac, secrétaire général de l'Association des indus-
    triels tchécoslovaques, M. W. T. Layton, éditeur de l'*Econo-
    mist* et M. Allan Young, professeur à Harvard University.
    Ledit mémoire se rapporte aux données démographiques, à
    une statistique de la production, qui se limite aux matières
    premières, aux denrées alimentaires et au commerce mondial.
2. Mémorandum sur les monnaies et les banques centrales 1913-
    1925 (C. E. I. I, 1926.II.28) ; 2 volumes.
3. Mémorandum sur les balances des paiements et sur les balances
    du commerce extérieur 1911-1925 (C. E. I. 2).
4. Mémorandum sur les finances publiques.

1. Pour la documentation de la Conférence voir encore, Karl
Pribram, Die weltwirtschaftliche Lage in Spiegel des Schrifttums
der Weltwirtschaftskonferenz, Weltwirtsch. Archiv. vol. XXVI,
1927.

Le *Mémorandum sur la production et le commerce* a été soumis au Comité préparatoire de la Conférence économique internationale. Ce document tâche de démontrer : 1º les modifications et la répartition territoriales survenues depuis 1913 dans la population du globe ; 2º les changements survenus dans la production des matières premières ; 3º les modifications survenues dans le volume du commerce mondial et dans sa répartition.

Ad. 1. — Les chiffres concernant la population sont basés sur les évaluations approximatives de la population du ɪr·nde au cours de la période de 12 années de 1913 à 1925.

Quant à la production, on ne possédait que des données fragmentaires et par conséquent on a été forcé d'aborder la question par une voie indirecte, en examinant les chiffres de la production des matières premières et des denrées alimentaires, afin d'aboutir à une estimation approximative de l'activité industrielle (1).

Comme les fluctuations du pouvoir d'achat de l'or et des monnaies empêchaient une comparaison des valeurs d'après-guerre avec les valeurs d'avant-guerre, on est arrivé à calculer les indices de la production qui constituent l'expression des quantités variables multipliées par des prix constants. Comme coefficient de pondération, on a utilisé à la fois les prix de 1913, année de base, et ceux de 1924, année centrale d'après-guerre, qui seule avait été examinée. L'indice général comprend 56 articles, mais en raison de l'absence de données complètes, certaines catégories de produits types, telles que la viande et les autres produits alimentaires d'origine animale, les bois de

1. Les modifications qui interviennent dans la production des matières premières ne coïncident pas nécessairement avec les modifications des volumes de la production industrielle, vu la découverte des moyens permettant d'obtenir un rendement équivalant à une consommation moindre de produits bruts. Il fallait en outre prendre en considération l'existence de stocks considérables de matières premières qui ne furent que progressivement absorbées par l'industrie.

construction, et certains autres matériaux pour l'industrie du bâtiment ont dû être omises. On a également exclu quelques articles qui n'ont pas une grande influence sur l'indice.

Ad. 2. — Les chiffres indiquent que la production des matières premières et des denrées alimentaires en 1925 a été de 16-18 % supérieure à celle d'avant-guerre ; toutefois les indices européens ne dépassent que de 4-5 % le niveau de 1913. La population a augmenté de 5 % par rapport à celle d'avant-guerre. Le développement des pays américains est infiniment plus favorable. Dans les deux hémisphères de l'Amérique, la population a augmenté d'environ 20 %, la production de l'Amérique du Nord de 25 %, celle de l'Amérique du Sud de 33 %.

Parmi les nombreux tableaux, les plus intéressants sont ceux qui démontrent certains indices de la production pondérée par le prix de 1913. Les investigations les plus remarquables au sujet des denrées alimentaires sont celles qui mettent en lumière le développement de la production du sucre de canne et la diminution constante du sucre de betterave, aussi bien que le mouvement correspondant qui s'est produit dans les textiles, où la soie artificielle a relégué au second plan la soie naturelle.

Ad. 3. — Quant au commerce, la procédure adoptée pour déterminer l'accroissement ou la restriction du commerce mondial diffère de celle qui fut suivie pour les matières premières. Tandis que pour celles-ci on employa des indices quantitatifs en utilisant comme coefficient fixe de pondération les prix moyens relatifs à des années choisies, pour le commerce, les valeurs effectives inscrites dans les valeurs officielles des divers pays, ont été converties en dollars, et le chiffre ainsi obtenu est alors divisé par des indices donnant les prix moyens de l'année en question. Il est démontré que le commerce national n'a pas augmenté dans la même proportion que la production des matières premières, ce qui est prouvé par des tableaux représentant les changements survenus dans les importations, les exportations et le montant total des groupes de différents pays.

Parmi les mémoranda qui ont trait à la situation économique mondiale en général, il convient de faire mention de trois documents :

1° *Le Mémorandum sur les monnaies et les banques centrales* (2 vol. 1913-1915, vol. 1 Genève 1926. p. 99, vol. 2, p. 215). Ce mémoire n'a pas été élaboré spécialement en vue de la Conférence ; il constitue plutôt la suite des publications des années antérieures. Le volume I contient des observations générales sur le rétablissement de l'étalon d'or, ainsi qu'une liste chronologique de 48 pays qui, d'après leur situation monétaire, ont stabilisé leurs monnaies à la parité d'avant-guerre, dévalorisé leurs monnaies et ceux qui n'ont pas encore stabilisé leurs monnaies. Suit une étude générale sur le prix (prix de gros, prix de détail, prix-or), sur la circulation des billets et les conditions monétaires, taux de l'escompte, changes, réserves en or et en devises étrangères, production et commerce de l'or, situation des banques centrales. Le volume II contient des statistiques monétaires et bancaires et des bilans-types de banques centrales des différents pays européens et extra-européens.

2° Le *Mémorandum sur les balances des paiements et sur les balances du commerce extérieur*. 1911-1925 (2 volumes 1926, vol. I, p. 253, vol. II, p. 842). Ce mémorandum faisant suite aux volumes parus en 1924-1925 constitue une partie de la documentation demandée par le Comité préparatoire de la Conférence économique internationale. Il comprend la balance des paiements et les balances du commerce extérieur de 22 Etats (Les renseignements faisant défaut pour 4 Etats : l'Argentine, la Tchéco-Slovaquie, les Pays-Bas et la Pologne). Le volume II donne un résumé des statistiques du commerce de 63 pays différents (la première édition n'en mentionnait que 57), des notes explicatives sur la façon dont les statistiques du commerce national ont été élaborées et un résumé des principales différences que présente l'interprétation des chiffres.

3º Le *Mémorandum sur les finances publiques* n'a paru qu'après la clôture de la Conférence économique et n'est qu'une suite de travaux publiés sous l'égide de la Société des Nations. C'est une étude comparative des budgets des différents pays. Tandis qu'au temps de la conférence financière de Bruxelles 1920 l'équilibre budgétaire ne s'est établi que dans 4 pays européens (la Grande-Bretagne, le Danemark, la Suède, la Norvège), l'aperçu sur la situation actuelle (1925) nous montre 26 pays qui ont réalisé des succès considérables sous ce rapport. Parmi les Etats belligérants, il n'y en avait à ce moment que deux qui ne fussent pas encore parvenus à équilibrer leurs finances. En dehors de l'Europe, les finances publiques se trouvent en bon ordre, sauf pour la Chine. La charge fiscale de 15 Etats indique en général une augmentation par rapport à l'époque d'avant-guerre. Parmi les dépenses, celles qui se rapportent à l'armée jouent un rôle prépondérant. En 1925, les dépenses militaires se chiffraient par 3,8 milliards de dollars pour tout l'univers, dont 2,2 milliards pour l'Europe.

II. — LA DOCUMENTATION SUR LES PROBLÈMES DE LA POPULATION.

1. Mouvement de la population pendant le 1er quart du XXe siècle. (C. E. I. 4 (1) 1926.II.61).

Ce mémoire traite des modifications considérables survenues dans le mouvement naturel des populations européennes, surtout de l'accroissement attribuable non pas à la fécondité mais à la longévité.

2. Rapport sur les législations relatives au mouvement de la main-d'œuvre et aux migrations en général. B. I. T. (C. E. I. 12. Genève, 1926).

Traite les 2 types de migration, l'émigrant et l'immigrant, la migration nationale et la migration internationale, ainsi que les restrictions qui s'y rapportent.

3. Migrations dans leurs différentes formes (B. I. T.) (C. E. I. 25).

Traite le mouvement migratoire spécialement en Europe, en se basant sur les statistiques de 74 Etats.

4. Densité de la population par rapport aux terres cultivées et aux richesses naturelles du sol et du sous-sol (C. E. I. 39).

Ce mémoire contient un aperçu sur la densité de la population et son mouvement naturel.

5. Estimation pour certains pays, de la population en état de travailler en 1931 et en 1941. Prof. A. L. Bowley (C. E. C. P. 59 (1) 1926. II. 67).

C'est une évaluation probable du nombre de la population laborieuse de l'avenir, en maintenant le taux actuel de la mortalité.

6. Rapport sur les niveaux de vie des ouvriers dans différents pays (C. E. I. 26).

Au sein du Comité préparatoire, des opinions diverses se sont fait entendre sur la compétence de la Conférence économique internationale de trancher le problème de la population (1). Mais étant donné qu'on est tombé d'accord qu'il fallait renoncer à trancher la question, la documentation se bornait donc à traiter le problème comme base nécessaire et comme point de départ de la répartition de la production.

I. — LE MOUVEMENT NATUREL DES POPULATIONS.

Dans un document préparé par la section d'hygiène sur le *Mouvement naturel de la population pendant le premier quart du XXe siècle* on constate qu'il n'est jamais

1. Voir Louise Sommer, *Die Vorgeschichte der Weltwirtschaftkonferenz* (Genf. 1927). *Weltwirtschaftliches Archiv*, Oktober 1928, p. 401 et ss.

survenu au cours de l'histoire des changements plus considérables dans le mouvement naturel des populations de l'Europe que ceux qui ont commencé dans la seconde moitié du xixᵉ siècle et se sont accélérés au cours du xxᵉ siècle, accroissement qu'il faut attribuer à une augmentation non pas de la fécondité, mais de la longévité. La diminution du taux de la natalité qui peut être constatée partout s'est propagée d'abord au nord et à l'ouest de l'Europe ; elle se fait remarquer également dans beaucoup de pays extra-européens habités par des populations d'origine européenne, et a été largement contrebalancée par une diminution de la natalité.

Le mémoire *Population et ressources naturelles* (1) nous donne un aperçu de la densité de la population et de son mouvement naturel. Afin de comparer la densité de la population, on a calculé le chiffre démographique qui correspond à une surface agricole utile et productive. Un schéma est annexé à ce tableau indiquant pour les différents pays les quantités de la production agricole et minière, qui démontrent l'importance des matières premières pour chaque pays.

Le rapport existant entre l'accroissement naturel de la population et le classement par âge a été mis en lumière par l'étude de M. le Professeur A. L. Bowley sur l'*Estimation de la population en état de travailler dans certains pays en 1931 et en 1941*, qui s'occupe de l'influence de la guerre sur la constitution de la population, d'après l'âge, dans les Etats les plus importants. Dans ce but, il évalue le nombre probable de la population laborieuse pour les années 1931 et 1941, en partant de la supposition que le taux de la mortalité actuelle ne subira aucun changement. Faute de données exactes, il néglige l'influence des migrations. Il ressort de ce calcul que l'accroissement de la population laborieuse durant la décade 1910-1920, par suite des effets de la guerre a été inférieur à celui que l'on peut attendre pour la décade 1921-1923. La proportion d'accroissement de la deuxième période correspond à celle qui précédait la guerre. Ce n'est que dans la 3e décade 1931-1940 que la diminution des naissances causée par la guerre déploiera tous ses effets. La proportion de l'accroissement baissera partout : ainsi sur la base de ces hypothèses, en Italie à 11 1/2 %, aux Etats-Unis à 10 %, en Suède et au Japon à 8 %, en Grande-Bretagne à 4 %, en Allemagne à 3 1/2 % et en Belgique à 2 %. En France la population laborieuse diminuera de 2 %. A tout prendre, on constaterait pour la période d'observation de 1910-1940 une augmentation de la population laborieuse de 60 % en Australie, de 50 % aux Etats-Unis, de 38 % en Italie, de 35 % en Allemagne, de 34 % en Suède, de 32 % au Japon, de 26 % en Grande-Bretagne et en Suisse, de 18 % en Belgique, par contre un recul de 3 % en France. Quant à l'Allemagne, on peut présumer qu'en 1941 la population n'aura augmenté que de 15 %, comparée à celle de l'année 1910 dans les régions faisant partie de son territoire en 1910.

2. — LES MIGRATIONS.

Une étude sur le mouvement migratoire, spécialement en Europe, nous est fournie par un rapport du Bureau International du Travail sur *Les Migrations dans leurs différentes formes*, qui se base sur les statistiques comprenant 74 Etats et territoires (1).

Il découle du matériel statistique datant de la période d'avant-guerre qu'en moyenne des années 1901-1910 un million d'habitants a émigré chaque année des pays européens les plus importants dans les pays d'outre-mer ; en moyenne des années 1911-1913 il y en avait 1, 37 mil-

1. Voir FERENEZI Imre « International migrations ». Vol. I. New-York, National Bureau of econ. research, 1929.

lions. Dans la période d'après-guerre, les migrations à destination d'outre-mer, venant de l'Europe baissèrent de 845.000 en 1920 à 500.000 en 1925. Ce mouvement a été interrompu par un accroissement temporaire au cours de l'année 1923. Pour l'année 1926, un léger accroissement pourra être constaté. Si les chiffres d'immigration des pays d'outre mer sont plus élevés que les chiffres correspondants de l'émigration européenne, il faut expliquer cela par le fait qu'ils comprennent dans leur statistique aussi les immigrants des pays extra-européens.

Le recul de ces chiffres doit être attribué aux restrictions de l'immigration de la part des Etats-Unis. Ces limitations ont surtout frappé les pays de l'Europe du sud, du sud-est, et de l'est. Toutefois, même l'émigration de la Grande-Bretagne vers les Etats-Unis s'est ralentie considérablement. Elle se dirigeait plutôt vers les Dominions. Inutile d'insister sur l'influence profonde de ces restrictions sur l'émigration allemande.

Simultanément, la réémigration vers le pays natal a diminué. La migration continentale s'est accentuée après la guerre. Elle s'adapte aux oscillations du marché du travail, elle est entravée par les mesures restrictives des pays qui souffrent du manque d'occupation. De ce fait les pays souffrant des conséquences de la guerre, notamment ceux de l'Europe centrale ont à signaler une réduction considérable dans le mouvement immigrant, tandis que la France en tire bénéfice, vu qu'elle a vu affluer dans ses frontières un grand nombre d'immigrants.

Un autre *Rapport sur les législations relatives aux mouvements de la main-d'œuvre et aux migrations en général* (Genève, 1926) a été élaboré par le Bureau international du Travail. Se basant sur le texte d'une définition internationale proposée par le Congrès de 1924, l'introduction de ce rapport distingue deux types de migration : l'émigrant et l'immigrant. Cette division s'entrecroise avec un autre point de vue qui distingue entre une migration nationale et une migration internationale. Les réglementations des migrations sont classées sous deux angles : 1º dans les pays d'émigration, on distingue entre les restrictions à l'émigration et les mesures visant la protection des émigrants et la rentabilité de l'émigration au point de vue national ; 2º la réglementation dans les pays d'immigration (restrictions quantitatives, restrictions qualitatives, encouragement à l'immigration). L'immigration continentale étant surtout un échange de main-d'œuvre. est analysée sous le nom d'immigration-travail. L'équilibre du marché du travail ébranlé par les restrictions de l'entrée des travailleurs étrangers, devrait être rétabli par les encouragements à l'entrée de la main-d'œuvre étrangère.

Le transit est considéré sous deux points de vue : celui des pays de transit continental qui redoutent le transit comme propagateur éventuel d'épidémies, et celui des pays trans-océaniques.

Parmi les réglementations internationales, on constate que les traités bilatéraux relatifs aux migrations se présentent sous diverses formes : comme traité de travail et sous une forme plus spécialisée, comme traité sur les questions particulières intéressant les travailleurs étrangers.

Comme moyen d'établir des réglementations des migrations, on s'appuie non seulement sur les traités, mais encore sur les conventions multilatérales qui créent un domaine commun permettant d'unifier les réglementations migratoires et ne s'occupant plus des intérêts particuliers des citoyens de certains États. Parmi ces réglementations, l'action de l'organisation du travail et celle de la Société des Nations jouent un rôle très important, en entamant beaucoup de problèmes humanitaires qui se trouvent en corrélation intime avec les questions d'immigration. Comme exemple d'intervention il faut citer aussi les « vœux » qui ont été formulés par des conférences techniques et diplomatiques sur l'émigration, par exemple la réunion d'une Commission internationale d'émigration qui a eu lieu à Genève à 1921 et qui, conforme à un vœu de la Conférence internationale du travail à Washington (1919), a examiné les principales questions internationales intéressant l'émigration.

3. — LA DOCUMENTATION CONCERNANT LA POLITIQUE COMMERCIALE.

1. Commentaire et avant-projet d'accord pour la suppression des prohibitions et restrictions à l'importation et à l'exportation.

    Etabli par le Comité économique pour servir de base à une conférence diplomatique internationale (C. E. I. 22. 1927. II. 13).

2. *a)* Note sur certains types de subsides directs ou indirects ;
b) Taxes différentielles sur la circulation, la consommation ou la manutention des marchandises étrangères importées ;
c) Mémorandum sur la réglementation des quantités importables et exportables (C. E. I. 42.1927.II.35).

3. *a)* Régime des prix à l'exportation ;
b) Echanges subordonnés au contrôle des devises ;
c) Méthodes d'évaluation pour l'application des droits *ad valorem* ;
d) Variations des tarifs en fonction de l'origine de la provenance de la destination des marchandises ou des frontières et lieux d'importation et d'exportation ;
e) Droits consulaires (C. E. I. 28.1927.II.20).

4. *a)* Quelques enseignements tirés de l'application du régime de la fixation des prix d'exportation pendant la période de l'inflation en Allemagne. Par Dr E. Trendelenburg (C. E. I. 28).

    Le contrôle des prix d'exportation a diminué au moyen d'un système d'autorisations à l'exportation la réaction de l'inflation sur le marché national.

b) Echanges subordonnés au contrôle des devises (C. E. I. 28).

    Résumé des restrictions encore en vigueur dans 13 Etats.

c) Méthodes d'évaluation pour l'application des droits *ad valorem* (C. E. I. 28).

Résumé des bases sur lesquelles repose l'évaluation de la marchandise dans les différents pays.

d) Variations des tarifs en fonction de l'origine, de la provenance, de la destination des marchandises ou des frontières et lieux d'importation (C. E. I. 28).

e) Droits consulaires (C. E. I. 28).

Résumé des taxes consulaires actuellement en vigueur dans un certain nombre de pays.

5. Mémorandum sur le taux des tarifs avec observation des taux y relatifs (C. E. I. 37).

Une statistique et critique des tarifs par trop élevés.

6. Traités de Commerce, Systèmes tarifaires et méthodes contractuelles (par M. D. Serruys. C. E. I. 31).

Le Directeur général au Département du Commerce de France nous y donne un résumé des différents systèmes tarifaires et préconise la simplification des systèmes contractuels.

7. Rapport définitif de la Commission des Entraves au Commerce préparé pour le Congrès de Stockholm et présenté à la Conférence économique de la Société des Nations. Brochure n° 45, avril 1927 (C. E. I. 5).

Ce rapport énumère les différents systèmes des entraves : le traitement des étrangers et l'inégalité juridique et sociale ; les obstacles aux transports ; les questions douanières .

8. Les méthodes d'un rapprochement économique. Par Eugène Grossmann (C. E. C. P. 24) (1).

Ce mémoire fait ressortir les avantages d'un marché important pour le développement industriel. Un rapprochement économique-devrait découler de l'abolissement des barrières douanières.

9. Mémorandum économique sur les problèmes de l'Europe centrale. Rédigé sur mandat du Congrès économique de l'Europe centrale pour la Conférence économique internationale par Elemér Hantos. Vienne, 1927.

Ce mémoire présenté aux membres de la Conférence économique internationale a été élaborée sur la demande de l'Association économique de l'Europe centrale. M. Hantos y dépeint la situation économique de l'Europe centrale.

10. Mémorandum sur le Dumping. Par Jacob Viner (C. E. C. P. 36) (1). Genève, 1926.

Une étude approfondie sur la notion du dumping qui développe d'une manière théorique ses effets économiques sur l'ensemble des rapports commerciaux.

11. Mémoire sur la législation de divers Etats concernant la protection contre le « dumping », notamment le dumping des changes (C. E. I. 7), par Dr Trendelenburg.

Ce mémoire traite les différentes espèces de dumping et la législation anti-dumping, notamment le dumping social, c'est-à-dire l'importation à prix réduit, découlant des conditions de travail défavorables d'une législation sociale imparfaite y est exposée d'une manière intéressante.

12. La stabilité des tarifs douaniers, par J. Brunet (C. E. C. P. 71).

Contient une proposition pour atteindre la stabilité des tarifs douaniers par un système combiné des droits *ad valorem* et d'évaluation.

13. Nomenclature et classification douanière. Possibilité d'unifier la nomenclature douanière. Par le Dr Trendelenburg (C. E. I. 32)

Après avoir donné un résumé des propositions ayant pour but d'unifier les tarifs, l'auteur développe son idée positive. Une statistique met en comparaison le nombre des positions tarifaires dans les différents Etats.

14. Mémorandum sur les classifications douanières discriminantes. Par W. T. Page (C. E. C. P. 96).

Les possibilités offertes par les tarifs actuels pour faire des discriminations y sont exposées.

15. Mémorandum sur les tarifs européens de négociations. Par W. T. Page (C. E. C. P. 97).

Les tarifs douaniers doivent être considérés dans leur esprit comme tarifs de négociation, qui ne prennent pas en considération les véritables intérêts du pays.

16. Droits d'exportation. Avec une introduction de M. H. Gliwic. (C. E. I. 23).

Les droits d'exportation visant à un but protectionniste et tendant à rehausser les prix et à empêcher un pays de s'industrialiser, par le moyen d'une charge mise sur l'exportation des matières premières prennent le caractère d'un problème international.

17. Marques d'origine (C. E. I. 20).

Ce mémoire se compose de 2 parties, dont l'une est consacrée à l'unification des marques d'origine qui peuvent être constatées dans les législations de 27 Etats. La seconde partie dont Dr Trendelenburg est l'auteur, traite de la signification protectionniste des marques d'origine qui, au fond, ne devraient être utilisées que pour lutter contre la concurrence déloyale.

18. *a)* Discrimination entre nationalités ou pavillons dans le domaine des communications et du transit (C. E. I. 33).

b) Difficultés qui résultent pour le commerce international des pratiques commerciales déloyales, et notamment des pratiques non visées par la Convention pour la protection de la propriété industrielle (C. E. I. 33).

Trois différentes méthodes pour étudier les causes de la crise économique dans l'industrie ont été appliquées. Pour se procurer le matériel nécessaire, afin de pouvoir se former une opinion sur la situation générale, le Comité préparatoire a invité les délégués de la Conférence à élaborer des rapports spéciaux en vue d'éclaircir la situation dans les différents pays. Les délégués ont donné suite à cette invitation en élaborant ces rapports (1). Il s'agissait de vingt-quatre pays. Toutefois il y avait des pays très importants qui se sont abstenus de présenter ces rapports, entre autres l'Allemagne, la France, les Etats-Unis. Une autre série de rapports sur la situation mondiale de l'industrie nous est présentée par des experts éminents ; c'est surtout la politique industrielle, notamment la cartellisation internationale qui forme le sujet des rapports de Wiedenfeld, MacGregor, William Oualid, Paul de Rousiers. Une troisième série de documents nous est présentée par les grandes associations économiques, telles que la Chambre de commerce internationale, les associations industrielles et les fédérations professionnelles des industries.

a) *La lutte contre le protectionnisme.*

Les mémoires ayant pour objet la politique commerciale peuvent se grouper en trois catégories différentes : la pre-

1. C. E. I. 29. Pour plusieurs pays non-européens, les rapports n'arrivaient que pendant la durée de la Conférence, tel celui du Salvador. S. C. E. 20, Chili, S. C. E. 21. Cuba, S. C. E. 29.

mière se rapporte aux questions d'*une portée interna-tionale*, aux *tendances générales de la politique commerciale* et aux *systèmes des traités de commerce*. Quant au choix des matières qui ont constitué la base des recherches, on s'est toujours préoccupé des questions qui pouvaient être trai-tées au point de vue international, et se prêtaient à une réglementation internationale.

Dans un mémoire strictement officiel, M. Serruys (1), directeur général du Ministère du Commerce français, ex-pose les systèmes des traités de commerce et les formes des tarifs douaniers qui constituent la base des négo-ciations tarifaires. Ces formes sont différentes selon les buts essentiels visés par les traités de commerce. Comme formes typiques des traités de commerce l'auteur dis-tingue les suivantes : le tarif autonome proprement dit, le tarif autonome sous réserve des mesures répressives, le tarif autonome préparatoire des tarifs conventionnels, le système du tarif double, avec les variantes les plus impor-tantes et finalement le système des tarifs préférentiels, qui peut être rattaché soit au tarif autonome, soit au tarif double.

Cette diversité des systèmes contractuels en usage, de même que le manque de concordance, a rendu de plus en plus difficiles les négociations tarifaires. Il ne s'agit donc pas de démontrer les avantages et les désavantages des différents systèmes, mais de chercher des compromis qui rendent possible le règlement des rapports commerciaux entre Etats d'une manière durable et satisfaisante.

Un mémoire de W. G. Page, professeur à l'Université de Chicago, traite le même problème d'un autre point de vue (2). Le système tarifaire actuel est érigé sur l'hypo-

---

1. C. E. I. 31. Traité de commerce. Systèmes tarifaires et mé-thodes contractuelles. Genève, 1927.

2. C. E. C. P. 97. Mémorandum sur les tarifs européens de négo-ciation.

thèse que le traitement différentiel des autres Etats forme un élément naturel de la politique commerciale et qu'il n'y a qu'un moyen pour faire disparaître les inégalités des conditions : savoir les accords réciproques entre les Etats souverains. Il n'y a que l'Angleterre qui, inspirée par les idées libre-échangistes, a traité de manière uniforme tous les autres Etats. Avant la guerre plusieurs Etats continentaux, tels que la Suisse, la Belgique, la Hollande, le Danemark, pouvaient parfois être considérés comme pays libre-échangistes à cause de leurs tarifs modérés.

Il est vrai qu'avant la guerre on pouvait constater la tendance d'assurer à tous les Etats contractants un traitement uniforme appuyé sur un réseau de traités, car l'Europe avait maintenu, dans la période protectionniste même, l'application du principe inconditionnel de la nation la plus favorisée, tandis que les Etats-Unis n'accordaient que le principe conditionnel. Toutefois, même avant la guerre, le système des traités de commerce en Europe était caractérisé par des négociations qui ressemblaient à un marchandage perpétuel. De temps à autre il fallait réviser les tarifs sans égard aux conditions économiques et politiques. Après une période transitoire, ce système a été repris après la guerre. A l'heure actuelle même l'Europe se trouve encore dans une phase de révision des tarifs. Même les traités basés sur la clause de la nation la plus favorisée stipulent un nombre plus grand d'exceptions que les traités d'avant-guerre.

Des préjudices bien connus découlent de cet ajournement des négociations de traités, car dans l'intervalle le tarif autonome est généralement appliqué. Et ce tarif autonome, quoi qu'il soit destiné à faire des concessions, est dans son essence même, très souvent un tarif de combat. En général, on peut dire que le système des négociations est une des causes immédiates des droits élevés et des exagérations protectionnistes qui caractérisent l'époque de l'après-guerre.

Les problèmes de la politique douanière proprement dite sont traités dans une autre série de documents. Il s'agit ici spécialement de la stabilisation des tarifs douaniers, du niveau des droits de douane, de la simplification et de l'unification des tarifs douaniers.

Une étude de I. Brunet, président du Bureau international pour la publication des tarifs douaniers, se réfère à ce problème de la politique commerciale, à savoir comment stabiliser les tarifs douaniers. Il nous donne un précis historique des traités de commerce conclus entre l'Allemagne et les autres Etats de l'Europe centrale à partir de 1891. Pendant que ces traités étaient en vigueur, les tarifs douaniers européens en général ne subirent pas de modifications. Brunet préconise donc le retour au système des traités d'avant-guerre. Il expose les causes qui ont contribué à troubler les rapports commerciaux et qui ont eu comme conséquence une révision permanente des tarifs douaniers dans les différents pays. Il énumère notamment les mesures qui ont été prises pour éviter les effets de la dépréciation de l'argent sur les droits de douane.

Parmi les documents qui traitent des questions de la politique commerciale, le *Mémorandum sur le dumping* par Jacob Viner (1), professeur d'économie politique à l'Université de Chicago, occupe une des premières places. Non seulement il est intéressant au point de vue pratique, mais encore il a une grande valeur théorique. C'est une étude approfondie sur la notion même du dumping qui développe ses effets économiques sur l'ensemble des rapports commerciaux. L'auteur conteste l'application par trop généralisante du terme de « dumping ». Il énumère les

____

1. C. E. C. P. 38. Jacob VINER, *Mémorandum sur le dumping.* Genève, 1926.

cas dans lesquels la vente à un prix d'exportation inférieur à celui concédé aux acheteurs nationaux, ne constitue pas toujours une preuve de dumping. On ne peut par exemple guère parler de dumping, lorsque la différence du prix national avec le prix d'exportation ne dépasse pas une marge raisonnable, justifiée par des conditions de vente plus favorables vis-à-vis de l'acheteur national comparé à l'acheteur étranger : en ce qui concerne par exemple les quantités livrées, la qualité de la marchandise, les conditions de paiement, etc.

Le dumping est lié à certaines conditions ; il ne saurait être pratiqué systématiquement dans les pays où il existe une concurrence de prix intense entre les diverses maisons d'une même industrie d'exportation. Un régime de concurrence intense des prix tend nécessairement à niveler les prix. Une pratique systématique du dumping ne peut guère exister dans les cas suivants :

Si l'industrie d'exportation est constituée sous forme de trust ou de syndicat, ou bien si elle se trouve sous la dépendance d'une ou de deux entreprises importantes, si le produit n'est pas « standardisé » entre différents producteurs de telle sorte que chaque producteur peut « individualiser » les produits de sa fabrication par une marque de fabrique, une forme, un mot particulier de présentation, etc. Lorsqu'une prime à l'exportation est accordée par une organisation extérieure, qui ne fait pas partie de l'industrie proprement dite, telle que l'Etat ou une autre industrie, fournissant les matières premières que la première transforme en matières finies.

Au point de vue du pays importateur, le problème est beaucoup plus complexe ; les protagonistes des tarifs protectionnistes l'envisagent sous un angle différent de celui du camp libre-échangiste. Les pays de libre-échange peuvent pratiquer le dumping à l'étranger, et les industries des pays protectionnistes, dont les produits particuliers ne sont pas protégés sur le marché intérieur par un tarif, peuvent s'y livrer également.

Au point de vue exportateur, il n'existe pas de raisons d'ordre économique pour condamner sans réserve le dumping. En général, il appartient à l'orientation de la politique commerciale d'approuver ou de condamner le dumping. Pour les libre-échangistes, le bon marché des importations provoqué par le dumping est considéré comme un avantage, pour les protectionnistes au contraire, le bon marché des importations — tout au moins les articles dont ils désirent encourager la production à l'intérieur du pays — est considéré comme un inconvénient que le tarif ordinaire devrait principalement viser à supprimer. En ce qui concerne la législation contre le dumping, on peut distinguer différentes méthodes. La méthode la plus simple pour établir une protection contre le dumping consiste à fixer les droits du tarif ordinaire à un chiffre supérieur à celui qui est regardé comme nécessaire pour assurer la protection des industries nationales contre la concurrence étrangère. Une autre disposition contre le dumping est celle qui frappe les importations, vendues à des prix de dumping, de droits spéciaux équivalant à l'excédent du prix intérieur étranger sur le prix d'exportation. Toutefois en comparant les prix intérieurs aux prix d'exportation pour constater l'existence du dumping, il faut tenir compte des modalités importantes réglant les ventes d'exportations et les ventes intérieures, par exemple dans les conditions de crédit, dans la qualité des marchandises, le genre d'emballage, le lieu de livraison, bref, des conditions qui peuvent justifier une différence de prix. Il faut également ment tenir compte de la date de comparaison des deux prix et choisir de préférence la date de vente plutôt que la date d'exportation, ou bien la date de déclaration en douane dans le pays d'importation.

Le siège de la législation contre le dumping devrait se

trouver au département ou au bureau chargé de l'organisation de la législation douanière générale. Il est également préférable de laisser toute liberté aux fonctionnaires en ce qui concerne l'application de la législation contre le dumping dans tel ou tel cas particulier. L'application de la législation contre le dumping ne devrait entrer en vigueur qu'en cas de probabilité d'un préjudice grave qui pourrait résulter de ce système de dumping. Il n'y a guère de raison pour croire à une solution internationale du problème du dumping par le moyen d'un accord réciproque. On aurait peine à trouver un gouvernement disposé à se charger de la surveillance des prix d'exportation dans les rapports avec les prix du marché national. Toutefois, il serait à désirer que l'on établît un centre international pour les informations les plus importantes sur le dumping et surtout sur les effets produits par la législation contre le dumping. Il n'y a qu'un seul cas où une intervention internationale semblerait indispensable, savoir la vente à un prix inférieur aux prix nationaux sur le marché de l'autre pays qui, lui-même, n'est pas producteur de la marchandise on question, ce qui a pour effet de porter préjudice aux producteurs d'un autre pays qui se trouve en concurrence avec les deux premiers. Etant donné qu'on pourrait appliquer à ce cas la désignation de « concurrence déloyale », il faudrait tâcher de porter remède à cette situation en élargissant les accords internationaux pour la protection de la propriété industrielle.

Le mémoire sur la législation de divers Etats concernant la protection contre le « *dumping* », notamment le « dumping » des changes (1), contient un exposé préliminaire sur les différentes formes de « dumping »»(2). Tandis

____

1. Par Trendelenburg, C. E. I. 7.
2 La notion du « dumping » formait le centre de la discussion des débats de la Commission du commerce à la Conférence économique internationale. Tantôt on a été tenté de trop l'élargir,

que la loi anglaise restreint la notion et ne combat le
« dumping » que s'il se présente sous forme de ventes à
l'étranger à des prix inférieurs au coût de production, il
y a d'autres lois qui prennent en considération le « dumping » qui se présente sous forme de primes d'exportation
versées ouvertement ou secrètement par l'Etat. On fait
aussi mention du « dumping » des transports et des frêts
où les prix de vente sont abaissés au moyen de réduction
des tarifs de transport par chemin de fer, ensuite du « dumping » dû aux salaires moins élevés dans le pays d'exportation que dans le pays d'importation, dû à une durée plus
longue du travail, aux charges sociales inférieures, à une politique d'intervention de l'Etat qui tend à abaisser artificiellement les prix des produits alimentaires. Le « dumping » des changes a d'ailleurs en ce moment perdu son
actualité, à cause de la stabilisation des monnaies qui se
généralise de plus en plus.

Le mémoire, après cette introduction intéressante au
point de vue théorique, donne un résumé de la législation du
« dumping » de divers Etats, en groupant ceux-ci selon les
différentes formes de « dumping » mentionnées plus haut.

Le Rapport de la *Commission internationale des entraves
au commerce* (1) contient une série de résolutions découlant

tantôt de trop la restreindre. Les adhérents de la notion étroite
ont fait valoir contre l'opinion de ceux qui n'acceptaient que des
critères très précis que, en prenant en considération toutes les
conditions favorables de production, on pouvait avec la même
raison inclure la situation favorable due au climat et ainsi parler
d'un « dumping » du soleil. A la fin des débats, on est tombé d'accord sur la définition suivante du « dumping » : « par « dumping »
on désigne généralement dans la législation et la vie économique,
le fait de vendre à l'étranger une marchandise à un prix inférieur au prix de vente de la même marchandise, lorsque cette
dernière est destinée à la consommation intérieure du pays d'exportation ». p. 5 dudit rapport.
1. C. É. I. 5 (1). La Commission internationale des entraves
au commerce est une des trois commissions consacrées à la restauration économique qui ont été créées par le Conseil de la Chambre
de commerce internationale en sa session du 9 novembre 1925.

des entretiens avec les différents comités nationaux qui se rapportent :

1º Au traitement des étrangers et aux inégalités juridiques et sociales. A ce sujet, les résolutions recommandent la conclusion d'une convention internationale abolissant le visa des passeports ; elles se rapportent au droit international des étrangers, c'est-à-dire à l'exercice du commerce, de l'industrie ou de toute autre profession ou occupation à l'étranger, au statut civil et au traitement fiscal des étrangers ;

2º A l'abolition des obstacles aux transports (par rails, par mer et par voies navigables (1), par air).

3º Aux prohibitions d'importation et d'exportation. La Commission se prononce en faveur de la conclusion d'une convention collective pour l'abolition des prohibitions d'importation et d'exportation et en faveur de la liberté des matières premières.

4º Aux questions douanières (facilités d'échange et technique douanière proprement dite, recommandation de la mise en œuvre du principe de la nation la plus favorisée).

5º Aux ententes industrielles internationales de la généralisation desquelles on attend le moyen d'abaisser les prix de revient, d'assurer la sécurité des emplois, la continuité et la régularité de l'approvisionnement des marchés.

6º A l'importation accélérée des capitaux étrangers et à la création de conditions favorables au crédit. La Commission internationale, s'appuyant sur une proposition du Comité national autrichien, suggère la création, sous l'égide de la Société des Nations, d'une commission comme point de rencontre des délégués de différents Etats pour étudier

____

1. La Commission a pris en considération l'état actuel de la *navigation sur le Danube*, qu constitue une sérieuse entrave au commerce international.

d'une façon suivie la situation du commerce international.

Les délégués des gouvernements pourraient élaborer des projets de traités aux fins de pourvoir aux besoins du commerce international et fonctionneraient comme arbitres des divergences découlant des interprétations contradictoires des traités actuellement en vigueur. Ladite Commission constituerait un centre pour des conférences d'intérêt général, telles que celles qui ont été prévues par les statuts de l'organisation des communications et des transits de la Société des Nations.

Les statuts de cette commission comporteraient une collaboration permanente avec la Chambre internationale. Cette convention collective, conclue grâce à l'initiative de la Chambre de commerce internationale, signifierait au moyen de la création de ladite Commission un pas sérieux sur la voie du libre-échangisme.

2º *Le rapprochement économique entre les Etats.*

Tandis que les rapports sur les sujets de politique commerciale traités jusqu'ici visent à une réforme des rapports commerciaux entre les différents pays d'une manière plutôt négative, en postulant l'abolition des prohibitions, la limitation de l'exportation et de l'importatation, l'unification et la simplification des systèmes douaniers, il y a une autre série de documents qui comporte des solutions positives à la crise économique ; elle entame le problème d'un rapprochement économique entre les différents pays ou groupes de pays. Ce problème est traité dans un esprit international, au vrai sens du mot. Les modifications de la politique commerciale devraient être acceptées par tous les Etats ; les concessions faites pour assurer et faciliter les échanges devraient figurer sous forme de clauses dans tous les traités de commerce ; les conventions obligeant les Etats à supprimer ou à diminuer les restrictions commerciales devraient être ratifiées par tous les Etats. C'est l'organisation de la Société des Nations elle-même qui renferme dans le Pacte la quintessence de ces idées. Il ne s'agit donc que de généraliser cette tendance à effacer les différences nationales et de l'appliquer au domaine de la politique commerciale, intimement liée à la politique des Etats. Une conception envisageant les Etats comme éléments indépendants et isolés des rapports internationaux, sans égard pour leur importance politique et économique, cherche à transférer du domaine de la politique dans celui des relations économiques le principe d'un traitement indifférentiel. Cela explique pourquoi la Société des Nations favorise les propositions de rapprochement économique.

Il n'y a qu'une seule documentation officielle qui s'occupe d'un rapprochement économique, à savoir le mémoire du professeur Eugène Grossmann sur *Les méthodes d'un rapprochement économique*. Il fait ressortir les avantages d'un marché important pour le développement industriel qui rendrait possible la production en série d'un grand nombre de marchandises, en appliquant les méthodes de la production moderne. Vu ces avantages, on ne peut guère comprendre qu'en Europe toutes les tendances se dirigent contre la formation d'un tel marché. Le nationalisme politique et économique en est la cause, ainsi que les considérations budgétaires, étant donné l'importance des revenus résultant des douanes pour le budget de nombreux Etats. Un rapprochement économique découlant de l'abolition des barrières douanières et de l'établissement de la liberté absolue du commerce étant pour le moment prématuré, il faudrait pourtant travailler à sa réalisation par le moyen de la politique commerciale en modifiant les traités de commerce.

Deux mémoires présentés à la Conférence économique traitent, quoique d'un point de vue différent, du rapprochement économique entre les pays. Richard Riedl, ancien ministre d'Autriche en Allemagne, envisage les accords collectifs concernant le traitement réciproque des ressortissants, des voyageurs de commerce, et l'abolition des prohibitions d'exportation et d'importation.

Parmi les propositions qui forment le centre de la discussion générale et qui visent à la coopération des Etats de l'Europe par le moyen d'un système de traitement préférentiel, se trouve un mémoire présenté aux membres de la Conférence économique internationale, et élaboré sur la demande du Congrès économique de l'Europe centrale (1). Ce mémoire dépeint la situation économique de l'Europe centrale dans sa nouvelle constitution. Les sept Etats qui se sont constitués sur la base des traités de paix, restent intimement liés entre eux par des liens économiques. Cette interdépendance économique devrait être soutenue par un système préférentiel contre les tarifs douaniers. Ce système d'un rapprochement économique a été préconisé particulièrement par les deux sessions du Congrès économique de l'Europe centrale qui ont eu lieu à Vienne au mois de septembre 1925 et au mois d'octobre 1926. A cette occasion, des résolutions portant sur cette politique d'un rapprochement européen furent adoptées. Le mémoire sus-mentionné trace une délimitation des Etats centre-européens. Dans une certaine mesure, il se range à l'avis du professeur Grossmann, et se base sur le jugement compétent des deux experts éminents de la Société des Nations, W. T. Layton et Charles Rist (2). Depuis l'instant où ces deux experts ont exprimé leur avis, la tendance de la politique des pays

1. Mémorandum économique sur les problèmes de l'Europe centrale. Rédigé sur mandat du Congrès économique de l'Europe centrale pour la conférence économique internationale par Elemer Hantos. Vienne, 1927.
2. La situation économique de l'Autriche, rapport présenté au Conseil de la Société des Nations. Genève, 4 septembre 1925.

centre-européens est restée la même. Le rapprochement
économique entre les Etats pourrait se faire par le moyen
d'un traité collectif ou bien par un système de traités individuels. Dans le premier cas, la préférence douanière
réciproque pourrait se réaliser par le moyen d'un tarif
préférentiel ou d'une réduction générale de 25 à 50 %, des
tarifs autonomes en vigueur. Les Etats réunis dans la fédération douanière pourraient revendiquer deux genres de
clauses de la nation la plus favorisée, une clause spéciale,
c'est-à-dire les tarifs différents plus avantageux que tel
Etat fédéré accorde à tel autre, et la clause générale que
les Etats fédérés accordent normalement aux autres
Etats. Les Etats qui ne font pas partie de la fédération
ne peuvent revendiquer que la deuxième catégorie de
ladite clause.

N'y a-t-il pas à craindre que le traitement douanier préférentiel des Etats successeurs ne soit combattu par les
autres Etats comme étant une infraction aux principes de
la clause de la nation la plus favorisée ? Cette appréhen-
sion ne semble pas justifiée, étant donné que les Etats
successeurs réunis en fédération économique, — fédération qui d'ailleurs n'est que la continuation d'une vie commune pendant plusieurs siècles — ne portent pas préjudice à l'économie des autres Etats. Au contraire, les Etats
non fédérés pourraient récupérer leurs anciens marchés
au moyen d'un développement plus intense des forces
économiques des régions actuellement morcelées. L'enchaînement économique et l'unité traditionnelle des Etats
successeurs les autorisent à réclamer un traitement de
faveur dans le domaine de la législation préférentielle.
La préférence ne peut donc guère compromettre le maintien de rapports amicaux avec les Etats non fédérés en ce
qui regarde la politique commerciale.

Le Mémoire sur les problèmes de l'Europe centrale rapporte une suggestion du ministre tchécoslovaque à Vienne

Hugues Vavrecka, qui se préoccupe d'éviter les complications qui pourraient surgir du fait de l'application trop rigide de la clause générale de la nation la plus favorisée. Cette suggestion comporte un affinement, une mise au point de cette clause. Les désavantages résultant d'une préférence par trop peu élastique, parce que schématique, seraient à mitiger par l'adjonction d'une clause de bon voisinage, (semblable à la clause du trafic-frontière). Par cette clause de bon voisinage, deux Etats ou plus pourraient s'accorder entre eux des réductions tarifaires dans l'éventualité que d'autres Etats importants, mais non limitrophes déclarent ultérieurement qu'ils ne revendiqueront pas la préférence réciproque sur la base de la clause de la nation la plus favorisée, tout en se réservant une politique identique à l'égard de leurs voisins. Vavrecka suggère encore une autre voie plus praticable, tendant à ce que les Etats limitrophes s'accordent mutuellement sur la base d'une convention générale des réductions sur les tarifs autonomes ou contractuels, et cela jusqu'à une certaine limite. Cette réduction resterait en dehors du régime de la clause de la nation la plus favorisée. Les appréhensions au sujet des complications qui pourraient surgir du fait de l'application de ladite clause ne sont pas fondées. Une rivalité entre les Etats de la fédération douanière n'a pas de raison d'être, les diversités économiques entre les Etats successeurs n'étant pas assez marquées et les spécialités de leurs conditions de production se complétant mutuellement de la façon la plus heureuse. La crainte de la prédominance économique de tel ou tel Etat, motivée par son importance économique et partant d'une prépondérance politique qui pourrait porter atteinte à l'indépendance des autres Etats n'a pas de base.

Toutefois, il ne faudrait pas ignorer les différences économiques existant entre les Etats en question. Ne perdons pas de vue le développement insuffisant et inadéquat de certaines régions. Ce manque de développement devrait disparaître par le moyen de tarifs de nivellement dans le cadre de la fédération douanière ; ces tarifs de nivellement seraient appelés à assurer une protection transitoire à telle ou telle branche économique, moins apte à lutter contre la concurrence. Pendant un certain temps, des tarifs protectionnistes destinés à remédier aux difficultés de la production nationale, jusqu'au niveau de la différence du coût de production pourraient être justifiés et admis. Une *cartellisation* sur une grande échelle dans le cadre de certaines branches industrielles faciliterait l'adaptation graduelle des différentes industries dans les Etats contractants.

Le rapprochement économique ne saurait se borner à un système douanier préférentiel. Il aura le même effet heureux dans un régime d'échange libre de personnes, de paiements et de capitaux. Il n'y a pas de pays au monde où les entraves qui s'opposent au trafic passager soient aussi indignes que dans les pays de l'Europe centrale. Le visa obligatoire n'est pas entièrement aboli. La liberté de la circulation des négociants et de leurs auxiliaires est entravée, l'établissement des étrangers cherchant du travail ou exerçant une profession est interdite.

3° *La technique douanière.*

Outre les questions touchant la politique commerciale proprement dite, la documentation s'occupe aussi des problèmes appartenant plutôt à la technique douanière qui n'ont pas un contenu théorique et partant n'offrent pas l'occasion d'une solution abstraite générale, mais qui facilitent largement le développement du commerce mondial lorsqu'ils sont résolus d'une manière uniforme. C'est ici qu'il faut placer la documentation : marques d'origine (1), dont la première partie traite de l'obligation de la marque d'origine sur les marchandises (2) et dont la seconde contient des observations générales sur les appellations d'origine et sur les législations qui s'y rapportent, faites par M. Trendelenburg.

La note établie par la Société des Nations contient une introduction qui met en lumière les inconvénients résultant de la marque d'origine appliquée aux marchandises (ou à leur emballage) et qui ressemble à une nouvelle forme d'identification de l'origine des produits, ce qui gêne la. liberté de mouvement des commerçants. S'inspirant d'une idée lancée par le Comité national italien de la Chambre de commerce internationale, la note propose de chercher à obtenir une unification des différentes législations de l'espèce. Cette proposition est suivie d'une énumération des pays où existent des dispositions d'un caractère général, donc aptes à servir de base et point de départ à une unification législative. Ensuite Trendelenburg donne une définition scientifique du terme « appellation d'origine » et cherche une ordonnance d'exposition ou la réglementation légale, en distinguant l'interdiction de toute fausse appellation d'origine et l'interdiction des appellations tendant à faire croire que les marchandises ont été fabriquées dans le pays importateur. Il expose ensuite les efforts internationaux (Convention de Paris, Arrangement de Madrid), tentés en vue d'unifier les dispositions relatives aux appellations d'origine. Une annexe expose les relevés des dispositions des divers pays, concernant les appellations d'origine.

Il faut encore faire mention d'un petit mémoire élaboré par M. Colson (3), le vice-président du Sénat français, qui

1. C. E. I. 20.
2. Cette partie de la documentation a été établie comme note par le Secrétariat de la Société des Nations.
3. C. E. I. 33, 2 (2).

traite de l'importance économique des tarifs de chemins de fer et de leur portée protectionniste. La politique tarifaire des chemins de fer qui est toujours basée sur une espèce de monopole devrait avant tout avoir égard à ce que l'importance du coût des transports diffère selon la valeur des biens transportés.

La simplification et l'unification des tarifs est suggérée par un rapport de M. le Dr Trendelenburg (1).

La variété de la production d'un pays a créé le besoin d'une différenciation des positions douanières spécialement dans le cas des droits spécifiques et dans une moindre mesure dans le cas des droits de valeur. Un pays d'un caractère plutôt agricole peut se borner à 600-700 positions douanières, tandis que le tarif allemand en a environ 2.300 et le tarif français 4.371. Les désavantages découlant d'une spécialisation toujours croissante des tarifs douaniers sont connus : le commerce est entravé, il faut exiger des connaissances techniques trop approfondies des fonctionnaires de douane, les frais résultant des opérations douanières, vont toujours en augmentant. Cette situation est encore aggravée par le fait que pour la division et la classification des tarifs, des systèmes et des principes différents sont appliqués.

La comparaison des tarifs douaniers est avant tout rendue difficile par le fait que la délimitation et la graduation des différentes marchandises des tarifs varient d'une manière considérable. Cela peut être prouvé par des exemples pris dans la branche textile ; il y a surtout des différences très grandes dans le traitement des marchandises fabriquées avec des matières combinées. L'auteur nous donne un précis historique des efforts faits en vue de l'unification de la désignation des marchandises et de la division des tarifs. Cette unification a déjà formé l'objet de mul-

1. C. E. I. 32, nomenclature et classification douanière. La possibilité d'unification de la nomenclature douanière.

tiples conférences et congrès internationaux. Le mémoire suggère que les gouvernements fassent un accord sur un schéma de base de tous les tarifs. Il ne s'agit ici que d'une question purement technique de la politique commerciale. C'est l'affaire des milieux intéressés de remplir ce schéma.

IV. — LA DOCUMENTATION CONCERNANT LA SITUATION ET LA POLITIQUE INDUSTRIELLE.

1. Mémorandum sommaire sur les diverses industries (C. E. I. 19).

   Ce mémoire contient un résumé des monographies des différentes branches industrielles et se base sur celles-ci pour faire des propositions pour mitiger la crise.
2. Mémorandum sur le charbon (2 vol.) (C. E. I. 18).

   Le premier volume traite la situation générale de l'industrie du charbon tandis que le second se rapporte spécialement à l'industrie charbonnière de l'Allemagne, de la France, de l'Angleterre et des Etats-Unis.
3. Mémorandum sur l'Industrie du fer et de l'acier (C. E. I. 17).

   Ce mémoire nous donne un résumé des bases de l'industrie, de la production effective et de la capacité de production, les conditions de travail, les matières premières, l'exportation et l'importation et la législation douanière y relative.
4. Industrie du Coton (C. E. I. 9).

   La situation générale de l'industrie cotonnière en Europe est aggravée par le développement de la petite industrie dans les pays de l'Est. Cet accroissement concerne surtout la Chine, le Japon, le Brésil. La consommation européenne va en diminuant en conséquence du développement de l'industrie de la soie artificielle.
5. Constructions navales (C. E. I. 8).

   Ce travail traite la dépression générale de cette industrie due à la surproduction survenue de suite après la fin de la guerre.
6. Industrie chimique (C. E. I. 10).

   Ce mémoire contient 5 monographies. La première est élaborée par M. Ungewitter, secrétaire général du Groupement professionnel de chimie en Allemagne, la seconde contient des observations de même nature de l'Association anglaise, dans la troisième M. Duchemin, président de l'Union française des Industries chimiques nous donne un tableau de la situation en France. M. Belloni nous fournit des indications sur la situation en Italie, M. Trepka sur celle de la Pologne.

7. Industrie de la Potasse (C. E. I. 21).

Ce mémoire se compose de 3 documents spéciaux du Kaliverein allemand, de la Société commerciale des potasses d'Alsace et de M. Gliwic sur l'industrie de la potasse en Pologne.

8. Industrie électrotechnique (C. E. I. 16).

Cet exposé repose sur une monographie de l'association centrale de l'industrie électrotechnique en Allemagne. Elle fait ressortir que dans aucun autre domaine la collaboration internationale serait plus intéressante et fructueuse que dans cette industrie.

9. Industrie des constructions mécaniques, 2 vol. (C. E. I. 15).

Ce document fait ressortir la production croissante en machines, due à la rationalisation qui tend à remplacer le travail manuel par des machines.

10. Industrie de la Soie naturelle (C. E. I. 24).

En dépit de la concurrence faite par la soie artificielle, cette branche accuse un grand essor, dû à la différenciation incessante des exigences humaines, il n'y a que le prix qui n'avance pas au même degré que les autres matières textiles.

11. Industrie de la Soie artificielle (C. E. I. 30.)

Contient des monographies, élaborées par les Associations de l'Italie, de la France, ainsi que des observations faites en Allemagne et en Pologne.

12. La Législation nationale sur les Cartels et les Trusts. Par M. C. Lammers (C. E. I. 35).

Un résumé de la législation dans les différents pays, établissant que seulement des pays isolés ont codifié les droits des cartels.

13. Les Cartels et les Trusts. Par M. le Prof. Wiedenfeld (C. E. C. P. 57) (1).

Ce travail précise les directives de la politique internationale des cartels, aboutissant à une répartition des marchés. La politique des prix suivie par les cartels est intimement liée à la politique douanière.

14. Les Cartels internationaux. Par M. D. H. Mac Gregor (C. E. C. P. 93).

Cet exposé traite du rapport existant entre la politique des cartels et la politique commerciale protectionniste.

15. Les Cartels et les Trusts, et leur évolution. Par Prof. Paul de Rousiers (C. E. C. P. 95).

Ce document fait ressortir les avantages des cartels pour le producteur et le consommateur, puisqu'ils tendent moins à une élévation qu'à un nivellement des prix. De cette façon ils contribuent à diminuer l'intensité des crises.

16. Les Ententes industrielles internationales et leurs conséquences sociales. Par Prof. William Oualid (C. E. C. P. 94).

Ce mémoire décrit la réglementation juridique des cartels. Il exprime le désir qu'une convention internationale établisse les bases de l'unification du droit cartelliste.

17. Les Tendances monopolisatrices dans l'industrie et le commerce, au cours de ces dernières années. Caractères et causes de l'appauvrissement des nations. Par prof Cassel (C. E. C. P. 98).

Ce mémoire fait ressortir le rapport intime entre le problème des ententes industrielles et le phénomène du monopolisme en général. Il y a 3 différentes tendances monopolistes ; le monopolisme qui s'appuie sur les barrières douanières, celui qui inspire les syndicats ouvriers, et celui des cartels et trusts. L'augmentation des prix n'est pas la conséquence du monopolisme des cartels et des trusts, mais plutôt celle du protectionnisme douanier.

18. Les monopoles nationaux et internationaux au point de vue des intérêts des travailleurs, des consommateurs et de la rationalisation. Par M. le Prof. Jules Hirsch (C. E. C. P. 99).

Ce mémoire traite des influences des monopoles sur la situation des ouvriers, des consommateurs et sur la rationalisation en général.

19. L'organisation scientifique du travail, Bureau international du Travail (C. E. I. 13).

Ce mémoire se compose de trois parties qui se rapportent aux problèmes, aux mouvements et aux perspectives de l'organisation scientifique. Un précis historique constitue le préambule.

20. Recrutement et formation de la main-d'œuvre qualifiée et du personnel technique en Grande-Bretagne et en Allemagne.

D'après les renseignements communiqués par Sir Arthur Balfour et M. C. Lammers (C. E. I. 38).

21. Mémorandum sur l'organisation rationnelle aux Etats-Unis. Par M. D. Houston (C. E. C. P. 20) (1).

22. L'organisation scientifique du travail et des cartels. Par D' H. S. Parson.

L'Institut international d'organisation scientifique du Travail. Genève, 1927.

Le Directeur de la Taylor Society à New-York s'efforce d'établir un rapport entre les cartels et l'organisation du travail, les deux ayant pour but la stabilisation de la production.

23. L'Organisation scientifique du travail en Europe. Par M. Paul Devinat. Bureau international du Travail. Genève, 1927.

Ce mémoire est précédé d'une préface de M. Albert Thomas qui soulève la quest on s'il y avait moyen d'organiser les tendances modernes de rationalisation par le moyen d'une coopération entre les différentes nations. Après avoir traité le développement du mouvement, ses succès et ses résultats, le travail en tire la conclusion que le moment était venu pour fonder une organisation internationale.

1. LES PROBLÈMES GÉNÉRAUX.

Tandis que les rapports qui s'occupent des circonstances économiques dans les différents pays, tâchent de mettre en lumière des facteurs qui créent entre les pays des relations internationales, des études plus approfondies furent élaborées par le Secrétariat de la Société des Nations ou par des sociétés industrielles compétentes. Toutefois comme ces recherches ne se bornent pas à étudier les circonstances de production nationale proprement dite et entament des problèmes qui aboutissent à l'organisation générale de la production et des débouchés, elles contribuent en même temps considérablement à la solution des problèmes de la politique commerciale extérieure.

Les rapporteurs n'ayant pas à leur disposition le matériel statistique pour toutes les industries existantes, s'en sont tenus aux branches qui ont une portée essentielle sur l'économie mondiale (1), et dont le développement d'après-guerre a pris un essor aussi rapide qu'inattendu. Ces documentations se basent sur une ordonnance d'exposition commune qui comprend les points suivants : 1º résumé des conditions de développement des différentes branches professionnelles pendant les dernières années ; 2º capacité de production ; 3º production effective ; 4º occupation ; 5º durée du travail et rendement de la main-d'œuvre; 6º salaires ; 7º matières premières ouvrées ; 8º tarifs douaniers, prohibitions d'importation ; 9º exportations et importations ; 10º consommation par habitant ; 11º prix ; 12º organisation de l'industrie pour achats et ventes coopératifs.

La documentation concernant les *Constructions navales* (2) a fait ressortir dans l'introduction les modifications survenues dans la capacité mondiale de construction maritime, de tonnage mondial depuis 1914. Une statistique des principaux pays maritimes met en comparaison la production des années maxima avec la production en 1925, établissant le pourcentage en 1925 par rapport à ces années maxima, pour évaluer la proportion entre la capacité de construction et les constructions effectives. Il ressort de ce tableau que l'activité en 1925 comparée à l'année maxima n'a été que de 48 %. Ce qui nous intéresse le plus, c'est la comparaison entre la production et la capacité de production qui nous démontre qu'à la fin de 1926 on pouvait constater des signes très nets de reprise de l'activité en Grande-Bretagne et en Allemagne. L'avenir immédiat de cette industrie dépend de la demande de nou-

---

1. Le comité préparatoire de la Conférence économique internationale, lors de sa première session en avril 1926, a dressé un plan détaillé d'enquête lui permettant de déterminer « dans quel domaine les difficultés économiques actuelles ont un caractère international ».

2. C. E. I. A. 8.

veaux types de navires et de la demande générale de tonnage.

Le mémoire sur l'*industrie du coton* (1) s'inspire des renseignements transmis par les membres du Comité préparatoire ou par des autorités et associations compétentes, appartenant aux grands pays européens. Une étude préliminaire établit le fait qu'en dépit de la concurrence faite au coton par la soie artificielle, la substitution partielle de la soie artificielle et de la soie naturelle au coton n'affecte toutefois que les qualités supérieures des tissus de coton et n'influence pas sensiblement l'ensemble de la consommation mondiale. Aussi les statistiques accusent-elles une légère augmentation générale de la consommation des articles de coton.

Beaucoup de modifications se sont fait sentir, et certaines d'entre elles auront probablement un caractère définitif, étant des transformations dans la structure économique. Divers pays ont augmenté et perfectionné leur outillage. L'Italie notamment a considérablement développé son commerce, tandis que la Grande-Bretagne a vu rétrograder le sien. Ces difficultés résultant des transformations dans la structure économique sont encore aggravées dans l'Europe continentale par l'établissement de barrières douanières et par la fermeture du marché russe. La civilisation totale est devenue plus critique par les variations du coût de la matière première qui rend hasardeuse la formation des stocks de tissus de coton. Des tableaux très instructifs nous font connaître la capacité de l'industrie cotonnière (nombre de broches, distribution et accroissement des broches à coton dans le monde). On tâche à établir une relation entre la production effective et la capacité de production, relation qui est évaluée approximativement à l'aide des chiffres du chômage et du travail

____

1. C. E. I. 9.

« réduit ». L'étendue du travail réduit peut être mesurée par la durée des périodes d'inactivité des broches pour lesquelles des statistiques ont été reçues, elle peut être considérée comme représentant l'étendue de l'arrêt des broches dans l'ensemble de l'industrie.

Concernant la matière première, la consommation du coton brut, l'accroissement et la diminution du coton brut et surtout son importation et son exportation selon son volume et la direction du trafic, enfin les tarifs douaniers sont un sujet d'études, ainsi que la main-d'œuvre, le nombre d'ouvriers occupés, les heures de travail et les salaires.

Le rapport sur *L'industrie chimique* a été rédigé d'un point de vue différent des autres (1). Il consiste en diverses monographies élaborées par des autorités. La première préparée par le Dr Ungewitter, secrétaire général de la Fachgruppe Chemie des Reichsverbandes der deutschen Industrie (septembre 1926) nous donne un rapport provisoire sur les conditions essentielles du développement, en distinguant le développement des possibilités des débouchés, et celui de la technique, en exposant la situation en ce qui concerne les matières premières. Ces points de vue sont appliqués aux différentes branches de l'industrie chimique. Ensuite on passe à une revue du nombre des ouvriers occupés et des chômeurs, les heures de travail, le rendement individuel, les salaires. La partie la plus intéressante et la plus approfondie est celle qui traite des droits de douane, faisant ressortir la différence du nombre des taux ; c'est ainsi que le tarif douanier allemand contient 178 positions, le français en énumère 563, l'Italien 330, l'espagnol 203. Un tableau comparatif des tarifs de douane nous démontre les différences énormes entre les droits des différents pays. Tandis que l'Allemagne eut en

1. C. E. I. 10.

août 1926 des droits maxima de 5 % de la valeur, l'Espagne en avait de 158,3 % pour ne mentionner que les différences les plus saillantes. Si l'on compare, d'autre part, le niveau des tarifs de l'année 1926 avec celui de 1913, on constate des majorations sensibles. L'Inde britannique a augmenté les droits de 3,9 à 20,6 %, le Japon de 10.8 à 50,6 %, l'Italie de 4,9 à 28,7 % et ainsi de suite.

Le mouvement des prix a été constaté, pour les 4 pays dont les industries chimiques occupent les premières places, selon leur importance, par le présent rapport.

Un préliminaire des conditions essentielles qui enregistre le développement de l'industrie nous donne la monographie de l'industrie chimique, préparée par l'Association of British Chemical Manufacturers (janvier 1927), communiquée par Sir Arthur Balfour.

Le Président des Unions de l'Industrie chimique (France) nous donne un aperçu des aspects cardinaux de l'industrie chimique mondiale, considérés du point de vue français. Belloni nous présente un mémoire contenant des données statistiques et des informations sur l'*industrie chimique* en Italie. Trepka, directeur de l'Union des industries chimiques en Pologne, fait des observations sur l'industrie chimique en général et sur les taux d'importation qui frappent les produits chimiques en Pologne.

Deux gros volumes sont consacrés à l'industrie des *Constructions mécaniques* (1). Le Dr Lange du « Verein deutscher Maschinenbauanstalten », nous donne un exposé préliminaire sur les conditions essentielles du développement de l'industrie des constructions mécaniques au cours des dernières années. Le rapport existant entre le commerce extérieur et la production est mis en lumière dans cet exposé ; il en ressort un recul général du commerce extérieur, donc une réaction générale de la division

1. C. E. I. XV, Genève, 1926.

internationale du travail, division sur laquelle repose toute évolution moderne de l'économie mondiale. Ce recul est provoqué en première ligne par l'accroissement des frontières douanières et le relèvement des droits de douane après la guerre. Ces entraves légales au développement du commerce extérieur qui résultent du relèvement du droit des douanes et de nombreux autres obstacles aux échanges commerciaux entre nations, tels que les difficultés de passe-ports, qui gênent considérablement le contrôle des machines en service et l'activité des monteurs, ont été encore aggravées du fait, que dans certains Etats, comme en Italie et en Espagne, les adjudications publiques interdisent ou rendent difficiles l'utilisation d'autres produits que les produits nationaux et que, dans d'autres Etats, une propagande privée plus ou moins forte s'exerce contre l'emploi de produits étrangers.

En ce qui concerne le mouvement des prix, l'Allemagne est le seul pays qui publie régulièrement des statistiques mensuelles des prix des machines. Les nombres-indices des prix des machines en Allemagne nous montrent une augmentation constante d'environ 30-40 % en comparaison avec la période de base (juillet 1914 = 100). Le volume II contient une monographie de la situation économique des constructions mécaniques dans l'Inde britannique, ainsi qu'une note de l'Autriche sur l'industrie autrichienne. A part ces mémoires spéciaux, dont nous n'avons mentionné que les plus caractéristiques et les plus intéressants au point de vue méthodique, il faut encore mentionner les mémoires qui ont été élaborés à la demande du Comité préparatoire de la Conférence économique par divers gouvernements sur les *Principaux aspects et problèmes de la situation économique mondiale au point de vue des différents pays.*

Avant la Conférence, 24 pays avaient déposé des documents mettant en lumière la crise économique du point de vue des différents pays (1). Ces documents ne sont pas le résultat d'un plan préconçu et universel, ils constituent soit des manifestations gouvernementales faisant ressortir des tendances générales de la politique économique, soit l'expression de l'avis personnel de certains délégués. Toutefois, on y trouve des points de vue communs.

Ce sont surtout des pays d'exportation, tels que la Grande-Bretagne, la Belgique, qui souffrent de la perte des débouchés pour leurs produits. Plus un pays prend part au trafic international, plus il est frappé par le manque ou le rétrécissement des marchés. En Grande-Bretagne, l'orientation des exportations a subi une modification considérable. L'appauvrissement et le pouvoir d'achat limité de l'Europe ont eu pour conséquence une diminution de l'exportation de l'Empire britannique vers le Continent, tandis que la quote-part de l'exportation britannique, dirigée vers les dominions a augmenté considérablement. Ce sont surtout 5 branches de l'industrie qui ont été frappées par le rétrécissement de l'exportation : le charbon, le fer et les aciers, les constructions navales et mécaniques, les produits ouvrés de l'industrie du coton et de la laine.

Le rapport de la Belgique fait ressortir que l'exportation de ce pays n'a pas encore atteint le chiffre d'avant-guerre. La Belgique étant un pays dont le marché intérieur est forcément restreint, souffre d'autant plus des tendances autarchiques exagérées des autres Etats et surtout des Etats nouvellement créés.

C'est notamment la perte du grand marché russe qui est la cause d'une exportation diminuée des pays du Nord. La même cause de la diminution du pouvoir d'achat de l'Europe s'appliquait également au Japon dont les exportations en soie, coton, porcelaines furent diminuées.

1. C. E. I. 29.

Cependant, quoique les effets néfastes de la déflation se fassent sentir de moins en moins, il y a encore des pays qui en souffrent. Dans la Grande-Bretagne, on a soulevé la question de savoir si les prix d'exportation des marchandises anglaises n'étaient pas trop chers pour le marché mondial, le nombre-indice des marchandises d'importation étant plus élevé de 3 %, tandis que l'indice correspondant des marchandises d'exportation marquait une hausse de 85 %. Les pays à monnaie relativement saine souffrent tous, dans leurs exportations d'un coût de vie trop cher, des frais de production trop élevés. La même situation se retrouve dans les pays du Nord, par exemple la Suède, où il y a un écart considérable entre le niveau du coût de vie et les prix de gros des marchandises. Tandis que ceux-ci marquent une élévation de 50 %, le niveau du coût de vie est caractérisé par le chiffre de 70 %. Il en est de même en Norvège où la déflation a sensiblement amoindri la capacité de concurrencer les exportations des autres pays. Le Danemark, également, souffre du même état de choses.

Une autre série de causes a contribué au recul sensible des exportations des pays de l'*ancienne monarchie austro-hongroise*. La *Tchécoslovaquie* qui, antérieurement, avait dirigé ses exportations vers l'ensemble des pays du bassin danubien, a subi un rétrécissement considérable de ses débouchés, le marché d'autrefois ayant été morcelé ; les exportations se dirigent vers les pays qui avaient érigé des barrières presque infranchissables, dans le but de faciliter le développement de leur production nationale. La crise qui a frappé l'industrie de la Yougoslavie s'explique par les difficultés initiales inhérentes à toute nouvelle activité industrielle. Les entreprises qui avaient été fondées pendant ou immédiatement après la guerre, sont grevées de frais de production trop élevés, et des charges de la législation sociale ; en outre, elles n'ont pas à leur disposition un stock d'ouvriers qualifiés. L'effet d'un morcellement d'une unité économique est décrit également dans le rapport de la Hongrie. Ce territoire indépendant a été obligé d'assurer son existence par l'établissement d'entreprises industrielles qui se trouvent grevées de faux frais écrasants ; l'équilibre économique est de ce fait complètement détruit. C'est notamment l'exportation des produits agricoles qui en souffre, ce qui oblige la Hongrie, dont la force productrice résidait autrefois dans l'agriculture, à se transformer en·pays industriel.

Tous ces petits pays qui sont en train de donner à leurs industries nouvellement créées des bases solides, manquent de capitaux. Il y a de grandes difficultés à trouver des crédits à long terme ; c'est spécialement l'agriculture qui a besoin de crédits à long terme, afin de pouvoir augmenter le rendement de la production agricole. Où est le principe d'une répartition équitable des capitaux (1) ?

Un mémoire de la Société des Nations « *Mémorandum sommaire sur les diverses industries* » (2) nous donne un résumé exact de la situation industrielle, en caractérisant les tendances générales de l'économie mondiale et en complétant les rapports donnés par les différents pays et par les différentes associations des industries spéciales. De ce mémoire sommaire ressort un développement rapide des pays extra-européens, des Etats-Unis, du Canada, du Japon, de la Chine, des Indes, de l'Australie. On peut constater la même tendance vers un mouvement indus-

1. C'est particulièrement le rapport de la Pologne, qui s'occupe du problème de la répartition des capitaux des pays à structure agraire et industrielle. Le même point de vue a été souligné par le ministre polonais M. Gliwic, dans le discours qu'il a prononcé à la séance plénière de la Conférence économique internationale. Un mémoire qui s'occupe de la situation économique de la Pologne : *Polish economic conditions* in 1926 by Stephan Starzynski, Varsovie, 1927, a été distribué au cours de la Conférence. Il se base sur un fondement statistique très solide.

2. C. E. I. 19. Genève, 1927.

triel dans plusieurs Etats de l'Amérique du Sud, tandis que l'Europe souffre d'une crise des débouchés. La dépression s'étend avant tout sur l'industrie du fer et de l'acier, l'industrie chimique, la construction navale, le charbon, la filature et le tissage de coton.

L'industrie du fer et de l'acier est conditionnée par certaines circonstances géologiques. C'est une industrie qui a besoin de grands capitaux pour assurer un développement constant et régulier. La guerre et ses armements ont causé une augmentation de la demande, suivie d'un agrandissement accéléré de l'appareil productif. Par suite des traités de paix un déplacement de l'industrie du fer et de l'acier s'est produit, accompagné d'une désorganisation des marchés de matières premières et de produits ouvrés sur le continent. La métallurgie usine en première ligne des moyens de production ; la diminution de l'épargne et l'accumulation des capitaux a réduit également la demande des moyens de production. L'augmentation générale de la production mondiale du fer brut doit être ramenée exclusivement au développement extraordinaire du fer et de l'acier dans les Etats-Unis, et dans les continents extra-européens. Dans les Etats européens, la Belgique a été à même d'augmenter sa production de fer brut d'un tiers, l'Espagne et la Tchécoslovaquie d'un quart. Il faut encore constater que, durant les dernières années, la production de l'acier brut a surpassé celle du fer brut. Ce déplacement peut s'expliquer au moyen d'une utilisation progressive des déchets que la guerre a mis à la disposition des industriels.

Le *commerce extérieur en fer et en acier* confirme l'impression qui se dégage des données sur la production. Tandis qu'aux Etats-Unis l'augmentation de la production en 1925 était accompagnée d'une diminution de l'excès de l'exportation sur la consommation nationale, les pays européens n'ont pas été en état de trouver une compensation pour la perte des débouchés extra-européens. L'Allemagne a subi la plus grande perte dans l'exportation du fer brut, la Grande-Bretagne la suit de près. La dépression permanente dans cette industrie a eu pour effet la formation de l'Association internationale des industriels de l'acier. Cette association fut fondée à Bruxelles le 30 septembre 1926 par la France, la Belgique, l'Allemagne, le Luxembourg ; les industriels de l'Autriche, de la Tchécoslovaquie et de la Hongrie y adhérèrent dans la suite. Cet accord a pour but une répartition de la production entre les pays intéressés, une adaptation de la production effective dans la mesure du possible aux besoins immédiats pour éviter la surproduction et les crises. On ne peut pas encore se rendre compte en ce moment de l'effet de cette convention sur l'établissement de l'équilibre entre la production et la demande.

En ce qui concerne le marché du *charbon*, le mémoire fait ressortir les difficultés de la situation actuelle. Cette dernière est caractérisée moins par l'augmentation de la production — encore que dans bien des pays extra-européens tels que la Chine et le Japon et dans certains pays européens (Hollande), l'exploitation de gisements de charbon eut été commencée — que par la diminution de la demande. En Europe, l'exploitation de la houille et du lignite avait atteint en 1925, le chiffre de l'année 1913. Cette diminution de la demande trouve aussi son explication dans la formation du prix du charbon, dans le perfectionnement des méthodes de combustion, dans l'augmentation de l'emploi du mazout, non seulement pour un but industriel mais encore pour la navigation, dans l'emploi croissant de la force hydraulique pour le fonctionnement des machines. C'est spécialement l'Italie et la Suède qui ont fait des efforts dans cette direction pour se rendre indépendantes de l'étranger quant à l'approvisionnement en charbon. Le commerce de char-

bon nous montre, lui aussi, des déplacements considérables. Les pays asiatiques sont pour ainsi dire indépendants quant à l'approvisionnement en charbon, les États-
Unis ont subi un petit recul dans leur exploitation de
charbon. Parmi les pays européens ayant une production
considérable de charbon, c'est — notamment la Grande-
Bretagne — qui a subi une diminution de l'exportation ;
tandis qu'en 1923 l'exportation se chiffrait par 100.000.000
de tonnes, elle ne se chiffrait plus en 1925 que par 72 millions de tonnes. La grande grève britannique de 1926 a
modifié la situation des marchés, mais cette modification
n'a été que passagère, la solution de la crise de charbons
n'est que différée. On est forcé de constater que la consommation des charbons est sujette à une limitation définitive par suite de l'emploi des forces hydrauliques et par
une utilisation plus rationnelle de l'énergie contenue dans
le charbon.

L'*industrie de la potasse* se trouve dans une situation
spéciale. C'est surtout dans cette industrie que la rationalisation a provoqué une sélection telle que seules les entreprises les mieux assises ont une occupation satisfaisante.
La vente de ces produits s'opère par le Syndicat allemand
de la potasse. L'industrie française de la potasse se sert,
elle aussi, d'un syndicat de vente qui a conclu un accord
avec l'organisation allemande au sujet de l'exportation.

L'industrie des *constructions mécaniques* a également
recours à un système d'une division de travail. Les pays
producteurs de machines sont entre eux les meilleurs acheteurs. Le commerce mondial de machines consiste au plus
haut degré en un échange entre les pays producteurs de
machines, et non pas dans une exportation à destination
des pays qui sont en train de se créer une industrie nationale de machines. La production de machines peut se considérer comme industrie internationale, une autarchie industrielle des pays possédant des conditions propices de

production est exclue. De ce point de vue les tarifs douaniers aux droits élevés sont un désavantage considérable pour les pays qui ont une industrie très développée.

Dans le domaine de l'*industrie électrotechnique*, il n'existe pas de disproportion entre capacité de production et production effective. Un rapport rédigé par l'Association britannique de l'industrie électrique caractérise les tendances évolutives de cette industrie. Vu les fonds considérables nécessités par la production de machines puissantes, il n'y a que peu de pays, comme les Etats-Unis, la Grande-Bretagne, l'Allemagne, la France, l'Italie, la Suisse, qui offrent les conditions et garanties requises pour la création de telles entreprises. Dans cette industrie également, l'évolution a été retardée par les tarifs douaniers. La politique commerciale des petits Etats qui visaient à un développement national de leurs industries, a amené l'établissement de succursales dans les pays protégés par des tarifs élevés. Un moyen efficace contre le protectionnisme est constitué par les investissements nécessaires exigés par les grandes entreprises de machines électriques. La concurrence internationale s'exerce spécialement dans les branches industrielles qui ne sont pas visées par ces investissements. Ainsi la compétition est assez vive dans le domaine des appareils télégraphiques et téléphoniques, des batteries et des lampes; elle est appuyée d'une manière très efficace par la politique protectionniste.

Nous nous bornerons dans la suite à faire ressortir la situation de deux industries : *soie artificielle* et *sucre*. La première a fait des progrès considérables depuis la guerre. La quantité globale de soie artificielle se chiffrait en 1913 par 11 millions de kilos ; en 1925 elle montait à 84 millions 1/2 de kilos. Cependant même actuellement, la production de cet article ne couvre que 1 à 2 % des besoins du marché mondial en tissus. La participation de différents pays a subi, il est vrai, des déplacements extraordinaires. Ainsi, la Grande-Bretagne (27 %) et l'Allemagne (32 %) étaient avant la guerre les principaux producteurs. En 1925, la quote-part de ces Etats était tombée à 14 %, tandis que la quote-part des Etats-Unis montait à 27 %, et celle de l'Italie à 16 %. Parmi les pays exportateurs de soie artificielle, l'Italie occupe la première place. Dans ce cas aussi, on peut constater une tendance vers la conclusion d'accords internationaux pour faire face aux conséquences néfastes d'une concurrence à outrance.

Ceci dit, nous terminons notre exposé relatif aux différentes branches industrielles (1).

Le mémoire sommaire (2) fait ressortir les tendances caractéristiques de la situation en général. Le déséquilibre entre la capacité de production et la consommation est causé par différents facteurs : l'accroissement de l'appareil producteur pendant la guerre, l'établissement de nouvelles entreprises, l'approvisionnement en marchandises de provenance étrangère faisant défaut pendant cette période ; la tendance vers une autarchie économique aboutit à une politique industrielle nationale et fait naître des établissements nouveaux, protégés par des barrières douanières

1. A cet égard nous mentionnons les documents suivants : Fer et acier : C. E. I. 17 (Rédigé par le Secrétariat). Industrie du coton : C. E. I. 9 (Rédigé par le Secrétariat). Industrie navale. C. E. I. 8 *idem*. Charbon. C. E. I. 18 (Rédigé par le secrétariat et complété par les rapports de la Fédération britannique des mineurs, du Reichsverband der deutschen Industrie, par un rapport sur la situation des mines françaises et une communication du professeur W. T. Page sur la consommation de charbon aux Etats-Unis). Industrie chimique C. E. I. 10 (5 monographies publiées par les Associations industrielles des pays principaux). Industrie de la soie : C. E. I. 24 (Rapport de l'Italie et une communication de l'Allemagne). L'Industrie de la soie artificielle. C. E. I. 30 ; l'industrie électrotechnique C. E. I. 16 (rédigé par les Associations des Etats principaux) ; Industrie de la potasse, C. E. I. 21 (Rédigé par les grandes associations industrielles des différents Etats) ; constructions mécaniques, C. E. I. 15 (Rédigé par les Associations des Etats principaux).
2. C. E. I. 19.

(production cotonnière en Hongrie et la métallurgie en Roumanie). Dans les pays ayant une population en voie d'augmentation, on cherche à procurer de l'occupation à l'excédent de la population par le moyen d'un accroissement de l'appareil de la production. On peut faire abstraction des conséquences de l'inflation qui, dans quelques branches de la production, a provoqué des investissements disproportionnés et temporaires, notamment en Allemagne. Cette dépréciation de l'argent a également eu des conséquences psychologiques, amoindrissant la tendance à l'épargne. Elle a de même déplacé la direction de la demande en l'acheminant vers les biens de la demande immédiate, ce qui comportait pour les branches industrielles s'occupant de la fabrication des moyens de production : fer, acier, charbon, constructions mécaniques, engrais, un recul sensible. Un déplacement de la demande a été causé également par le fait que le marché fut inondé de certains articles nouveaux qui faisaient une concurrence acharnée aux anciens produits, tels que la soie artificielle et l'emploi plus intensif de forces hydrauliques.

L'équilibre économique a été ébranlé surtout par l'élévation des tarifs douaniers en Europe, comme au Japon, aux États-Unis, en Australie et en Argentine. En Europe, les barrières douanières ont été exhaussées d'une manière automatique du fait qu'au lieu de 20 pays, il y a dorénavant 29 possédant des frontières douanières. Cette tendance s'est encore aggravée par des changements fréquents et l'instabilité générale des tarifs, par la conclusion des traités de commerce à court terme, par la tendance de différencier d'une manière exagérée les positions douanières et de mettre en vigueur des tarifs douaniers autonomes et élevés avant la conclusion d'un accord douanier. La situation européenne a empiré du fait que les pays d'Europe se sont trouvés dans un processus difficile d'adaptation à des frontières politiques et économiques profondément modifiées. Notamment la Grande-Bretagne et l'Allemagne ont beaucoup souffert du déplacement de l'équilibre des forces économiques dans le monde. D'autre part, la France, la Belgique et l'Italie ont réussi de façon remarquable à s'adapter aux conditions modifiées. En tout, il résulte que l'Europe, prise dans son ensemble, a perdu de son importance dans la production industrielle, tandis que les pays extra-européens, notamment les pays d'Amérique, mais aussi l'Australie et le Japon ont profité du déplacement général et ont augmenté leur quote-part dans l'industrie et dans le commerce mondial.

2. La politique industrielle.

La question des cartels est traitée par la documentation d'une manière très détaillée. L'organisation de la production, la législation, son rapport avec les questions douanières ne sauraient être séparés du problème des cartels qui a cessé d'être un problème spécial et ne peut être traité que dans le cadre des problèmes monopolisateurs des marchés. La question de la rationalisation se trouve également en rapport avec ce problème.

Lammers nous donne un exposé de la *Législation sur les cartels et les trusts* (1) qui traite de la législation de chaque pays concernant les ententes commerciales et industrielles, mais il ne contient aucune suggestion au sujet de l'unification dans le domaine de la Législation sur les cartels ; il s'abstient de donner des recommandations quelconques quant à la meilleure réglementation législative de la question des cartels. Les sources où il puise, sont soit des rapports présentés au Secrétariat de la Société des Nations par des experts, tels que Balfour (pour les pays britanni-

1. C. E. I. 39. Genève, 1927.

ques), Jensen (pour les pays scandinaves), Theunis (Belgique), Peyerimhoff (France), etc., soit des avis exprimés par des associations compétentes en matière économique, telle que le groupe allemand de la Chambre internationale de commerce pour l'Allemagne et l'Autriche, soit des rapports s'inspirant des notes du Secrétariat de la Société des Nations (Tchécoslovaquie, Pologne, Hongrie, Roumanie).

Le mémoire du professeur Mac Gregor *Les cartels internationaux* (1) mettent en lumière le rapport existant entre les cartels et la politique douanière. Les prix des marchandises dont le niveau est relevé au moyen des douanes trouvent leurs limites naturelles dans une action répressive des groupes d'acheteurs. En cas de nécessité, la législation devrait s'occuper des prix cartellistes. Il faudrait compléter l'administration des cartels par les représentants des consommateurs, des ouvriers et même des gouvernements.

Le professeur de Rousiers s'occupe du problème des cartels dans son étude intitulée : *Les cartels et les trusts et leur évolution* (2). Il considère les cartels et les trusts comme conséquence nécessaire du développement économique ; en se basant sur l'essor des trusts américains, il nous montre que ces grands groupements industriels n'ont pas empêché le développement du commerce. Ce n'est pas l'élévation des prix, mais leur stabilisation et l'atténuation des crises qui ont été leur but.

Tandis que Rousiers essaie d'élaborer les tendances générales de développement, le professeur Wiedenfeld, auteur d'un mémoire à caractère général, sur *Les cartels et les trusts* nous donne un système précis des associations industrielles en les groupant par types (3). Il met en re-

1. C. E. C. P. 93.
2. C. E. C. P. 95.
3. C. E. C. P. 57 (1).

lief les différences existant entre les cartels et les combinaisons d'une structure diverse, selon leur but économique, leur politique de production et de prix, et surtout leur forme juridique. Vu l'importance des associations industrielles dans certaines branches, telles que les chemins de fer, la navigation, la métallurgie, l'industrie métallique, la chimie, on ne peut guère parler d'un monopole absolu de ces associations dans les différents pays, monopole qui dominerait la vie économique. Un exposé détaillé des associations industrielles en Allemagne, complété par un précis sur les organisations correspondantes en Angleterre et en France, a pour but de nous fournir la preuve de l'absence d'idées monopolistes de la part de ces associations. Pour le marché international, il n'y a d'ailleurs pas de doute que le principe de la libre concurrence ne soit en jeu. La majorité des grandes associations industrielles internationales borne son activité à un nombre restreint de pays et se contente de liens peu serrés : la protection des groupes nationaux contre la concurrence extérieure. Il est rare que le montant total de la production soit déterminé.

Afin de déterminer l'importance générale des cartels et des associations de ce genre pour la vie économique en général, M. Wiedenfeld examine l'influence qu'ils ont sur la formation du coût de production, de l'offre et des prix. Il souligne spécialement l'effet favorable de la politique des prix dans le sens d'une stabilisation du marché et de l'élimination des crises. La portée internationale des cartels consiste d'abord dans leur politique d'une différenciation des prix entre le marché intérieur et le marché extérieur. Cet élément d'instabilité comporte la tendance à un élargissement international des cartels. Vu les difficultés techniques qui entravent la formation des organisations internationales, la tâche principale des cartels internationaux consiste plutôt dans l'élimination de la concurrence internationale, et non pas dans une prise d'influence immédiate sur la production, ce qui a comme conséquence de concilier les intérêts des pays industriels avec les intérêts de l'économie mondiale.

Le professeur Cassel (1) est d'avis que la question des accords industriels ne saurait être isolée du problème du monopole en général. Il distingue trois différentes catégories de tendances monopolisatrices : les monopoles maintenus par le système protectionniste, les syndicats ouvriers et les cartels et trusts. On ne peut guère attribuer à la dernière catégorie de monopoles une influence prépondérante sur la hausse des prix, car cette dernière est, d'après l'avis de Cassel, bien plutôt causée par le protectionnisme, et le monopolisme des syndicats ouvriers.

Les effets sociaux des accords industriels sont mis en lumière par le professeur W. Oualid (2). Ce mémoire traite spécialement de la réglementation juridique des cartels. Il faudrait que la législation sur les cartels fût unifiée selon des principes équitables. Une convention internationale devrait donner des directives.

Un rapport présenté par la commission des entraves au commerce, la Chambre de commerce internationale traite la question des ententes industrielles internationales d'une manière approfondie (3). Le fonctionnement, l'origine et les caractéristiques des ententes industrielles en général font l'objet de l'introduction. Le rôle des régimes douaniers et des autres barrières aux échanges (dumping du type ancien, dumping social, dumping du change) dans les

1. C. E. C. P. 98. Les tendances monopolisatrices dans l'industrie et le commerce au cours de ces dernières années. Caractères et causes de l'appauvrissement des nations.
2. C. E. C. P. 94. Les ententes industrielles internationales et leurs conséquences sociales. La défense des travailleurs et des consommateurs.
3. Roger CONTE, Rapport présenté à titre de documentation sur la demande du sous-comité des Ententes industrielles internationales, Chambre de Commerce internationale. Brochure n° 46

ententes industrielles est dépeint ainsi que les dangers éventuels de certaines ententes. La différence existant entre ces organisations en question du temps d'avant-guerre avec celui d'après-guerre, est mise au point, de même les causes d'ordre psychologique et technique qui entravaient la formation d'ententes internationales. Le mouvement actuel en faveur des cartels internationaux est inspiré par différentes causes : la compréhension plus grande de la solidarité économique entre tous les pays, le danger de surproduction industrielle, spécialement en Europe, la concentration horizontale, spécialement en Allemagne, et surtout la « rationalisation ».

V. — LA DOCUMENTATION CONCERNANT LA SITUATION ET LA POLITIQUE AGRICOLES.

1. Les questions agricoles au point de vue international (C. E I. 36).

   Ce mémoire élaboré par les soins de l'Institut International de l'Agriculture prouve que les ouvriers agricoles représentent la majorité des consommateurs des produits industriels. Dans sa première partie, le mémoire nous donne une statistique sur la production et les prix des produits agricoles ; dans la deuxième partie une statistique spéciale sur la population agricole et la rentabilité des entreprises agricoles.

2. Rôle des Organisations coopératives dans le commerce international du blé, des produits laitiers et de quelques autres produits agricoles (C. E. I. 14).

   Ce mémoire se compose de trois parties, selon les 2 catégories de coopératives d'achat et de vente. La 3e partie traite les rapports internationaux entre eux. Les succès de la production coopérative sont exemplifiés à l'organisation danoise pour la production du beurre.

3. Résultat de quelques-unes des enquêtes établissant la comparaison entre les prix de détail du commerce privé et ceux des coopératives de consommation (C. E. I. 11).

   Ce mémoire est une apologie de la politique des prix faite par les coopératives.

4. Rapport entre le coût du travail et le coût total de la production agricole (C. E. I. 27).

Il étudie les frais du travail agricole en concluant que la quote-part du coût du travail est le plus élevé aux Etats-Unis (65,5 %), il est le plus bas au Danemark (34,5 %).

5. L'agriculture et la crise économique internationale (C. E. I. 43). Par Jules Gauthier, Dr Hermes, M. Lindsay.

Les raisons de la crise agraire y sont exposées, ainsi que les changements brusques de la formation des prix. La disproportion des prix résulte du fait que l'agriculture n'est pas en état d'adapter les prix aux frais de la production.

6. M. Sering, Internationale Preisbewegung und Lage der Landwirtschaft in den aussertropischen Ländern. Berlin, 1927.

Ce travail ne se trouve pas dans le dossier des rapports officiels ; cependant il est le seul qui établit une relation entre la situation de l'agriculture et les tendances de l'économie mondiale, en faisant ressortir l'influence des prix sur la production agricole.

7. Renseignements sur l'organisation du crédit agricole dans les différents pays. S. C. E. 4 (a-f).

8. L. Tardy, « Le Crédit agricole en France ».

Parmi les problèmes agricoles, intéressants au point de vue international, la Conférence souligne surtout le développement des organisations de producteurs et de consommateurs, l'échange des informations importantes sur la situation de l'agriculture, et surtout la question du crédit agricole.

Un mémoire élaboré par l'Institut international d'agriculture (1) nous donne un résumé précis sur les problèmes internationaux de la politique agraire. Une introduction nous montre les conséquences de la guerre sur la situation

---

1. C. E. I. 36. *Les questions agricoles au point de vue international*. Genève, 1926 (Institut international d'agriculture).

Le Secrétariat de la Société des Nations, jusqu'au début de la Conférence économique internationale, ne s'était guère occupé des questions agricoles, puisqu'il existait une organisation compétente traitant ces questions, soit l'Institut international d'Agriculture, à Rome, dont la sphère d'influence fut formellement reconnue par les traités de paix (fondé en 1905).

agricole. Dans un certain nombre de pays, le sol même a souffert non seulement par le fait direct des opérations de guerre, mais encore par des répercussions plus ou moins indirectes. Dans l'outillage, les mêmes causes entrent en jeu : destruction directe par l'effet de la guerre, amortissements insuffisants par manque de capitaux. Le nombre des travailleurs agricoles a diminué, les meilleurs travailleurs ayant disparu et la terre ayant été cultivée par des femmes et par des enfants. La guerre avait accentué l'exode rural qui était déjà avant la guerre le phénomène le plus redoutable pour l'agriculture. Cette situation était encore aggravée par deux raisons de la plus haute importance : la hausse des prix pour les produits industriels nécessaires à l'agriculture, hausse dans bien des cas supérieure à celle des produits agricoles, et la politique de morcellement des grandes propriétés pour constituer des petites ou moyennes propriétés.

En dressant la liste des facteurs qui ont une influence sur ce résultat fâcheux, on s'est borné strictement au domaine international.

Parmi les *facteurs techniques*, la lutte contre les maladies et les ennemis des plantes a la plus grande portée.

Parmi les *facteurs économiques*, la question du crédit agricole et du crédit foncier se présente avec une netteté particulière. Parmi les facteurs sociaux, l'organisation scientifique du travail est mise au premier plan. Des statistiques agricoles détaillées y sont annexées et subdivisées en statistiques de production, commerce, consommation, prix.

La *crise agraire*, dans ses rapports internationaux, est l'objet d'un mémoire dont Jules Gauthier, Hermes et Lindsay sont les auteurs (1). Il n'y a qu'un seul moyen pour paralyser la pression économique de 20 millions de

1. C. E. I. 43. *L'agriculture et la crise économique internationale.*

chômeurs européens, c'est le développement de la production agricole, ce qui est dans l'intérêt et de la population agraire et de la population urbaine. La situation de l'agriculture est caractérisée par le fait que les revenus dans la plupart des pays n'ont pas couvert les frais de production durant les années 1921 à 1923. L'agriculture n'étant pas en état d'adapter les frais de production aux prix de vente, la disproportion de la formation des prix dérange considérablement l'équilibre économique.

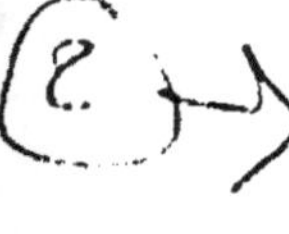

Il ressort des nombres-indices que dans les pays d'Europe la hausse des prix agricoles ne comportait que 93 % de la hausse des prix des moyens de production, et 70,8 % de la hausse des prix des produits servant à la consommation domestique. Toutefois, il faut se rendre compte que la rentabilité des entreprises agricoles n'est pas la même partout. Le Secrétariat suisse de la Ligue des paysans a constaté que le produit net d'une propriété rurale est tombé de 2,23 % en 1913-1914 à 0,24 % en 1925. Des recherches entreprises en Allemagne et embrassant 4.500 bilans d'exploitation agricole nous montrent à partir de 1912-1914 un recul permanent du produit net, qui est évalué pour 1923-1924 à 1/3 à peine du rendement d'avant-guerre. Moins le système de culture est intense, moins la qualité du sol est bonne et plus le rendement est défavorable.

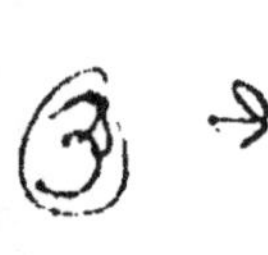

D'autres recherches s'étendant sur 60 propriétés dont la surface dépasse 100 hectares, nous montrent pour les années 1924-1926, selon le système de culture du sol, un recul du bénéfice d'exploitation par hectare de 20 à 39 % de celui d'avant-guerre. La Confédération nationale des associations agricoles a établi des nombres-indices pour faire ressortir la différence existant entre la formation des prix de produits agricoles et industriels.

Les chapitres suivants du mémoire nous exposent l'importance du pouvoir d'achat de la population agricole pour la consommation de produits industriels. L'incapacité de l'agriculture d'adapter le coût de la production aux prix de vente, est considérée comme étant un élément essentiel de la crise agraire.

Tandis que les rapports officiels élaborés pour la Conférence se bornent à faire ressortir les détails caractéristiques en se servant d'un matériel statistique qui du point de vue méthodologique n'est pas tout à fait irréprochable, le mémoire du professeur Sering (1), distribué par la délégation allemande, cherche à saisir les rapports existant entre la formation des prix et la situation de l'agriculture dans ses racines profondes et dans sa portée internationale. Ces recherches sont basées sur un exposé statistique et graphique traitant le mouvement des prix pendant les derniers 50 ans, ainsi que les éléments de la formation des prix dans les pays les plus importants intéressés au commerce mondial. Cette statistique élaborée d'après des principes uniformes embrasse non seulement les denrées alimentaires, mais aussi les moyens de production et les produits de consommation de l'agriculture.

Le point de départ de l'exposé est la crise de la culture des céréales en Europe de 1875 à 1900. Cette dépression a été surmontée dans les pays d'importation du continent à l'aide de tarifs protectionnistes qui les mettaient en état de se défendre contre la menace d'une limitation de l'agriculture. C'est surtout l'Allemagne qui a réussi à augmenter l'intensité de la culture du sol par une élévation de la valeur d'échange des produits agricoles. Ce développement a été facilité par les progrès de la technique industrielle qui ont eu pour conséquence de faire descendre les prix de la production industrielle au-dessous des prix des céréales. Cette situation provoqua dans l'Amérique du Nord une crise agraire très violente.

____

1. M. SERING, *Internationale Preisbewegung und Lage der Landwirtschaft in den aussereuropäischen Ländern.* Berlin, 1927.

Un changement brusque dans la formation des prix se manifesta dès 1896 et s'accentua à partir de 1905. La cause en doit être cherchée aux Etats-Unis où s'est effectuée une modification profonde de la structure économique et sociale. La population dépasse le cadre de la surface rurale avec une rapidité telle qu'en 1920 tout au plus 20 % de la population productive étaient occupés à la campagne. L'excédent des exportations de produits du sol diminue sensiblement. Les Etats-Unis en tant que pays d'exportation de céréales ont été repoussés au second rang par les pays limitrophes de la mer, notamment l'Ukraine et la Roumanie, puis le Canada avec ses exportations croissantes de froment, l'Argentine et les Indes orientales.

Les modifications dans la structure agricole, causées par la guerre, consistent en premier lieu en ceci qu'en Russie et dans la plupart des nouveaux Etats moyens et petits, comme dans les pays balkaniques, on passa du système de la grande propriété à celui de la petite propriété. Cela eut pour effet de faire cesser presque complètement l'exportation des céréales provenant de ces régions. D'autre part, la tendance à l'autarchie économique contribua à diminuer les importations industrielles. Ce processus a été accompagné d'un recul considérable du pouvoir d'achat des centres industriels du continent européen, qui sont devenus les débiteurs des Etats-Unis et de l'Angleterre.

Cette diminution de la production agricole de l'Europe est compensée par une augmentation formidable de la production des pays extra-européens, qui a été favorisée par une hausse extraordinaire des denrées alimentaires. C'est la politique déflationniste des Etats-Unis en 1920 qui a eu comme conséquence de faire baisser l'indice des prix de gros de 226 en 1920 à 150 environ dans les deux années suivantes. La courbe des prix est donc, suivant les investigations faites aux Etats-Unis, beaucoup plus défavorable pour l'agriculteur, en tant que producteur de denrées alimentaires, que pour le commerce de gros. L'élévation des prix des denrées alimentaires est inférieure de beaucoup à celle des produits industriels et, d'après l'avis des milieux officiels des Etats-Unis, ce phénomène est envisagé comme étant la cause primordiale de la dépression agricole.

Cette crise a touché tous les pays producteurs de blés et a pris un caractère international. Le professeur Sering est donc d'avis qu'il ne s'agit pas d'un phénomène provoqué par la déflation, laquelle est bien plutôt un processus d'importance secondaire pour le marché mondial. L'abaissement de la valeur du change a frappé ces produits du sol qui font l'objet d'un échange international : les céréales, la viande, et dans une certaine mesure les fourrages, qui dépendent en premier lieu d'une vente en grandes quantités à la population industrielle de l'Europe. C'est donc du côté de la demande qu'il faut chercher la cause du changement des prix, dans l'abaissement du pouvoir d'achat de la population industrielle de l'Europe, laquelle en 1920 — lorsque les crédits américains furent suspendus — ne disposait plus de valeurs équivalentes pour absorber même une quantité réduite des produits du sol à leur ancienne valeur. Le pouvoir d'achat, donc la consommation, se releva lorsqu'après la conclusion de l'accord de Londres de nouveaux crédits affluèrent des Etats-Unis vers l'Allemagne. Dès le 2ᵉ semestre de 1924, une hausse des prix pour le froment et la viande se fit sentir. Cette hausse continua pour le froment en 1925 en dépit du fait que cette année apporta les rendements les plus élevés qui aient jamais été atteints.

Quant à l'Allemagne, il faut chercher les causes de la diminution du rendement agricole dans les charges fiscales provoquées par les dettes de guerre.

Une contribution aux problèmes du coût de production

dans l'agriculture est apportée par le Bureau international du Travail dans un mémoire qui met le coût du travail agricole en parallèle avec le coût total de la production dans l'agriculture (1). Des difficultés surgissent à cause de l'impossibilité de comparer les résultats des différentes enquêtes. La définition même du produit net n'est pas la même partout.

Par exemple, doit-on ajouter les intérêts du capital engagé aux frais d'exploitation ? Tout aussi difficile est la fixation de la part des frais du travail dans les dépenses totales. Généralement parlant, on peut constater que les frais du travail constituent plus d'un tiers des dépenses globales. Ils sont comparativement stables, mais au point de vue économique les oscillations du coût du travail devraient être plus considérables qu'elles ne le sont effectivement. Toutefois, une augmentation lente des salaires semble se produire dans différents pays. Il est cependant indiscutable que le coût du travail, pendant les dernières années, a augmenté plus vite que les autres frais de production.

Les *organisations coopératives agricoles* sont l'objet d'un mémoire inspiré par la tendance de mettre en rapport les coopératives de production avec les coopératives de consommation (2). Les succès remportés par la production coopérative sont mis en relief par le développement de la production du beurre au Danemark, pays qui fournit 38 % de l'exportation mondiale entière de beurre. Au Canada et en Australie également, 2/3 de l'exportation mondiale de froment furent, pendant ces dernières années livrés par les sociétés coopératives. Le même essor peut

____

1. C. E. I. 27. Le rapport du coût du travail agricole au coût total de la production dans l'agriculture.

2. C. E. I. 14. Rôle des Organisations coopératives dans le commerce international du blé, des produits laitiers et de quelques autres produits agricoles.

être constaté par les coopératives de consommation. Il y a des pays, par exemple la Finlande, la Grande-Bretagne, la Suisse, où plus d'un tiers de la population totale est affilié à des coopératives de consommation.

Un mémoire examine le rapport existant entre les prix de détail du commerce privé et ceux des coopératives (1). Les coopératives de consommation ayant la tendance d'adapter leurs prix de vente aux prix du commerce de détail, l'économie réalisée dans les frais de répartition figure en première ligne non pas dans le prix des différentes commodités, mais plutôt dans le chiffre de ristourne accordée à leurs membres. Des investigations comparatives ont démontré que dans la majorité des cas il y avait une différence de prix en faveur des coopératives. Dans des cas nombreux, le commerce privé a été obligé d'abaisser les prix en suivant l'exemple des coopératives.

Les rapports des différents pays et celui de l'Institut international de l'Agriculture indiquent l'absence de *crédits suffisants* comme étant la cause essentielle de la dépression agricole. La guerre avait accéléré d'une manière extraordinaire le besoin de crédit de la part des agriculteurs de l'Europe. Même la réforme agraire a intensifié la demande de crédits, vu l'accroissement du nombre de petits propriétaires ne disposant pas de fonds adéquats. Le rendement de l'agriculture n'étant pas très élevé, il n'est guère possible de payer des intérêts suffisants pour concurrencer ainsi d'autres placements de capitaux.

Dans ces conditions une solution purement nationale de ce problème paraît peu indiqué. Pour ces motifs, l'Institut international d'Agriculture consacre à ce sujet

1. C. E. I. F. Résultat de quelques enquêtes établissant la comparaison entre les prix de détail du commerce privé et ceux des Sociétés coopératives de Consommation.

un petit article. Il préconise une action internationale. S'inspirant du travail d'un Comité pour le crédit agricole dans le sein de l'Institut international d'Agriculture, le mémoire examine la question de l'établissement d'une fédération internationale des grandes organisations de crédit dans les différents pays. Nous sommes renseignés sur l'organisation du crédit agricole dans les différents pays par quelques rapports individuels sous forme ronéographiée (1). Quant à la France, un rapport imprimé a été publié par le directeur général de la Caisse nationale du crédit agricole (2). Ce matériel nous donne un résumé utile de l'organisation du crédit agricole dans les différents pays, en France il y a une centralisation rigide des crédits par le moyen d'une banque créée par l'Etat, laquelle effectue toutes les opérations de crédit en s'appuyant sur un réseau de caisses municipales et régionales.

1. S. C. E. 4 (a-f). Renseignements sur l'organisation du Crédit agricole dans les différents pays.
2. L. TARDY, *Le Crédit agricole en France.*

INDEX DES AUTEURS CITÉS

TABLE DES MATIÈRES

OUVRAGE DU MÊME AUTEUR

La Monnaie, ses systèmes et ses phénomènes en Europe Centrale (Allemagne, Autriche, Hongrie, Tchécoslovaquie, Pologne, Roumanie, Yougoslavie). Paris, Marcel Giard, éditeur, 1927.

L'auteur, ancien ministre hongrois, était particulièrement qualifié pour écrire le livre qu'il vient de nous donner. Son étude est l'une des plus approfondies et, en même temps, des plus lisibles que nous connaissions (*Revue d'Histoire économique et sociale*, n° 2, 1927).

Le volume d'E. H. doit son origine à une demande du Comité économique de la Société des Nations visant la situation monétaire en Europe Centrale. Les nouveaux systèmes monétaires de sept pays de l'Europe Centrale y sont exposés sur une base étendue et fortement documentée. Le livre contient un large coup d'œil sur les nouveaux systèmes monétaires ainsi que sur le fonctionnement des nouvelles banques centrales d'émission *Revue économique internationale*).

Ce qui nous a paru le plus attachant dans la lecture de l'ouvrage est l'exposé des diverses théories monétaires qui ont été mises en pratique et l'auteur conclut à une organisation coopérative des banques d'émission de l'Europe Centrale. Le livre restera longtemps un sujet d'étude pour tous les économistes (*Revue Générale des Sciences pures et appliquées*).

---

501. — Imp. Jouve et Cie, 15, rue Racine, Paris. — 5-30